ASSOCIATION NATIONALE FRANÇAISE
POUR LA
PROTECTION LÉGALE DES TRAVAILLEURS

CINQUIÈME SÉRIE N° 4

LA RÉFORME
DE
L'INSPECTION DU TRAVAIL
EN FRANCE

RAPPORT DE M. EUGÈNE PETIT
Avocat à la Cour d'Appel de Paris

Compte rendu des Discussions. — Vœux adoptés.

PARIS

FÉLIX ALCAN, ÉDITEUR
LIBRAIRIES FÉLIX ALCAN & GUILLAUMIN réunies
BOULEVARD SAINT-GERMAIN, 108

Librairie de la Société du Recueil J.-B. SIREY et du Journal du Palais
Anc^{ne} M^{on} L. Larose et Forcel
22, RUE SOUFFLOT, PARIS, V^{e}
L. LAROSE & L. TENIN, D

1909

COMITÉ DIRECTEUR DE L'ASSOCIATION

Paul CAUWÈS, professeur à la Faculté de Droit de l'Université de Paris, président honoraire de l'Association.

A. MILLERAND, député, ancien ministre du Commerce, président.

Ed. BRIAT, secrétaire général du Syndicat des ouvriers en instruments de précision, membre du Conseil supérieur du travail et de la Commission supérieure du travail dans l'industrie, vice-président.

A. LIÉBAUT, ingénieur, membre du Comité consultatif des arts et manufactures et de la Commission supérieure du travail dans l'industrie, vice-président.

Raoul JAY, professeur à la Faculté de Droit de l'Université de Paris, membre du Conseil supérieur du travail, secrétaire général.

Léon de SEILHAC, publiciste, délégué permanent du service industriel et ouvrier du *Musée social*, trésorier.

Georges ALFASSA, ingénieur civil, E. C. P.

Louis BARTHOU, député, ministre des Travaux publics.

Adéodat BOISSARD, professeur à la Faculté libre de Droit de Paris.

François FAGNOT, enquêteur à l'*Office du travail*.

Arthur FONTAINE, directeur du Travail au Ministère du Travail et de la Prévoyance sociale.

Arthur GROUSSIER, député.

Auguste KEUFER, délégué permanent de la Fédération française du Livre.

Abbé LEMIRE, député.

André LICHTENBERGER, directeur-adjoint du *Musée social*.

Henri LORIN, ancien élève de l'Ecole Polytechnique, membre du Comité de perfectionnement du Collège libre des Sciences sociales.

Etienne MARTIN-SAINT-LÉON, bibliothécaire du *Musée social*.

Comte A. de MUN, député.

C. PERREAU, ancien député, professeur à la Faculté de Droit de l'Université de Paris.

Eug. PETIT, docteur en Droit, ancien chef du cabinet du Ministre du Commerce.

Paul PIC, professeur à la Faculté de Droit de l'Université de Lyon.

Ivan STROHL, industriel.

Edouard VAILLANT, député.

Richard WADDINGTON, sénateur.

SIÈGE SOCIAL : **5, rue Las-Cases, PARIS**

ASSOCIATION NATIONALE FRANÇAISE
POUR LA
PROTECTION LÉGALE DES TRAVAILLEURS

CINQUIÈME SÉRIE N° 4

LA RÉFORME
DE
L'INSPECTION DU TRAVAIL
EN FRANCE

RAPPORT DE M. EUGÈNE PETIT
Avocat à la Cour d'Appel de Paris

Compte rendu des Discussions. — Vœux adoptés.

PARIS

FÉLIX ALCAN, ÉDITEUR
LIBRAIRIES FÉLIX ALCAN & GUILLAUMIN réunies
BOULEVARD SAINT-GERMAIN, 108

Librairie de la Société du Recueil J.-B. SIREY et du Journal du Palais
Anc^ne M^on L. Larose et Forcel
22, RUE SOUFFLOT, PARIS, V^e
L. LAROSE & L. TENIN, Direct^rs

1909

LA RÉFORME

DE

L'INSPECTION DU TRAVAIL

EN FRANCE

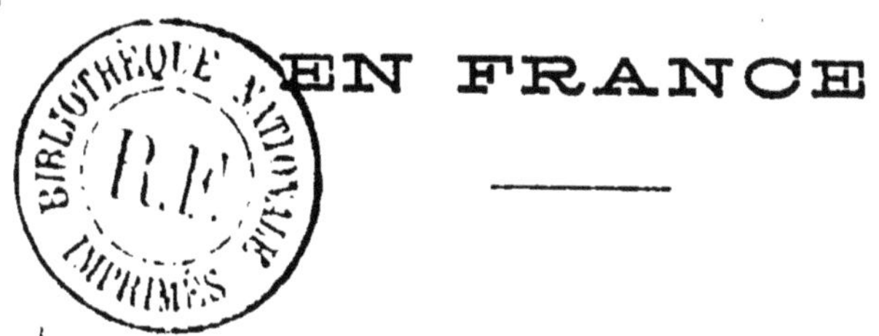

Séance du Mercredi 25 Mars 1908

PRÉSIDENCE DE M. RAOUL JAY

M. LE PRÉSIDENT. — Mesdames, Messieurs, notre Président m'a prié de l'excuser pour quelques minutes. Je donne la parole à M. Petit, pour nous donner connaissance de son rapport sur l'inspection.

M. PETIT. — Mesdames, Messieurs, je lis dans l'article 2 des statuts de notre Association :

« L'Association nationale pour la protection légale des travailleurs se propose de travailler spécialement à faciliter l'application et les progrès de la législation protectrice des travailleurs en France.

« Dans ce but, elle s'efforce...

« 2° De fortifier l'autorité morale de l'inspection du travail et de l'aider ainsi dans l'accomplissement de sa mission. »

Nous avons donc pris envers nous-mêmes l'engagement de surveiller de près l'accomplissement de cette mission ; et, s'il nous semble qu'elle soit imparfaitement remplie, de le dire, comme aussi d'indiquer comment il nous paraît qu'elle pourrait l'être mieux ; nous ne pouvons, en effet, mieux « aider » l'inspection du travail, mieux « fortifier son autorité morale » qu'en contribuant, dans la mesure de nos moyens, aux réformes nécessaires qu'exigent l'organisation de ce service et son fonctionnement.

Ces réformes, nous ne serons certes pas les premiers à en signaler l'urgence et à en réclamer l'exécution.

Les inspecteurs, soit par eux-mêmes, soit par la bouche des chefs qui ont la direction et la responsabilité du service, — la Commission Supérieure du travail, le Conseil Supérieur du travail, — les ouvriers, par l'organe de leurs syndicats ou de leurs congrès, — au Parlement, enfin, les députés et les ministres compétents se sont évertués à démontrer cette urgence.

Mais, apparemment, les difficultés de réalisation et les résistances intéressées ne sont pas médiocres, puisqu'en dépit d'une évidente nécessité, les progrès réalisés sont si insuffisants et si lents.

Il n'est donc pas inutile qu'après tant d'autres, avec tant d'autres, notre « Association » contribue, de toute la force de son crédit moral, à enfoncer des portes qui nous semblent, à nous, depuis longtemps grandes ouvertes, mais que d'autres, non moins obstinément, voudraient refermer.

Il convient même que nous donnions sur cette question, — l'inspection du travail, — notre effort maximum.

Notre *credo* à tous, en effet, la conviction profonde et réfléchie qui fait que notre « Association » existe, notre collègue, M. Jay, l'exprimait naguère en ces mots : « Je crois que les lois de protection ouvrière peuvent faire infiniment de bien ». Et il ajoutait aussitôt : « Comment ne m'inquiéterais-je pas de voir ces lois souvent si peu appliquées ? » (1).

Or, Messieurs, s'il est, en matière de législation ouvrière, un axiome qui puisse se passer de toute démonstration, c'est celui dont un autre de nos collègues, M. Vaillant, donnait à la tribune de la Chambre cette brève et vigoureuse formule : « Pas d'inspection, pas de loi ! » (2).

Qui veut la fin veut les moyens. Qui veut la loi veut l'inspection, l'inspection effective, l'inspection de tous et non pas seulement l'inspection de quelques-uns.

Que les ouvriers l'exigent, qu'ils demandent impérieusement que nul d'entre eux ne soit frustré de la protection légale, chacun le comprend.

Mais ce qu'on ne comprend pas, c'est que les patrons ne soient pas unanimes à l'exiger aussi.

Y a-t-il un intérêt plus évident que celui du patron auquel la loi est imposée, à exiger qu'elle le soit aussi à son voisin, à son concurrent ?

Voilà beau temps que les patrons anglais l'ont compris et qu'ils ont, pour ce motif, réclamé la création de l'inspection du travail, réalisée, vous le savez, en Angleterre, dès 1833.

En France même, où tous les patrons, heureusement, ne sont pas aveugles, c'est un industriel, M. Ambroise Joubert, qui, le 12 juin 1871, déposa sur le bureau de l'Assemblée Nationale la proposition de

(1) Conseil supérieur du travail, session de novembre 1906, compte rendu officiel, p. 189.

(2) Chambre des députés, séance du 11 novembre 1907.

loi qui devint la loi du 19 mai 1874, — la première par laquelle l'inspection du travail ait été organisée chez nous d'une façon sérieuse.

De nos jours aussi, nombreux sont les patrons qui, conscients de leurs intérêts bien entendus, poussent à la généralisation de l'inspection. Le 19 avril 1900, M. Gouttes, inspecteur divisionnaire à Bordeaux, ne déclarait-il pas à la Commission départementale de la Gironde que 98 % des indications reçues par l'inspection du travail dans sa circonscription émanaient de patrons dénonçant ceux de leurs concurrents qui n'observaient pas les lois réglementant le travail ? (1).

Quoi de plus sensé, enfin, que ce passage d'un rapport fait au nom du « Syndicat cotonnier de l'Est », syndicat patronal très important, au cours de l'enquête sur les conditions du travail dans l'industrie textile, — passage cité par M. Jay au Conseil supérieur du travail (2) et qui vaut de vous être rappelé, tant il est topique : « En ce qui concerne plus spécialement la durée légale du travail, nous sommes les premiers à réclamer des inspecteurs une surveillance active, afin que tous les industriels soient mis sur le même pied ; et nous déplorons que les frais de déplacement alloués par l'Etat ne soient pas suffisants pour leur permettre de visiter tous les établissements bien régulièrement... Le Syndicat cotonnier avait même offert autrefois d'allouer un supplément de frais de déplacement à l'inspecteur du travail ».

Il n'en demeure pas moins que nombre de patrons, et non des moindres, s'opposent tacitement ou même

---

(1) A. Lavy, « L'Œuvre de Millerand », p. 94, note 3.
(2) Conseil supérieur du travail, session de novembre 1906, compte rendu officiel, p. 190.

expressément, à ce que l'inspection du travail poursuive, en France, son développement normal et nécessaire ; j'aurai l'occasion de l'établir.

Comment s'explique cette résistance obstinée ?

Serait-ce qu'ils nourrissent l'espoir inavoué, en entravant le fonctionnement de l'inspection, de paralyser l'application des lois existantes, mais dont ils déplorent l'existence ?

Si tel est leur calcul, qu'ils prennent garde qu'à vouloir tourner, par cette tactique sournoise, la volonté du législateur, ils risquent de soulever, ils soulèvent déjà de redoutables colères !

L'écho s'en est fait entendre au Conseil supérieur du travail :

« Le législateur doit se garder de voter des lois sociales, tout en refusant les moyens de les faire respecter. Ce sont là des procédés de surenchère que nous réprouvons absolument. Ils laisseraient croire aux ouvriers que les lois de protection sont purement décoratives, tandis que celles qui peuvent les frapper leur sont durement appliquées. » (1).

« ... Est-ce que vous vous contenteriez d'un beau décor de lois sociales qui ne soient pas appliquées ?

« Rien n'est si dangereux pour la classe ouvrière que les lois qui ne sont pas appliquées, car c'est à cela que vous devez attribuer le flot montant des ouvriers qui professent des doctrines anarchistes » (2).

Les patrons feront sagement de méditer ces paroles et de se souvenir que la main qui se lève pour voter

(1) Conseil supérieur du travail, 1906, rapport Bourderon, p. 5.
(2) Conseil supérieur du travail, 1906, compte rendu officiel, p. 198. Déclaration de M. Coupat.

la loi fait, du même geste, le serment d'en assurer l'exécution.

Je tiens donc pour établi que tous, patrons comme ouvriers, conscients de leur intérêt véritable, doivent vouloir et veulent que les lois protectrices du travail ne soient pas seulement votées, mais obéies, et que cette obéissance soit garantie par la surveillance d'un corps d'inspecteurs assez nombreux et de compétence certaine.

Ce corps d'inspecteurs, l'avons-nous ?

Si nous ne l'avons pas, que nous faut-il faire pour l'avoir ?

Telle est la double question que j'ai mission d'examiner devant vous.

Mais, pour ne point donner des dimensions démesurées à mon rapport, que l'ampleur du sujet rendra fort long déjà, je devrai négliger complètement certaines parties qu'il comporterait normalement et me borner à en indiquer certaines autres, qui exigeraient une étude spéciale et approfondie.

Je supposerai connus, cela va de soi, l'histoire de l'inspection du travail en France, son organisation actuelle et les règles de son fonctionnement, comme aussi l'objet de sa mission, — l'ensemble des lois et règlements qu'elle a charge de faire observer.

Je me bornerai à signaler en passant la question des moyens de contrôle dont dispose l'inspection (je vous renvoie, quant au contrôle de la durée du travail, au rapport de notre collègue, M. Georges Alfassa), celles aussi des pénalités qui sanctionnent les lois ouvrières et de la jurisprudence en cette matière, — questions intimement liées pourtant à celle de l'efficacité de l'inspection.

J'examinerai donc les résultats actuels du fonctionnement de l'inspection, les défauts qu'on y remarque, les critiques dont il est l'objet, les réformes que l'on propose ou qui s'imposent, — les unes tendant à une amélioration quantitative de ce service (augmentation numérique du personnel inspectant), — d'autres à obtenir un meilleur rendement de ce personnel, ou encore à le décharger d'une partie de sa tâche en lui procurant des collaborateurs, — d'autres enfin, plus profondes, tendant à renouveler le personnel de l'inspection à sa source même, dans son recrutement, de manière à l'améliorer qualitativement, à augmenter sa compétence technique ; j'exposerai celles qui se proposent d'ouvrir plus largement aux professionnels, — surtout aux ouvriers, — l'accès des fonctions d'inspecteur ; je m'attacherai enfin à démontrer la nécessité d'organiser en France un service qui n'y existe pas, — celui de l'inspection médicale du travail et des travailleurs.

I. — Insuffisance numérique du service de l'inspection du travail

A. — *Dans quelle mesure et avec quelle rapidité sa tâche s'est accrue. — Dans quelle mesure et avec quelle lenteur le nombre des inspecteurs a suivi cet accroissement.*

J'aborde en premier lieu l'examen des résultats actuels de l'inspection.

Dans quelle mesure ce service s'acquitte-t-il de sa tâche ?

Cette tâche, vous le savez, s'est rapidement et formidablement accrue depuis quelques années.

Si l'on compare ce qu'elle était alors que les inspecteurs n'avaient à contrôler l'application que des deux grandes lois du 2 novembre 1892 et du 12 juin 1893, — et ce qu'elle est de nos jours (j'entends en 1906 : ce sont les derniers chiffres que nous connaissions), voici ce que l'on constate.

Le nombre des établissements soumis à l'inspection est passé de 267.906, en 1894, à 548.225 en 1906 ; il a donc plus que doublé.

Le nombre des travailleurs occupés dans ces établissements a passé de 2.454.943, en 1894, à 3.864.007 en 1906, soit une augmentation de plus de 58 %.

Les étapes principales de ce double accroissement correspondent, vous le savez, à la loi du 11 juillet 1903, qui a étendu la loi de 1893 aux établissements commerciaux et aux industries de l'alimentation ; et à celle du 13 juillet 1906 sur le repos hebdomadaire ; mais à la première surtout.

De 1902 à 1904, on voit, en effet, le nombre des établissements s'élever de 322.289 à 508.849 et celui des travailleurs protégés, de 2.888.687 à 3.662.167.

De 1905 à 1906, le nombre des établissements soumis au contrôle passe de 511.783 à 548.225, dont 19.834 soumis à la seule loi du 13 juillet 1906. Parallèlement, le nombre des ouvriers protégés s'élève de 3.726.578 à 3.864.007.

Ce n'est pas tout. Et l'on n'aurait pas une idée exacte de l'énormité de la tâche incombant aux inspecteurs, si l'on ne se rappelait leur intervention, prévue par les articles 15 de la loi du 2 novembre 1892, 11 de la loi du 12 juin 1893 et 11 de la loi du 9 avril 1898, en matière d'accidents du travail : pour me borner aux toutes dernières années, je constate que le nombre total des accidents déclarés (non compris les mines et les carrières) s'est élevé de 212.753 en 1903 à 306.860 en 1906, et que ce dernier chiffre représente l'augmentation considérable de 46.978 déclarations par rapport à l'année 1905, augmentation due en partie à la loi du 31 mars 1905, qui accorde l'indemnité journalière dès le jour de l'accident, si l'incapacité de travail a duré plus de 10 jours.

Ce n'est pas tout encore. Il faut tenir compte du labeur que suppose l'octroi des autorisations de prolonger la durée normale de la journée de travail ou de suspendre le repos hebdomadaire. Pour en donner une idée, il suffit d'indiquer que l'inspecteur divisionnaire de la première circonscription (Paris) a eu, en un an, à libeller 6.123 affiches de dérogations, ce qui supposerait 6.123 enquêtes préalables (1).

Soit dit en passant, le Sénat a adopté, le 24 mars 1904, une proposition de loi modifiant l'article 7 de la loi du 2 novembre 1892 et qui réduirait sensiblement, sur ce point particulier, le travail imposé à l'inspecteur, en substituant au régime de l'autorisation celui du préavis. La réforme est petite, mais utile ; et puisque, par une rare bonne fortune, elle a trouvé grâce devant le Sénat, il serait désirable que la Chambre mît un peu plus de hâte à la voter.

Je proposerai à l'Association d'émettre un vœu en ce sens.

Je suis bien loin, Messieurs, de vous avoir donné une idée complète du labeur écrasant actuellement confié aux inspecteurs du travail : les chiffres significatifs que j'ai rapportés n'en sont qu'un aperçu et retracent très sommairement les bonds formidables par lesquels il s'est accru.

---

(1) Tous les chiffres ci-dessus rapportés sont empruntés aux rapports officiels sur l'application des lois réglementant le travail.

Cet accroissement a-t-il été accompagné d'un progrès parallèle du nombre des inspecteurs ?

En aucune façon.

Alors que les inspecteurs du travail n'avaient à contrôler l'application que des lois fondamentales de 1892 et de 1893, leur nombre, d'ailleurs considéré déjà comme insuffisant, était de 106, soit 11 inspecteurs divisionnaires et 95 inspecteurs départementaux ou inspectrices (19 inspectrices).

Tel était encore leur nombre en 1900 (1).

Notre Président, lors de son passage au ministère du Commerce, demanda avec insistance au Parlement un relèvement de crédit de 100,000 francs, pour l'inspection du travail.

Le Parlement, non sans résistance, finit par obéir à cette pression.

L'article 1er du décret du 10 mai 1902, qui réorganisa le service de l'inspection du travail (2), fixait le nombre total des inspecteurs à 121 (dont 11 inspecteurs divisionnaires et 110 inspecteurs départementaux ou inspectrices), soit une augmentation de 15 unités.

Le décret du 17 mai 1905 (3) marqua un nouveau progrès, — d'une unité : 122 inspecteurs au lieu de 121. Or, je vous ai dit tout à l'heure de combien d'unités, entre 1902 et 1905, la loi de 1903 avait accru le nombre des établissements assujettis et des travailleurs protégés.

Cette même année 1905, le Ministre affirma au

---

(1) Rapport Breton au Congrès international de 1900, compte rendu du Congrès (Paris, A. Rousseau, 1901), p. 279.
(2) « Bulletin de l'Inspection du travail », 1902, p. 186.
(3) « Bulletin de l'Inspection du travail », 1905, p. 161.

Parlement qu'il lui faudrait au moins 71 inspecteurs nouveaux : l'augmentation de crédit accordée au budget de 1906 ne fut cependant que de 32.000 francs, somme qui, à raison de 5.800 francs environ par inspecteur, permit à peine la création de 6 inspecteurs de plus, 1 à Paris, 5 dans les départements (1).

Enfin, pour 1907, vu la situation budgétaire, le Ministre ne put obtenir aucune augmentation de crédit.

La situation actuelle des cadres de l'inspection, — j'entends la situation à la fin de l'exercice 1907, — est donc encore celle qu'a réglée le décret du 11 juillet 1906 (2), savoir : 11 inspecteurs divisionnaires et 117 inspecteurs départementaux ou inspectrices (19 inspectrices), soit au total un effectif de 128 agents d'inspection.

Si l'on se reporte au chiffre primitif de 106 inspecteurs, — chiffre déjà insuffisant — on constate que l'augmentation du nombre des inspecteurs n'a été que de 20 0/0 environ, alors que leur tâche — je l'ai dit — a plus que doublé, si l'on considère le nombre des établissements assujettis, et a augmenté de plus de 58 0/0, si l'on a égard au nombre des ouvriers protégés.

La courbe qui représenterait graphiquement l'accroissement de la tâche des inspecteurs et celle de l'accroissement de leur nombre — courbes qui, normalement, devraient être parallèles — divergent donc complètement.

---

(1) V. rapport Lourties, au Sénat, sur le budget du Travail pour 1907 (« Documents parlementaires », Sénat, 1906, n° 463).
(2) « Bulletin de l'Inspection du travail », 1906, p. 142.

B. — *Résultats de cette disproportion : déficit énorme dans le nombre des établissements et des ouvriers inspectés, malgré la moyenne exagérée des visites par inspecteurs. — Comparaisons avec l'inspection des mines en France et avec l'inspection du travail à l'étranger.*

Qu'en résulte-t-il ?

Les chiffres encore, plus convaincants que les mots, vont nous répondre.

Sur 548.225 établissements à inspecter, combien l'ont été effectivement en 1906 ? 148.251 seulement ! Donc 399.974 ne l'ont pas été, soit environ 73 0/0 ou près des 3/4 du total.

Et cela, quoique le nombre des établissements visités ait été en 1906 plus élevé que jamais (1).

Il y a pis : sur le total des 548.225 établissements, on en compte 207.207, soit environ 38 0/0 ou plus de 1/3, « qui n'ont — je cite textuellement la formule officielle — encore point reçu, jusqu'à ce jour, la visite qui doit fixer le service sur leur importance et parfois sur leur existence même » !

Et l'on a calculé qu'au train dont vont les choses, c'est-à-dire en supposant que l'on visite chaque année 13.000 de ces établissements jamais encore visités, il faudrait 15 ans pour que tous l'aient été (2).

Je passe au nombre des travailleurs protégés.

---

(1) Il avait été de 146.137 en 1903, de 142.201 en 1904, de 141.874 en 1905.

(2) Rapport sur l'application, en 1906, des lois réglementant le travail (« Journal officiel » du 21 août 1907, p. 743 et suiv.).

Sur un total de 3.864.007 de ces travailleurs, il s'en trouvait 2.184.023 dans les établissements inspectés en 1906. Ce qui revient à dire que 1.679.984 travailleurs — ou 43,5 0/0, plus des 2/5 du nombre total — ont été privés, en 1906, de la garantie protectrice de l'inspection, à laquelle ils ont droit.

Ce qui est plus regrettable encore, c'est que parmi eux figuraient, en 1906, 252.595 enfants ou jeunes gens de moins de 18 ans, soit plus de 43 0/0 du total des enfants et jeunes gens qui devraient, plus que tous autres, jouir d'une protection effective.

Si nous passons enfin au nombre des visites faites, nous constatons qu'il a été, en 1906, de 178.007, contre 166.751 en 1905, soit une augmentation de 11.256 visites et un nombre moyen de 1.390 visites par inspecteur et par an (inspecteurs divisionnaires et inspectrices comptés).

Ainsi, Messieurs, malgré l'effort énorme donné par le service de l'inspection, malgré le surmenage qu'il s'impose et dont témoigne le nombre de visites que je viens de rappeler, ce service fléchit, accablé sous une tâche disproportionnée.

Et la situation qui en résulte, vous venez de le voir, est lamentable.

D'autant plus lamentable qu'elle est permanente : ce que j'ai dit de l'année 1906, j'aurais pu le répéter de celles qui l'ont précédée. Cette inégalité du service de l'inspection à sa tâche, inégalité dont il n'est certes pas responsable, est, en France, une anomalie constante, — je me trompe — une anomalie qui s'aggrave constamment. Il y a dix ans, en 1898, les inspecteurs du travail parvenaient à visiter chaque année 40 0/0 des établissements assujettis et 70 0/0 du personnel protégé (1) ; or, nous venons de le voir, ces proportions sont, en 1906, respectivement tombées à 27 0/0 et 56,5 0/0.

Cette anomalie, voilà des années que la Commission supérieure du travail la signale aux pouvoirs publics, observant qu'il faut « en moyenne trois années pour permettre aux inspecteurs de visiter à fond leur section » (2).

Dira-t-on, Messieurs, qu'ils pourraient être plus actifs ? Je n'ignore pas que l'activité du service de l'inspection a des hauts et des bas, qu'elle n'est pas sans élasticité, qu'il lui arrive de varier suivant les personnes, les temps et les lieux, suivant aussi l'impulsion qu'elle reçoit.

J'ai souvenir qu'alors que notre Président était ministre du Commerce, on vit le nombre des infractions constatées par les inspecteurs, de 6.033, chiffre auquel il était tombé en 1898, bondir brusquement à 11.607 en 1899 et à 25.418 en 1900... Je vous laisse le soin de deviner pourquoi.

Il arrive qu'on voie le phénomène inverse se produire : à Paris, par exemple, le nombre des visites qui, pour l'ensemble de la première circonscription, était de 47.932 en 1901, tomba doucement, d'année en année, à 41.836 en 1905, soit, en cinq ans, une diminution de 6.096 ou de 1/8 environ. Le service, attribuant cette défaillance locale à l'insuffisance du contrôle exercé par l'inspecteur divisionnaire sur des subordonnés trop nombreux (il y a actuellement 32 inspecteurs ou inspectrices dans cette circons-

(1) Fontaine, rapport au Congrès international de 1900, compte rendu du Congrès, p. 367.

(2) Rapport de la Commission supérieure du travail pour 1904, p. LXXIX. Même observation dans son rapport pour 1903.

cription), lui a adjoint, en 1906, un inspecteur départemental spécialement chargé de ce contrôle (1).

Mais, Messieurs, s'il y a parfois, dans le corps des inspecteurs, de ces défaillances individuelles, s'il arrive que tels inspecteurs nommés jadis, sous le régime de la loi de 1874, et vieillis dans le service, faute de crédits permettant leur mise à la retraite (2), s'exposent à l'épithète, un peu bien rude peut-être, d' « inspecteurs fainéants », que leur décochait M. Coupat au Conseil supérieur du travail (3), il n'en demeure pas moins que, prise dans son ensemble, l'inspection du travail fournit un travail énorme et, dès maintenant, exagéré.

Depuis plusieurs années, en effet, le nombre moyen des visites faites en un an oscille autour de 1.400 en chiffres ronds par inspecteur : il a été de 1.353 en 1901, de 1.405 en 1903, de 1.390 en 1906 (4).

Je sais bien que le nombre des visites est un critérium incomplet et imparfait pour mesurer et apprécier l'activité des inspecteurs : incomplet, car ils ont bien autre chose à faire que des visites ; imparfait, car les visites ne sont pas d'autant mieux faites qu'elles sont plus nombreuses, bien au contraire.

---

(1) Rapport de la Commission supérieure du travail pour 1905, p. LXXV.

(2) Sur la nécessité de mettre à la retraite certains inspecteurs trop âgés, voir projet de résolution Colliard voté par la Chambre, le 12 décembre 1906 (2ᵉ séance, « Journal officiel », p. 3184). V. aussi discussion du budget du Travail pour 1908 à la Chambre (séance du 11 novembre 1907, « Journal officiel », p. 2141). — Rapport Lourties au Sénat sur le budget du Travail pour 1907.

(3) Conseil supérieur du travail, session de 1906, compte rendu officiel, p. 194.

(4) En 1901, 108 inspecteurs ont fait 146.180 visites ; en 1903, 121 inspecteurs ont fait 170.116 visites. — V. rapport de la Commission supérieure du travail pour 1903, p. LXXVI.

Mais, vaille que vaille, ce critérium est peut-être le moins mauvais et le plus commode.

Or, en 1900, M. le directeur du travail nous disait, avec son expérience, que 1,200 visites annuelles par inspecteur représentaient un « labeur écrasant » et qu'on pouvait « craindre déjà que trop peu de temps ne dût être accordé à chaque établissement visité » (1).

Que dire aujourd'hui qu'il s'agit de 1.400 visites ! Bien loin de désirer que ce chiffre s'accroisse, ne devons-nous pas souhaiter qu'il diminue, afin que les visites gagnent en efficacité ce qu'elles perdront en nombre ?

Pour nous rendre compte de la surcharge imposée au service de l'inspection du travail proprement dit, nous n'avons qu'à le comparer avec le service correspondant qui exerce le même contrôle dans les mines, minières et carrières.

L'inspection du travail compte, nous l'avons vu, actuellement, 128 inspecteurs pour surveiller 548.235 établissements qui occupent 3.864.007 ouvriers.

L'inspection des mines compte 175 fonctionnaires (je laisse de côté les délégués mineurs, au nombre d'environ 500) pour inspecter 38.912 exploitations ou établissements annexes, qui occupent 330.796 travailleurs, sur lesquels 259.159 ont été effectivement inspectés en 1905 (2).

Ce qui revient à dire que, dans l'industrie minière,

(1) Fontaine, rapport au Congrès international de 1900, compte rendu du Congrès, p. 367.

(2) V. rapports des ingénieurs en chef des mines pour 1905 et exposé des motifs de la proposition de loi J.-L. Breton, déposée, le 9 novembre 1903, sur le bureau de la Chambre.

il y a un corps d'inspection qui, sans doute, n'est pas seulement ni même principalement chargé de contrôler l'observation des lois protectrices du travail, mais qui n'en est pas moins d'un tiers plus nombreux que celui des inspecteurs du travail, pour surveiller un nombre d'ouvriers plus de dix fois moindre.

Et, dans les pays étrangers, quelle est la proportion du nombre des inspecteurs à celui des ouvriers protégés, des établissements assujettis, ou encore quel est le nombre des visites annuelles par inspecteur ?

La comparaison serait aussi intéressante qu'elle est difficile.

On l'a tentée, néanmoins ; et M. Colliard, à la Chambre, le 12 décembre 1906, disait qu'en fait l'on compte en Belgique 641 visites en moyenne par inspecteur et par an (année 1902), en Allemagne 401 (année 1902) et en Autriche 299 (année 1903).

Ces chiffres, il les a vraisemblablement puisés dans un tableau publié comme annexe du rapport de M. Bourderon sur l' « Inspection du travail » (1).

J'ignore, quant à moi, comment ils ont été obtenus.

Mais je sais combien il faut être prudent en de tels parallèles. On ne doit, en effet, comparer que des choses réellement comparables.

Par conséquent, pour instituer sur le point qui nous occupe une comparaison précise et vraiment concluante, il faudrait que, dans le pays étranger pris comme terme de cette comparaison, le service de l'inspection eût exactement la même mission à

(1) V. ce rapport, p. 41.

remplir qu'en France, c'est-à-dire eût à faire appliquer un ensemble de dispositions analogues et, d'autre part, ne fût point aidé ou même suppléé dans l'accomplissement de cette mission par des organes administratifs autres que les inspecteurs du travail proprement dits.

Je précise par des exemples.

Si l'on veut comparer avec l'Allemagne, il faut prendre garde que l'inspecteur y doit contrôler l'observation des dispositions légales relatives notamment aux règlements d'atelier, au paiement des salaires, aux congédiements et ruptures de contrats, dispositions dont nous n'avons pas chez nous l'équivalent ; qu'il y doit recueillir des données statistiques, non seulement sur les accidents, mais encore sur les maladies professionnelles ; qu'on lui soumet les demandes tendant à l'autorisation des établissements industriels, afin qu'il donne son avis sur les dispositions à y prendre dans l'intérêt de l'hygiène et de la sécurité des ouvriers qu'on y emploiera ; que, dans certains états allemands, il est chargé, pour partie, de l'inspection des chaudières à vapeur ; qu'enfin les dispositions des règlements d'hygiène et de sécurité spéciaux à certaines industries sont, en Allemagne, bien plus nombreuses et plus minutieuses que chez nous.

Inversement, l'inspecteur allemand se trouve en partie déchargé de la surveillance préventive des accidents au profit de mutualités patronales intéressées à cette prévention. De même, la police ordinaire collabore beaucoup plus étroitement que chez nous à l'inspection du travail : c'est elle, par exemple, qui contrôle l'exécution des améliorations ordonnées par l'inspection du travail dans les établissements assujettis ; c'est à elle qu'incombe l'application du repos dominical dans les établissements commerciaux. Enfin, tout un corps de médecins-agréés collabore à l'inspection hygiénique et médicale des ateliers (1).

Si l'on veut comparer avec l'Angleterre, il faut avoir égard, notamment, à l'aide considérable qu'apporte, en matière d'hygiène, aux inspecteurs proprement dits, la collaboration de près de 2.000 « médecins certificateurs » et de près de 3.000 « officiers médicaux de santé » des districts (2). J'aurai à revenir en détail sur l'objet et les résultats de cette double collaboration.

En Autriche, comme en Allemagne, l'inspecteur contrôle l'exécution des dispositions légales relatives aux règlements d'atelier, au paiement des salaires, au congédiement des ouvriers ; il surveille aussi l'observation de celles qui concernent l'apprentissage ; il donne son avis sur les demandes d'autorisation de construire ou de modifier les établissements assujettis (3).

En Belgique, nous voyons l'inspection du travail

---

(1) Sur tous ces points, voir rapport Fuchs au Congrès de 1900, sur l'inspection du travail en Allemagne (compte rendu du Congrès, p. 236, p. 249) ; « Instructions pour la rédaction des rapports annuels du personnel de l'inspection du travail en Allemagne » (ibid., p. 265) ; et article « Gewerbeinspektion » du « Conrad's Handwoerterb. », 2ᵉ édition.

(2) Les chiffres exacts étaient en 1905 : 1.983 pour les « certifying surgeons » et 2.957 pour les « medical officers of health » (d'après l' « Annual report of the chief inspector of factories and workshops » pour 1905).

(3) Consulter Dechesne, « L'Inspection du travail en Autriche » (« Revue d'économie politique », 1897, p. 99 et suiv.) et la loi du 17 juin 1883, qui a institué et organisé l'inspection en Autriche.

chargée, entre autres attributions, de contrôler l'exécution de la loi sur les règlements d'atelier, celle de la loi du 16 août 1887 sur le paiement des salaires, et, d'autre part, secondée, en matière d'hygiène et de salubrité, par les « inspecteurs-médecins du travail » et par les « médecins-agréés » (1).

Enfin, si nous voulons faire une comparaison avec la Suisse, il ne faut pas oublier qu'une inspection fédérale s'y superpose à l'inspection cantonale, ni que la surveillance des chaudières et autres appareils à vapeur, les avis à donner sur les autorisations de construire ou d'agrandir les établissements industriels et sur les règlements d'atelier sont de la compétence de l'inspection, au moins dans certains cantons, ni que la police ordinaire y collabore dans une large mesure à l'inspection (2).

Par ces observations concernant certains pays étrangers, je n'ai pas cherché à vous donner une idée complète de toutes les différences qui existent entre la mission de leurs inspecteurs respectifs et celle des nôtres : j'ai seulement indiqué quelques-unes des attributions conférées à ces inspecteurs et que les nôtres n'ont pas, quelques-uns des concours qui leur sont assurés et dont les nôtres sont privés.

J'en conclus, non pas que toute comparaison est impossible, mais qu'un même nombre de visites, ou

(1) V. Varlez, rapport sur l'inspection du travail en Belgique (compte rendu du Congrès international de 1900, p. 420 à 422), et rapport de l'inspection du travail belge, 4e année, 1898, p. 225.

(2) V. Otto Lang, rapport sur l'inspection du travail en Suisse (compte rendu du Congrès international de 1900, p. 370). Loi fédérale du 23 mars 1877, articles 17 et 18 ; et rapports des gouvernements cantonaux sur l'exécution de la loi fédérale concernant le travail dans les fabriques, pour les années 1905-1906.

d'établissements vus, ou d'ouvriers rencontrés dans ces établissements ne représente — suivant qu'il s'agit d'un inspecteur français ou d'un inspecteur étranger — ni exactement le même effort, ni non plus le même effet utile.

Sous le bénéfice de ces réserves, il n'en demeure pas moins intéressant de faire quelques rapprochements entre l'effectif de notre inspection du travail et celui que l'on trouve dans certains pays étrangers.

En Allemagne, vous le savez, depuis 1870, tous les états fédérés sont obligatoirement tenus d'avoir une inspection du travail ; mais l'organisation de cette inspection est du ressort de chacun d'eux ; il y a donc, dans l'Empire allemand, 26 inspections du travail distinctes (1).

Prenons pour exemple la Prusse : le nombre des fonctionnaires de l'inspection y a passé de 29 en 1890 à 178 en 1895, — 198 en 1898, — 217 en 1900, — et 243 en 1904 (2).

Il y avait, en Prusse, à cette dernière date, 124.580 établissements assujettis et 2.704.945 travailleurs employés dans ces établissements.

Il a été, en 1904, effectivement visité 47,5 % du nombre total des établissements assujettis (contre, en France, 27 % en 1906) et 79,9 % du nombre total de leurs ouvriers (contre, en France, 56,5 % en 1906).

Enfin, il a été, toujours en 1904, fait 124.839 visites,

---

(1) V. « Gewerbeordnung », article 139 b. — Et Fuchs, rapport au Congrès international de 1900 sur l'inspection du travail en Allemagne (compte rendu du Congrès, p. 243 et suiv.).

(2) Dans ces chiffres sont compris les « Regierungs-und Gewerberaete » et leurs collaborateurs (Hilfsarbeiter bei den Regierungen), les « Gewerbeinspektoren » et les « Assistenten ».

soit, en divisant par 243, une moyenne de 513 visites par inspecteur (contre, en France, 1.400) (1).

J'ajoute que l'on tient, en Allemagne, une pareille inspection pour insuffisante ; qu'on y voudrait au moins une visite par an et par établissement ; et qu'on y envisage surtout la nécessité de renforcer l'inspection des petits établissements (2).

Pour second et dernier terme de comparaison, je prends l'inspection du travail en Angleterre.

Dans les vingt années qui ont suivi l' « Act » de 1878, le chiffre global du personnel de l'inspection y a passé de 56 (en 1879) à 114 (en 1898) (3).

Depuis lors, ce chiffre s'est élevé à 137 en 1900 et 154 en 1905, pour un nombre total, à cette dernière date, de 259.649 établissements assujettis, employant, en chiffres ronds, 4.950.000 travailleurs.

Ces 154 inspecteurs ont fait, en 1905, un total de 372.586 visites, — ce qui représente une moyenne de 2.419 visites par inspecteur.

C'est ici, pour s'expliquer ce chiffre, qu'il est nécessaire de se souvenir que près de 5.000 médecins ou officiers de santé secondent, nous le verrons, de la

---

(1) Pour tous ces chiffres, voir « Jahresberichte der Gewerbeaufsichtsbeamten und Bergbehoerden » pour 1904, tome IV, p. 166 ; tome I, 1, p. 674, Tabelle Ia ; tome I, 1, p. 678, Tabelle IIa.

(2) Fuchs, rapport précité, p. 244.

(3) Ce dernier chiffre se décomposait comme suit : 7 « superintending-inspectors » (dont un « medical inspector »), 46 « inspectors », 26 « junior-inspectors », 3 « examiners of particulars » (pour certaines branches de l'industrie textile), 25 inspecteurs assistants et 6 inspectrices ; soit 113 fonctionnaires, plus le « chief-inspector ». — V. Miss Harrisson, rapport sur l'inspection du travail en Angleterre au Congrès international de 1900 (compte rendu du Congrès, p. 390 et suiv., et notamment p. 411, 412). — « Conrad's Handwb. der Staatsw. », 2e édition, article « Gewerbeinspektion ».

manière la plus efficace, les inspecteurs de travail proprement dits (1).

Il est bon aussi de rappeler qu'alors que la France accorde à peine 800.000 francs au budget de l'inspection du travail (2), l'Angleterre le dote de 73.572 liv. st. (chiffre de 1905), soit plus de 1.800.000 francs (3).

Or, si le temps est de l'argent, il est non moins vrai que l'argent est du temps ; et que plus de temps, c'est plus de visites.

En somme, Messieurs, tout en reconnaissant qu'une comparaison exacte est fort malaisée entre la France et les pays étrangers, force nous est bien de constater, — comme le faisait M. Coupat au Conseil supérieur du travail (4), — que notre pays est « un des plus pauvres en agents d'exécution pour faire appliquer et respecter » les lois protégeant le travail.

Toutefois, avant de conclure qu'il convient d'augmenter le nombre de ces agents, il faut nous demander s'il ne serait pas possible d'obtenir un meilleur rendement utile de l'effectif existant.

C. — *Comment le rendement utile de l'effectif existant pourrait être augmenté. — Insuffisance actuelle des frais de tournée et des frais de bureau ; immobilisation corrélative des inspecteurs.*

Car, Messieurs, l'inspection du travail en France

---

(1) Ces chiffres sont empruntés à l' « Annual report of the chief-inspector of factories and workshops » pour 1905, p. III, IV et 447.

(2) Le crédit a été de 720.000 francs pour 1905, 750.000 francs pour 1906 et pour 1907 ; il est de 798.800 francs pour 1908.

(3) Ce chiffre ne comprend pas les bureaux du service central (« central office clerical staff »). On le trouvera dans l' « Annual report » précité, p. 447.

(4) Conseil supérieur du travail, session 1906, p. 193.

n'est pas seulement entravée par le faible chiffre de cet effectif, elle se trouve, dans une certaine mesure, paralysée par l'insuffisance des frais de tournée alloués aux inspecteurs.

Je ne vous exposerai pas, dans le détail, comment ces frais de tournée sont réglés par les arrêtés du 22 septembre et du 2 décembre 1902, modifiés en 1905 et 1906 (1). Vous savez qu'ils se décomposent en indemnités fixes, particulières à certaines sections, et en frais de tournées payables sur état et limités à un maximum variable, naturellement, suivant les sections. Il vous suffira de vous reporter au décret du 17 mai 1905 (2), pour constater que l'utilisation de ces frais est prévue et mesurée avec autant de précision que de parcimonie.

Or il advient, dans nombre de sections, que, bien avant la fin de chaque année, l'inspecteur soit obligé de cesser ses tournées, parce qu'il a épuisé le crédit dont il dispose.

Ce n'est pas tout : pour tirer de ce faible crédit son maximum de rendement, c'est-à-dire faire, aux moindres frais, le plus de visites possible, l'inspecteur est obligé, lorsqu'il s'est transporté dans une localité, d'y voir en série tous les établissements qui s'y trouvent.

Par suite, dès sa présence dans la localité signalée par sa première visite, les autres établissements, sachant qu'ils vont être visités à leur tour, s'empressent de faire disparaître toutes les contraventions sus-

---

(1) On trouvera le texte de ces arrêtés dans la brochure « Lois, décrets, arrêtés concernant la réglementation du travail » (Berger-Levrault, Paris, 1907), p. 111 et 112.

(2) « Bulletin de l'Inspection du travail », 1905, p. 161 et 167.

ceptibles d'être immédiatement supprimées ou dissimulées.

Or, s'il est une vérité évidente en notre matière, c'est que — pour un grand nombre d'infractions, celles à la durée du travail, en particulier — l'inspection prévue est une inspection inutile : seule l'inspection inattendue est efficace et probante.

Donc l'insuffisance des frais de tournée a ce double inconvénient d'empêcher à un moment donné tout déplacement de l'inspecteur, partant toute visite hors de sa résidence, et de compromettre l'efficacité des visites mêmes qu'il peut faire en empêchant qu'elles soient inopinées. Ajoutez la fatigue que doit s'imposer l'inspecteur consciencieux, s'il cherche à suppléer, par des marches forcées, aux moyens de transport dont il est privé.

Lors de son passage au ministère, notre Président avait insisté auprès de son collègue des Travaux publics, afin qu'il obtînt que les compagnies de chemins de fer délivrassent aux inspecteurs du travail des cartes de circulation gratuites dans les limites de leurs circonscriptions respectives.

En 1904, au « Congrès d'hygiène des travailleurs », M. Woillot formulait le même vœu (1).

Mais les compagnies ne se soucient nullement de supporter les frais de déplacement des inspecteurs : leur représentant qualifié, M. Heurteau, l'a déclaré tout net (2). Il conseille à l'Etat de prendre, pour ses inspecteurs, des cartes d'abonnement.

(1) Compte rendu du Congrès d'hygiène des travailleurs en 1904, p. 111 et suiv.

(2) Compte rendu des délibérations de la Commission permanente du Conseil supérieur du travail, dans rapport Bourderon, p. 24.

Quelque solution qu'on adopte, il est indispensable d'assurer aux agents de l'inspection plus de mobilité.

On faciliterait encore les déplacements des inspecteurs en leur épargnant une partie du travail de bureau dont ils sont surchargés.

Vous savez que seuls les inspecteurs divisionnaires ont des frais de bureau (1) : les inspecteurs départementaux n'en ont pas, et de surveillants essentiellements actifs qu'ils devraient être, se trouvent ainsi, dans une trop large mesure, périodiquement transformés en bureaucrates, non pas oisifs, mais sédentaires.

Telle n'est pas leur destination.

Il faut donc, en subventionnant moins chichement le service de l'inspection, faire disparaître le double contre-sens que je viens de rappeler : l'immobilisation de l'inspecteur par l'insuffisance des frais de tournée ou par la surabondance de travail de bureau.

Ne nous exagérons pas cependant la portée d'une semblable réforme : l'inspecteur, affranchi de ces entraves, fera plus de visites, sans doute ; mais on ne peut lui demander d'aller jour et nuit par voies et par chemins, et, d'autre part, un minimum de besogné sédentaire — rapports, statistiques — devra nécessairement être fait par lui-même.

---

(1) V. décret du 17 mai 1905, article 9. Ces frais sont fixés à 2.200 francs pour l'inspecteur de la 1re circonscription divisionnaire, 1.800 francs pour celui de la 5e, 1.500 francs pour les autres.

D. — *Par qui les inspecteurs du travail pourraient être secondés. — Collaboration à l'inspection des officiers de police judiciaire. — Ses résultats médiocres ou nuls.*

Vous avez vu quel écart formidable existe entre ce que sont les résultats actuels de l'inspection et ce qu'ils devraient être.

Cherchons donc si l'inspecteur du travail ne pourrait pas être secondé dans sa mission, et, jusqu'à un certain point, suppléé par quelque autre de nos fonctionnaires actuels.

Au Conseil supérieur du travail, M. Isaac indiquait les officiers de police judiciaire, — « personnages qualifiés, disait-il, pour venir en aide au corps des inspecteurs et en rendre l'augmentation inutile (1) ».

Si cette réforme était bonne, elle serait bien facile, puisqu'il n'y aurait rien à réformer du tout : en effet, la compétence spéciale des inspecteurs n'a point restreint la compétence générale que les commissaires de police, les maires ou leurs adjoints tiennent de l'article 11 C. I. Cr. pour la recherche et la constatation des contraventions (2).

Seulement, cette collaboration, l'expérience a démontré qu'en matière d'application des lois ouvrières il était préférable de n'y recourir qu'à titre de pis aller : elle donne de détestables résultats.

Et cette expérience est ancienne : elle remonte à

(1) Conseil supérieur du travail, session de 1906, p. 201.

(2) V. Code Instruction criminelle, article 112 ; loi du 2 novembre 1892, article 20 ; loi du 12 juin 1893, article 5 ; arrêt de la Cour de cassation (crim.) du 19 octobre 1905 ; (« Bulletin de l'Inspection du travail », 1905, p. 332).

la loi du 22 mars 1841 sur le travail des enfants ; sous cette loi, les résultats obtenus ne furent pas mauvais : ils furent nuls, de l'aveu même du gouvernement (1).

La police ordinaire fut seule chargée, jusqu'à la loi du 16 février 1883, d'assurer l'application du décret-loi du 9 septembre 1848. Conséquence : il ne fut pas appliqué (2).

D'ailleurs, lorsqu'en 1868 on eut l'idée de confier aux ingénieurs des mines la surveillance de l'application de la loi de 1841, le résultat fut encore négatif (2).

Sous le régime de la loi du 19 mai 1874, où l'inspection, si compliquée, fonctionna d'une manière si défectueuse, on ne vit pas davantage la police ordinaire, — toujours qualifiée pour le faire (3) et toujours inactive, — seconder les inspecteurs.

De nos jours même, vous savez qu'on a fait effort pour obtenir de la police ordinaire qu'elle constatât tout au moins les contraventions aux lois sur le travail qui se produisent sur la voie publique. Elle est en effet beaucoup mieux placée que les inspecteurs pour les remarquer. Par une circulaire très pressante du 10 novembre 1900, M. Millerand invita les préfets à enjoindre aux officiers de la police ordinaire de veiller notamment à l'application des dispositions du décret du 13 mai 1893 concernant les surcharges et l'interdiction d'employer des enfants de moins de

---

(1) Aveu fait lors de la discussion du projet déposé le 15 février 1847 (V. Breton, rapport sur l'inspection du travail au Congrès international de 1900 ; compte rendu du Congrès, p. 269).

(2) Breton, loc. cit.

(3) V. article 18, loi du 19 mai 1874.

16 ans sur des échafaudages volants (1). C'est encore la police ordinaire qui apparaît comme la plus naturellement compétente pour faire observer la loi du 7 décembre 1874 sur la protection des enfants employés dans les professions ambulantes.

Or savez-vous combien, en 1904, la police ordinaire a constaté de contraventions commises sur la voie publique aux dispositions que je viens de rappeler ? A Paris, 57 ! En province, zéro ! En 1905, les résultats ont été sensiblement équivalents (2).

Quant à la loi du 7 mars 1850, sur le tissage et le bobinage, l'inaction de la police ordinaire, seule compétente pour en contrôler l'application, est si complète que la Chambre, le 9 février 1905, a dû voter un projet de loi qui charge l'inspection du travail de ce contrôle (3).

Enfin, plus récemment, pour que les inspecteurs du travail ne fussent pas entièrement absorbés par l'application de la loi du 13 juillet 1906 sur le repos hebdomadaire, on a dû bon gré mal gré recourir à l'aide de la police et même appeler à la rescousse les inspecteurs des poids et mesures. En particulier à Paris et à Lyon, les établissements à surveiller ont fait l'objet d'une répartition entre ces divers fonctionnaires (4). Et voici que, déjà, dans son rapport sur l'année 1906, la Commission supérieure du tra-

(1) Lavy, « L'Œuvre de Millerand », p. 26.

(2) Rapports de la Commission supérieure du travail pour 1904 (p. LXIX) et pour 1905 (p. LXIX).

(3) V. rapport de M. Boissard sur la loi du 7 mars 1850 ; et intervention de M. Paul Constant à la Chambre des députés, séance du 11 novembre 1907.

(4) Lettre ministérielle du 17 novembre 1906, dans « Bulletin de l'Inspection du travail », 1906, p. 358.

vail est obligée de constater avec mélancolie que le concours de la police n'est pas assez « soutenu, surtout dans les villes où la police judiciaire dépend du maire, qui dépend à son tour de ses administrés ;... et que tout le poids retombe à nouveau sur le service » de l'inspection du travail. Elle ajoute, résignée : « Cet état de choses était prévu ; et il ne faut point songer à s'en étonner (1) ».

Je sais bien, Messieurs, que, dans certains pays étrangers, en Allemagne notamment, la collaboration de la police ordinaire et de l'inspection, beaucoup plus intime que chez nous, donne des résultats, semble-t-il, bien meilleurs. En Allemagne, c'est à la police elle-même qu'on a « confié, en première ligne, ce qu'il y a de policier dans la surveillance du travail » ; les inspecteurs du travail y apparaissent comme des « contrôleurs de l'inspection faite par la police, chargés de l'unifier, — comme des « conseillers auprès des organes de la police ordinaire », — bref, comme jouant un rôle « complémentaire » de l'action de cette police (2).

Mais, si, en Allemagne, un pareil système donne des résultats satisfaisants, en Suisse, au contraire, où, dans de nombreux cantons, l'inspection du travail a été confiée aux autorités de la police locale ou

(1) « Bulletin de l'Office du travail », octobre 1907, p. 1033.

(2) V. Fuchs, rapport précité sur l'inspection du travail en Allemagne, p. 234, 244, 249 ; et p. 263, le paragraphe 6 du « Règlement du service » de l'inspection, du 23 mai 1892. Le paragraphe 7 de ce règlement est ainsi conçu : « Ils (les fonctionnaires de l'inspection) doivent accorder une attention spéciale : 1° aux établissements dont le contrôle efficace par les organes de la police ordinaire, dépourvus de connaissances techniques spéciales, n'est pas praticable ».

de la police de district, on ne s'en félicite pas du tout : on reproche à la police son manque de compétence, d'intelligence, voire même de bonne volonté et d'indépendance ; et l'on réclame, là où ils n'existent pas, des fonctionnaires spécialisés dans le rôle d'inspecteurs du travail (1).

En ce qui concerne la France, je crois qu'après tant et de si fâcheuses expériences, après les résultats négatifs ou dérisoires qu'elles ont donnés, la valeur de la police ordinaire comme organe de l'inspection du travail est jugée.

Ce n'est point là son affaire : elle est incompétente, elle ne connaît pas ou presque pas la législation du travail, ni la manière dont il convient de l'appliquer. Elle a sur les bras cent autres besognes plus que suffisantes pour absorber son activité.

J'ajoute qu'alors qu'en tous pays on voit, par la force des choses, l'organisation de l'inspection du travail évoluer dans le sens d'une spécialisation technique croissante, ce serait un retour en arrière, une évidente régression, que de chercher à y étendre le rôle de la police générale.

Enfin, si, par crainte d'augmenter le nombre des fonctionnaires, certains patrons conseillent le recours aux commissaires de police, d'autres — tel M. de Montgolfier au Conseil supérieur du travail — le repoussent énergiquement, d'accord en cela avec les représentants des ouvriers (2) ; je conçois qu'à tout prendre ils préfèrent la visite discrète de l'inspecteur du travail à la descente de police, aux commentaires

---

(1) V. Otto Lang, rapport au Congrès de 1900 sur l'inspection du travail en Suisse, compte rendu du Congrès, p. 370 à 373.

(2) Conseil supérieur du travail, session de 1906, p. 201.

fâcheux qu'elle peut susciter et aux conflits qu'elle peut envenimer.

Je conclurai, pour ma part, qu'après les expériences faites en France, s'en remettre aux officiers de police judiciaire du soin de veiller à l'observation des lois ouvrières, c'est le plus sûr moyen d'organiser la non-inspection du travail.

E-F. — *Collaborations bénévoles à l'inspection du travail : 1° collaboration des ouvriers au contrôle de l'inspection ; 2° collaboration de certaines associations patronales.*

N'est-il pas d'autres collaborations auxquelles on doive songer ?

Je veux parler, non plus de la collaboration obligatoire de fonctionnaires à l'exercice même de l'inspection, mais de la collaboration bénévole de tierces personnes intéressées, individus ou collectivités, au contrôle de l'inspection.

Certains voient en ce système une manière de succédané de l'inspection.

Il est une première catégorie de ces collaborateurs bénévoles dont je ne dirai rien ici : ce sont les ouvriers. J'aurai à parler plus loin des ouvriers exerçant les fonctions d'inspecteurs du travail. Mais la question capitale du contrôle de l'inspection par les ouvriers eux-mêmes ou par leurs représentants appartient tout entière à notre collègue M. Lorin, qui la traitera devant vous avec tous les développements qu'elle comporte. Il me suffira de dire que, sans la collaboration constante, individuelle et collective des ouvriers au contrôle de l'application des lois ouvrières, il n'y a pas d'inspection du travail efficace (1).

D'autres intéressés proposent leurs services et même, en matière de prévention des accidents, exercent depuis de longues années, spontanément, un contrôle parallèle à celui de l'inspection : ce sont les patrons.

Au Conseil supérieur du travail, M. Isaac a fort justement rappelé l'initiative, ancienne déjà, de la *Société Industrielle de Mulhouse* (2) et celle, plus récente, de l'*Association des Industriels de France contre les accidents du travail* (fondée à Paris dès 1883, et reconnue d'utilité publique le 8 avril 1891). M. Darcy a cité la société d'assurance mutuelle depuis longtemps instituée par le *Comité des Forges de France*. M. Honoré, l'*Association des propriétaires de machines à vapeur* dont, à son avis, « la surveillance est... beaucoup plus minutieuse et beaucoup plus attentive que celle que peuvent exercer les ingénieurs des mines » ; et les mutualités patronales, créées depuis la loi du 9 avril 1898 (3).

C'est à nous, moins qu'à tous autres, d'oublier que, dès 1830, la « Société Industrielle de Mulhouse » étudia une proposition tendant à fixer l'âge minimum

(1) V. notamment circulaire Millerand du 19 janvier 1900 (Lavy, « L'Œuvre de Millerand », p. 94) et circulaire Viviani du 22 novembre 1906 (« Bulletin de l'Inspection du travail », 1906, p. 349). — Fuchs (rapport précité sur l'inspection du travail en Allemagne, p. 253) : « Il va de soi que la collaboration des ouvriers à une institution faite dans leur intérêt est indispensable ».

(2) C'est en 1867 que cette Société, sur l'initiative de M. Engel Dollfus, fonda une association pour la prévention des accidents du travail, avec service d'inspection.

(3) Conseil supérieur du travail, 1906, p. 200.

d'admission des enfants dans les manufactures et à réduire la durée de leur travail. Elle fut ainsi la première à poser cette question en France.

Il ne serait pas équitable, non plus, de méconnaître l'action bienfaisante qu'exercent les inspecteurs de ces associations privées.

L'Etat lui-même s'est empressé — vous le verrez en vous reportant à une circulaire ministérielle du 21 décembre 1894 — d'accepter, sous certaines conditions, les bons offices de l' « Association des Industriels de France » (1).

Mieux encore : convaincu sans doute qu'inspection bien ordonnée commence par soi, l'Etat fait inspecter certains de ses établissements par les agents de cette Association : je veux parler de ses établissements d'enseignement technique, tels que les écoles nationales d'arts et métiers de Lille, de Cluny, etc. Ce n'est pas, assurément, que l'Etat tienne en médiocre estime la compétence des inspecteurs du travail ; c'est qu'il juge plus loyal de se faire contrôler par d'autres que ses propres agents. Et je dois dire que les rapports sur les inspections ainsi faites, que j'ai eu l'occasion de consulter, témoignent, par leur précision minutieuse, de la conscience et de la compétence de leurs auteurs.

Seulement, quand le patron inspecté est l'Etat, il s'empresse de faire ce que lui indique l'inspecteur

---

(1) Il en a été de même en Allemagne : « En même temps (1895), — dit Fuchs (rapport précité, p. 235), — on déchargea les inspecteurs du travail d'une activité surtout technique ayant pour objet de prévenir les accidents. On en chargea les patrons organisés en mutualités, en les intéressant au côté financier de cette institution, qu'on fit contrôler par les inspecteurs du travail de l'Etat. »

dont il a provoqué l'intervention. Quand au contraire ce patron est un particulier, s'il lui déplaît de prendre les mesures préventives qu'on lui suggère, — par exemple, parce qu'elles lui semblent trop onéreuses, — je ne vois pas le moyen qu'a l'Association des Industriels de l'y contraindre.

Les directeurs des associations de ce genre reconnaissent eux-mêmes les inconvénients de ce défaut de sanctions et avouent leur crainte de voir leurs adhérents démissionner si les inspecteurs leur demandent trop (1). Alors, il faut craindre qu'ils ne leur demandent pas assez.

Les compagnies d'assurance-accident auraient probablement plus d'autorité sur leurs assurés, si, — comme le suggérait M. Coupat au Conseil supérieur du travail (2), — elles organisaient, elles aussi, des inspections du même genre, que les ouvriers appellent de tous leurs vœux. Mais je ne sache pas qu'en France elles l'aient encore fait.

Quoi qu'il en soit, une énorme partie du domaine de l'inspection du travail doit nécessairement demeurer hors du contrôle exercé par des associations patronales : c'est la surveillance de la durée du travail. Si je vois bien, en effet, l'intérêt qu'ont les patrons à prévenir, par un contrôle mutuel, des accidents coûteux pour eux, j'aperçois aussi l'intérêt qu'ils pourraient avoir à pratiquer, d'une mutuelle entente, de profitables dépassements de la durée légale du travail.

Il ne saurait donc être question, pour l'inspection

---

(1) Fontaine, au Conseil supérieur du travail, 1906, p. 200 et 231.
(2) Coupat, au Conseil supérieur du travail, 1906, p. 106.

du travail, de se désintéresser, même en ce qui concerne l'hygiène et la sécurité, des établissements soumis à la surveillance bénévole de certaines associations patronales, — comme le proposaient obligeamment MM. Heurteau et Isaac au Conseil supérieur du travail (1).

D'une manière plus générale, l'inspection du travail ne doit être confiée ni en totalité, ni en partie à des gens de bonne volonté ; l'expérience de ce genre d'inspection a été faite en France sous la loi de 1841 : le gouvernement, établissant un régime d'inspection gratuite, créa çà et là des commissions de « notables », — anciens industriels, fonctionnaires, ministres des cultes, parfois aussi vérificateurs des poids et mesures et inspecteurs de l'enseignement primaire : — ces « notables » n'inspectèrent pas (2).

L'expérience de l'inspection facultative fut refaite sous la loi du 19 mai 1874 : mais alors les « commissions locales », à fonctions gratuites, inspectèrent trop, à tort et à travers, tandis que les inspecteurs départementaux n'inspectèrent pas assez, par le bon motif que, dans 66 départements sur 86, les Conseils généraux s'abstinrent d'en créer (3).

Conclusion : l'inspection doit être obligatoire ou elle ne sera pas ; si l'on veut des inspecteurs inspectants, il faut des inspecteurs tenus d'inspecter, res-

---

(1) Leur proposition était ainsi conçue : « Seront dispensés des visites des inspecteurs, au point de vue des mesures d'hygiène et de sécurité, les établissements faisant partie d'une association privée pour la sécurité des ouvriers, reconnue par le ministère du Travail. » (Conseil supérieur du travail, 1906, p. 231).

(2) Breton, rapport précité au Congrès de 1900 sur l'inspection du travail en France.

(3) Breton, loc. cit.

ponsables s'ils n'inspectent pas, donnant des ordres, et non pas des inspecteurs amateurs, donneurs de conseils.

S'il se constitue spontanément des inspections bénévoles, tant mieux ; mais le service responsable ne doit compter que sur lui-même, ne rien abdiquer de ses droits, ne rien faire inspecter par procuration.

Donc, nous ne pouvons faire état, pour renforcer le corps de l'inspection, ni du concours d'une police qui ne suffit pas à sa propre tâche, ni de l'aide aléatoire et précaire de tiers irresponsables.

G. — *Graves conséquences de l'insuffisance numérique de l'inspection du travail. — Résistance des patrons à l'accroissement du nombre des inspecteurs. — Dans quelle mesure ce nombre doit être augmenté.*

Il faut pourtant remédier à l'insuffisance numérique de l'inspection.

Car elle entraîne des inconvénients dont la gravité saute aux yeux.

Le légitime mécontentement des ouvriers, d'abord, menacés dans leur santé, dans leur vie, par l'absence d'une surveillance qui, leur ayant été promise, leur est due.

Le surmenage, le découragement du personnel de l'inspection, qui roule sans trêve un rocher de Sisyphe toujours plus pesant, et pourrait à la longue se désintéresser de l'issue d'une lutte vraiment trop inégale.

L'inefficacité de visites trop rares, trop prévues, trop rapides.

L'incertitude des statistiques fournies par le service : car, faute d'être assez nombreux pour tout surveiller, il est obligé de déplacer son effort et ne peut le porter sur un point qu'en abandonnant les autres ; d'où il résulte que, si nous voyons décroître telle catégorie d'infractions, ce n'est pas qu'elles diminuent réellement, c'est que l'attention du service, sollicitée par quelque besogne plus pressante, s'en est momentanément détournée. J'en pourrais fournir des preuves (1). La statistique, instrument indispensable pour mesurer l'efficacité de nos lois sociales, se trouve ainsi faussée.

Enfin, Messieurs, le corollaire nécessaire, fatal de l'insuffisance numérique de l'inspection, c'est l'inobservation par certains, — et quel en est le nombre ! — des lois ouvrières : c'est l'inégalité constante devant la loi. Et si les patrons fraudeurs n'étaient vraiment, comme on nous le dit, que l'exception, que la minorité, comment s'expliquer que la majorité des patrons, scrupuleux observateurs de la loi, ne réclame pas, n'exige pas l'augmentation numérique

---

(1) En voici deux exemples :

A) De 1903 à 1904, le nombre des contraventions pour emploi d'enfants en sous-âge s'est abaissé de 639 à 511. Mais, nous disent les rapports du service, cette différence ne répond à aucun progrès réel : elle est « accidentelle » et tient « surtout au hasard des visites » (rapport de la Commission supérieure du travail pour 1904, p. XXII) ;

B) De 1900 à 1904, le nombre des infractions constatées à l'interdiction du travail de nuit avait décru, par un mouvement constant et régulier, de 1,534 à 813 (même rapport, p. XLIV.) Brusquement, en 1905, il s'est relevé à 1,009. Pourquoi ? « Cette recrudescence est due en grande partie à la surveillance toute particulière exercée l'an dernier sur le travail de nuit dans l'industrie de la confection et de la couture » (rapport pour 1905, p. XLV). Donc une inspection plus vigilante peut révéler, derrière une diminution apparente, une augmentation réelle.

immédiate de l'effectif des inspecteurs, ne soit pas unanime à s'écrier : « Pas d'inspection du tout, ou l'inspection pour tous ! »

Or, quelle est l'attitude des patrons, — je dis les plus qualifiés, les plus notoires ?

Voici :

Je lis dans le projet de réorganisation de l'inspection élaboré par M. Troubat, membre patron du Conseil supérieur du travail, président de l'Association nationale de la meunerie française, cette affirmation : « Le corps actuel d'inspecteurs est largement suffisant pour le contrôle des établissements » (1). Comment cela ? C'est que, remarque M. Troubat, 82 % des établissements occupent moins de cinq ouvriers ; donc, il n'y a aucun intérêt à les visiter : « ils ne présentent qu'un intérêt... de statistique ! »

Ainsi, les 400.000 ouvriers (2) qu'occupent ces établissements seraient négligeables ; pour s'intéresser à leur sort, aux conditions de leur travail, il faudrait, en vérité, être bien curieux, curieux comme un statisticien !

M. Troubat, qui fut cependant un des patrons les mieux intentionnés à l'égard de l'ouvrier, paraît oublier ici, que c'est précisément dans ces petits établissements que les lois sur la durée du travail, sur l'hygiène et la sécurité sont le plus gravement méconnues. C'est donc une hérésie que de proposer leur exemption de l'inspection, afin d'échapper à la nécessité d'augmenter le nombre des inspecteurs.

D'autres patrons contestent cette nécessité, parce

(1) Ce projet est reproduit dans le rapport Bourderon, p. 8.

(2) En 1905, exactement 415.323. (V. rapports sur l'application des lois réglementant le travail en 1905, p. 386, tableau n° 3.)

qu'à leurs yeux les inspecteurs du travail sont des êtres haïssables, « des oppresseurs, des ennemis de la liberté », comme disait M. Mortier (1) au Conseil supérieur du travail. Conclusion : des inspecteurs du travail, il y en aura toujours trop.

Je réponds avec M. Fontaine que les inspecteurs du travail sont, en effet, les ennemis de la « liberté... de violer les lois sur le travail ». Et je passe.

Il y a enfin des patrons pour ne point fermer les yeux à l'évidence et pour reconnaître que le nombre des inspecteurs est insuffisant.

« Alors, dites qu'il faut l'augmenter », en a logiquement conclu M. Jay ; et il a proposé au Conseil supérieur du travail de voter la motion suivante :

« Le Conseil supérieur du travail appelle de la façon la plus pressante l'attention du Gouvernement et du Parlement sur l'urgence qu'il y a à augmenter considérablement le nombre des inspecteurs, si l'on ne veut pas que les lois ouvrières restent lettre morte. »

Or, les membres patrons du Conseil supérieur du travail se sont unanimement dérobés au vote de cette motion, que tous les autres membres présents ont, au contraire, votée avec la même unanimité.

Pourquoi cette abstention ?

Parce que « c'est une question administrative » et que « l'Administration a seule qualité pour fixer le nombre des inspecteurs » (2).

Notez, Messieurs, que M. Jay ne demandait nullement au Conseil supérieur de fixer ce nombre, mais

(1) Conseil supérieur du travail, 1906, p. 193.
(2) M. Touron, M. Honoré, à la Commission permanente du Conseil supérieur du travail (rapport Bourderon, p. 18, 25 et 35).

de dire que l'augmentation s'en impose. Et le scrupule des patrons semble bien étrange : car, si ce Conseil se récuse pour incompétence quand il s'agit de formuler un avis en matière d'application des lois sur le travail, en quelle matière, je vous prie, ne se récusera-t-il pas ?

Les patrons ont donné une autre raison : « Cela ne nous regarde pas, — a dit M. Touron (1), — nous ne sommes pas ici pour augmenter le nombre des fonctionnaires ». Et M. Isaac (2) de rappeler que, « s'appuyant sur cette question de principe », une commission sénatoriale, à l'instigation de M. Prevet, avait repoussé un amendement Monis tendant à augmenter le nombre des inspecteurs du travail.

Ainsi, Messieurs, périssent les lois ouvrières plutôt qu'un principe !

Une chose m'étonne : quand on démontre la nécessité d'augmenter le nombre des agents de police pour garantir la sécurité des personnes et des propriétés, on ne voit pas les farouches défenseurs de ce principe s'indigner à la pensée qu'il va être violé.

Ils trouveront bon que nous fassions de même quand il s'agit de garantir la santé et la vie des ouvriers.

Cédant aux efforts persévérants du ministre du Travail, le Parlement s'est décidé récemment à un petit progrès : il lui a accordé, pour 1908, six inspecteurs de plus. Cela nous fera 134.

Et le ministre a déclaré que, pour 1909, il en demanderait six encore.

---

(1) Conseil supérieur du travail, 1906, p. 231.
(2) Conseil supérieur du travail, 1906, p. 201.

Sera-ce assez ? Certainement non, Messieurs.

Dans son rapport au Sénat sur le budget de 1907, M. Lourties calculait que, — abstraction faite de la loi du 13 juillet 1906 sur le repos hebdomadaire, — pour que les établissements occupant plus de cinq ouvriers fussent visités une fois par an et les autres une fois tous les trois ans, il faudrait, en tenant compte de la nécessité de renouveler certaines visites et en prenant pour base de calcul 1.400 visites par inspecteur et par an, 102 inspecteurs.

J'ai refait ce calcul sur les chiffres de 1906 en tenant compte, cette fois, de la loi sur le repos hebdomadaire, et je trouve qu'il faudrait 208 inspecteurs pour réaliser l'inspection dans les conditions très modestes, très insuffisantes que je viens d'indiquer (1). Il nous manque actuellement, pour atteindre cet effectif, 74 inspecteurs, qui, à raison de 5.800 francs l'un, représenteraient une augmentation de crédit d'environ 430.000 francs.

Le budget de l'inspection, porté ainsi à un peu plus de 1.200.000 francs, ne s'élèverait encore qu'aux 2/3 du chiffre atteint dès maintenant par le budget anglais correspondant.

Néanmoins, ne nous berçons pas de l'espoir que notre Parlement augmente ainsi brusquement de moitié le crédit affecté à l'inspection.

Demandons-lui seulement d'accélérer le mouvement commencé : car, si l'on s'en tient à six inspec-

---

(1) M. Colliard, par une méthode de calcul toute différente (maintien de la même proportion qu'en 1893 entre le nombre des inspecteurs et celui des établissements à inspecter), arrive à un résultat presque identique : 210 inspecteurs (V. Chambre des députés, 2e séance du 12 décembre 1906, « Journal officiel », p. 3182).

teurs de plus tous les deux ans, il nous faudra un quart de siècle pour atteindre le chiffre de 208, qui, à peine suffisant aujourd'hui, devra être, dans vingt-cinq ans, de beaucoup dépassé.

Que si, au lieu d'affecter la totalité des augmentations de crédits à multiplier le nombre des inspecteurs, le service compétent juge préférable de l'employer partiellement à multiplier leur activité, notamment par l'augmentation des frais de tournée, je n'y verrai, quant à moi, que des avantages, n'ayant pas l'âme si noire que l'augmentation du nombre des fonctionnaires m'apparaisse comme un idéal.

L'idéal, au contraire, serait, à mes yeux, un nombre relativement restreint d'inspecteurs mieux payés : outre qu'il deviendrait plus facile alors de ne recruter qu'un personnel d'élite, l'inspecteur, mieux appointé, gagnerait en autorité, dans l'exercice d'une mission où cette force morale persuasive me paraît être de bien autre importance que la menace d'une incertaine sanction.

Nous voulons seulement, n'est-il pas vrai, que le service de l'inspection du travail suive, d'une marche régulière et parallèle, le double développement de l'industrie et des lois ouvrières ; nous le voulons, parce que c'est une règle de bon sens, de bonne administration et d'élémentaire loyauté.

C'est en ce sens que je proposerai à l'Association d'émettre un vœu.

II. — Le fonctionnement de l'inspection du travail. — Critiques dont il est l'objet

Inégalités dans l'application des lois réglementant le travail attribuées au manque d'unité de l'inspection. — Inefficacité de la recherche des infractions à ces lois, tenant à l'insuffisance des moyens de contrôle et des sanctions qu'elle prévoit. — L'inspection entravée par la jurisprudence et par les amnisties périodiques.

Ce n'est pas assez, Messieurs, que d'améliorer quantativement l'inspection du travail ; n'exige-t-elle pas des améliorations qualitatives dans son fonctionnement et dans son recrutement ?

Dans son fonctionnement d'abord.

On reproche à l'inspection de manquer d'unité : les lois sur le travail, dit-on, ne sont pas appliquées partout de la même façon. Des industriels, possédant des établissements dans diverses régions de la France, constatent que les inspecteurs divisionnaires ne sont pas d'accord sur l'interprétation de ces lois, en particulier sur l'octroi des dérogations (1).

Sans doute, cette critique est un peu vague et gagnerait à être précisée par des faits. Il semble cependant que le service compétent en admette jusqu'à un certain point le bien-fondé, puisqu'il ne conteste que l'efficacité des remèdes proposés (2).

J'observerai tout d'abord qu'il existera toujours, dans l'application des lois sur le travail, une cer-

---

(1) V. rapport Bourderon précité, p. 14 et 34.

(2) V. Fontaine, à la Commission permanente du Conseil supérieur du travail ; même rapport, p. 23 et 34.

taine inégalité, par cela même que, ne pouvant tout prévoir, elles laissent forcément une part d'initiative, un pouvoir d'appréciation aux inspecteurs.

Il n'est ni possible, ni même désirable que ce pouvoir soit supprimé, en tant qu'il est un indispensable instrument d'adaptation de la loi aux circonstances de temps et de lieu.

Dans certains pays étrangers, comme l'Allemagne, où l'inspection du travail n'est ni centralisée, ni unifiée, ces divergences dans l'application de la *Gewerbeordnung*, plus sensibles que chez nous, ne paraissent pas soulever de graves protestations. « Au contraire, — nous dit M. Fuchs, inspecteur des fabriques du grand-duché de Bade, — la diversité de la situation industrielle dans les divers Etats provoque, pour ainsi dire, la diversité d'application » (1).

Il va de soi, cependant, qu'on ne doit pas non plus laisser l'initiative de l'inspecteur jouer trop librement, ni l'incohérence s'introduire dans l'interprétation de la loi.

Mais c'est aller bien vite en besogne, il me semble, que de vouloir, — comme l'admettait notre collègue M. Briat à la Commission permanente du Conseil supérieur du travail (2), — supprimer nos onze inspecteurs divisionnaires et les remplacer par quelques inspecteurs généraux.

On a fait très justement observer que substituer au contrôle prochain et constant de l'inspecteur divisionnaire le contrôle intermittent d'un inspecteur général serait sans doute un fort mauvais moyen de

---

(1) Fuchs, rapport précité sur l'inspection du travail en Allemagne, p. 245-246.

(2) Séance du 27 février 1905, rapport Bourderon, p. 21

renforcer ce contrôle, puisqu'il éloignerait le contrôleur du contrôlé, et de réaliser l'unité cherchée, puisque les inspecteurs départementaux, surveillés de moins près, se trouveraient plus libres d'appliquer la loi chacun à sa guise (1).

D'ailleurs, dans la plupart des pays étrangers, le contrôle sur les inspecteurs n'est pas général, mais régional : en Prusse, les « Gewerberaete » sont répartis par districts ; en Angleterre, les « superintending inspectors » sont affectés chacun à une « division »; en Suisse, les « inspecteurs fédéraux » exercent leur surveillance dans un « arrondissement ». Il semble donc que partout on ait senti le besoin d'un contrôle local et rapproché.

Superposer aux inspecteurs divisionnaires des inspecteurs généraux serait une solution peut-être plus coûteuse que sûrement efficace.

Mais, sans rien créer ni supprimer, pourquoi ne pas recourir à un procédé d'unification qui a déjà fait ses preuves, — je veux dire les conférences périodiques d'inspecteurs divisionnaires réunis à Paris, sous la présidence du ministre ou du directeur du Travail ? Elles avaient été inaugurées par M. Millerand (2), lors de son passage au ministère du Commerce. Elles ont fonctionné ou fonctionnent encore dans divers pays : en Angleterre, sous le régime de l'act de 1833, ces conférences étaient bisannuelles (3) ; en Prusse, les « Gewerberaete » sont réunis en conférences annuelles ; en Bavière, « l'unité de l'appli-

(1) Fontaine, à la Commission permanente du Conseil supérieur du travail ; rapport Bourderon, p. 23 et 31.

(2) Lavy, « L'Œuvre de Millerand », p. 99.

(3) Act de 1833, section 45 ; v. rapport précité de Miss Harrisson, p. 390.

cation de la loi est uniquement obtenue par des conférences » semblables (1).

J'ignore si l'usage de ces conférences s'est maintenu au ministère du Travail.

Qu'on le rétablisse, s'il a été interrompu, ou qu'on rende plus fréquente la périodicité de ces conférences, si elles sont trop rares, — elles paraissent être le moyen le plus efficace d'assurer à peu de frais l'unité désirée, comme aussi l'action directe désirable du ministre sur ses subordonnés.

Puisque nous nous demandons, Messieurs, comment le fonctionnement de l'inspection peut être perfectionné, afin que son rendement s'améliore, ce serait ici le lieu d'examiner les moyens de contrôle et les moyens de coercition dont elle dispose, ce qu'ils sont dans la loi et ce que, de par l'œuvre de la jurisprudence, ils sont devenus en pratique.

Car il est bien évident que l'inspection du travail la plus nombreuse, la plus compétente et la mieux organisée demeure impuissante, si on laisse aux patrons toute licence d'esquiver son contrôle ou, lorsqu'ils ont la mauvaise chance d'être pris en flagrant délit, toute facilité de se tirer d'affaire à bon marché.

Mais, Messieurs, c'est une question qu'il me faut négliger à raison de son importance même, et parce qu'elle a déjà fait l'objet d'un rapport spécial de M. Georges Alfassa, en ce qui concerne, du moins, le contrôle de la durée du travail.

Je me borne à remarquer en passant qu'actuellement, en France, l'imperfection des instruments de contrôle dont peut se servir l'inspection est telle, que

(1) Fuchs, rapport précité, p. 246.

ni la bonne volonté, ni la vigilance, ni le nombre des inspecteurs ne sauraient y suppléer.

Il semble par surcroît, que la Cour de cassation se fasse un jeu de barrer la route aux inspecteurs et de les enfermer dans une série de véritables cercles vicieux.

Tel est le cas, vous le savez, pour l'horaire de travail dont l'article 11, paragraphe 2, de la loi du 3 novembre 1892 prescrit l'affichage : cet affichage est obligatoire, sans doute ; mais, nous dit-on, l'observation de l'horaire ne l'est pas. Le législateur de 1892 aurait donc eu, si l'on en croit la Cour de cassation. l'intention absurde d'astreindre le patron à afficher un horaire que remplacerait avantageusement une feuille de papier blanc. Il aurait fait ce beau raisonnement : l'horaire est indispensable au contrôle ; or l'horaire ne sert au contrôle que s'il est obligatoire : donc l'horaire ne sera pas obligatoire !

Il me paraît difficile de lancer au bon sens un plus impertinent défi et d'aller plus loin dans l'art de tuer l'esprit de la loi par la lettre (1).

En ce qui concerne le contrôle du travail de nuit. l'inspection se heurte à une argumentation analogue, lorsqu'il s'agit d'établissements où le travail a l'air de n'être organisé que pendant le jour : l'inspecteur, selon la Cour de cassation, ne peut y entrer que s'il est quasiment certain qu'on y travaille ; — mais, pour acquérir cette quasi-certitude, il faudrait qu'il y

---

(1) V. Arrêt de la Cour de cassation du 27 avril 1900 (Dalloz. 1904, 1, 69), rendu contrairement aux conclusions de M. le procureur général Manau ; et arrêt de la Cour de Paris du 11 novembre 1903 (Dalloz, 1904, 2, 283) avec la note de E. Petit.

entrât ; — donc, en fait, il n'y peut entrer. Ce qu'il fallait démontrer (1).

Ce sont là, Messieurs, jeux de princes... de la magistrature, dont l'ouvrier fait tous les frais, et jongleries de mots où s'escamote comme une muscade l'intention du législateur.

Il y faudrait mettre un terme ; et, puisque des magistrats se divertissent à emprisonner l'inspection du travail dans des sophismes sans issue, les emprisonner à leur tour dans des textes législatifs dont l'irréprochable rédaction ferme toutes les échappatoires.

Après tout, une meilleure rédaction des lois ouvrières ne serait peut-être, parmi les réformes qui s'imposent, ni la moins urgente, ni la moins efficace.

Un exemple entre mille va vous faire toucher du doigt les conséquences d'une pareille jurisprudence. De 1905 à 1906, les contraventions constatées à la durée du travail des femmes et des enfants sont tombées de 5.417 à 4.417, et les contraventions constatées à la durée du travail des adultes, de 4.121 à 2.741. Y aurait-il donc progrès dans l'observation de la loi ? « Rien, nous dit la Commission supérieure du travail, n'autorise à adopter une semblable conclusion, surtout en présence de la jurisprudence de la Cour de cassation, qui a rendu si difficiles les constatations relatives à la durée du travail (2) ». Voilà qui est net.

Et peut-être convient-il de rappeler ici que, depuis

---

(1) V. arrêt de la Cour de cassation du 12 juillet 1902 (« Bulletin de l'Inspection du travail », 1902, p. 236), rendu contrairement aux conclusions de M. le conseiller Paul Dupré, rapporteur, et de M. l'avocat général Cottignies.

(2) Rapport de cette Commission pour 1906, « Journal officiel », 21 août 1907, annexe, p. 749.

bientôt quatre ans (1), le Parlement est saisi d'un projet en vertu duquel l'emploi d'un ouvrier en dehors des heures fixées par l'horaire est considéré, de plein droit, comme une contravention. Trois lignes à voter, ce ne serait pas bien long pourtant. Entre le patron fraudeur et l'inspecteur qu'il dupe à son gré, la partie est vraiment par trop inégale ; il serait temps de mettre fin au spectacle démoralisant d'inspecteurs s'acharnant à la vaine poursuite de contraventions aussi certaines qu'insaisissables.

Que si le patron est assez maladroit pour se laisser surprendre, — tout arrive ! — il en est quitte à si bon compte qu'en somme il a tout intérêt à s'assurer le gain considérable que lui procurent des infractions permanentes, mais lucratives, sauf à payer, de temps à autre, quelque insignifiante amende.

Il n'est douteux ni que l'efficacité de l'inspection du travail soit fonction des pénalités qui la sanctionnent, ni que des pénalités trop faibles soient une véritable prime à la violation des lois sur le travail.

Or ces lois ne sont pas des lois quelconques ; elles sont, — et cette pensée doit dominer tous les débats en notre matière, — des lois qui sauvegardent la santé et la vie des travailleurs.

Pourtant, M. Jay pouvait rappeler un jour que, par exemple, la loi du 11 juillet 1906, qui, elle, protège les conserves de sardines, de légumes et de prunes contre la fraude, édicte des pénalités plus fortes que celles qui sanctionnent les lois ouvrières (2).

---

(1) Le projet sur le contrôle de la durée du travail a été déposé sur le bureau de la Chambre le 14 juin 1904.

(2) Conseil supérieur du travail, 1906, p. 191.

Loin de moi la pensée qu'on défende trop le pruneau ! Mais on ne défend pas assez l'ouvrier.

Un grossier calcul va vous en convaincre : en 1905, pour un nombre total de 25.599 contraventions constatées, le chiffre global des amendes a été de 93.416 francs. Ce qui, toutes infractions confondues, représente en moyenne 3 fr. 65 par contravention ! C'est donné.

En Allemagne, les infractions aux ordonnances du Conseil fédéral qui interdisent ou soumettent à des conditions particulières l'emploi d'ouvrières et de jeunes ouvriers à certains travaux exposent le patron à une amende qui peut s'élever à 2,000 marks et, en cas d'insolvabilité, à un emprisonnement qui peut aller jusqu'à 6 mois (1). Je n'insiste pas.

Mais je ne puis omettre de vous rappeler, pour en finir avec les sanctions de l'inspection en France, l'abus criant que l'on fait chez nous de l'amnistie : les lois d'amnistie ont fait classer, en 1904, 61 procès-verbaux d'inspecteurs du travail ; en 1905, 156 ; et, en 1906, 437 !

Non content de marchander parcimonieusement les crédits indispensables à l'inspection, le Parlement prend donc l'habitude de l'affaiblir encore en anéantissant périodiquement une partie des résultats de son activité. Cette pratique détestable et par les inégalités qu'elle crée dans l'application de la loi, et par l'encouragement qu'une impunité probable donne aux patrons fraudeurs, et par le découragement d'ins-

(1) Paragraphe 146 de la « Gewerbeordnung » ; dans « Annuaire belge de la législation du travail », 1900, p. 375.

pecteurs qui voient leurs efforts annulés, — ce travail de Pénélope a trop duré : il y faut renoncer une fois pour toutes.

III. — L'insuffisante compétence des inspecteurs du travail et la réforme de leur recrutement

Reproches d'incompétence adressés aux inspecteurs du travail actuels. — Nécessité d'en améliorer le recrutement.

J'en viens, Messieurs, aux réformes profondes, à celles qui tendent à renouveler l'inspection dans son essence même, dans sa source, dans son recrutement.

On ne reproche pas seulement aux inspecteurs actuels de n'être pas assez nombreux, on leur reproche aussi de n'être pas assez compétents, de manquer des connaissances techniques et de l'expérience pratique indispensables à l'exercice de leur mission. Il en est parmi eux, dit-on, qui ne savent pas voir ce qui, dans un atelier, compromet l'hygiène ou menace la sécurité de l'ouvrier ; ou bien qui, le voyant, n'y apportent pas de remède ; ou encore qui, n'étant pas du métier, ne savent pas déjouer les subterfuges qu'emploient les patrons pour dérouter leur surveillance.

Que cette opinion soit générale chez les ouvriers, bien placés pour être renseignés, — cela n'est pas douteux (1).

---

(1) V. notamment les comptes rendus des trois Congrès de l'hygiène et de la sécurité des travailleurs et des ateliers, tenus en 1904, 1905 et 1907.

M. Coupat s'en est fait l'interprète au Conseil supérieur du travail (1).

Il a cité des faits, donné des exemples des « erreurs énormes » où l'on voit tomber les inspecteurs, et rapporté notamment le cas de l'un d'eux, qui prit une colonne de gaz munie de son branchement pour un appareil destiné à débrayer une courroie.

Ses critiques visent plus particulièrement ceux des inspecteurs qui ont été nommés sous le régime de la loi de 1874, alors que leur recrutement n'offrait aucune garantie de compétence ; mais elles ne visent pas seulement ceux-là ; et si l'inspection en province lui paraît laisser « moins à désirer,... l'action des inspecteurs du travail, dit-il, est presque nulle à Paris », bien qu'on y trouve, mais rarement, des « modèles d'inspecteurs ».

Il semble bien que ces critiques, dans leur généralité, n'aillent pas sans quelque exagération : « Je ne veux pas dire, — a d'ailleurs rectifié M. Coupat lui-même, — que toute l'inspection soit ainsi ». Et M. Fontaine les a qualifiées d'excessives (2).

L'opinion des patrons sur la compétence des inspecteurs est tout autre : « ... En province au moins, — dit M. Troubat (3), — les inspecteurs sont à la hauteur de leur tâche. Ils possèdent des connaissances suffisantes sur toutes les industries, ils peuvent répondre à toutes les questions et résoudre toutes les difficultés ». Cela me paraît trop beau pour être vrai ! Quand des patrons, nourrissant à l'égard de

(1) Conseil supérieur du travail, 1906, p. 194 et suiv. ; et rapport Bourderon, p. 19 et 22.

(2) V. rapport Bourderon, p. 36 ; et Conseil supérieur du travail, 1906, p. 198.

(3) Conseil supérieur du travail, 1906, p. 199.

l'institution de l'inspection du travail les sentiments que j'ai rappelés, se déclarent si satisfaits des inspecteurs, c'est mauvais signe.

L'opinion que les inspecteurs ont d'eux-mêmes a été ainsi formulée par M. Jacques, inspecteur divisionnaire à Dijon (1) : « On ne peut suspecter la compétence des inspecteurs actuels ». Mais M. Jacques est orfèvre.

Qu'il y ait, dans le corps actuel de l'inspection, des inspecteurs d'une compétence technique certaine, parfois même éminente, cela n'est pas contestable : pour s'en convaincre, il suffit de lire les travaux personnels des inspecteurs qui paraissent au *Bulletin de l'Inspection du travail*.

Mais que cette élite d'inspecteurs ne soit pas assez nombreuse, c'est plus que probable. Il faut donc travailler à augmenter et à généraliser, dans le corps de l'inspection, la compétence technique nécessaire.

Il le faut, parce que l'inspecteur incompétent ou peu compétent ne jouit d'aucune autorité vis-à-vis des patrons, ni d'aucune confiance de la part des ouvriers.

Il le faut encore, parce qu'ayant beaucoup trop peu d'inspecteurs en France, force nous est bien de chercher dans la qualité meilleure une compensation à la trop faible quantité.

L'opportunité d'une réforme du recrutement des inspecteurs tendant à exiger d'eux une plus grande capacité technique est généralement admise ; la réforme est même, nous le verrons, commencée.

---

(1) Congrès d'hygiène des travailleurs, 1904, p. 111 et suiv.

A. — Idées générales qui doivent présider à la réforme du recrutement des inspecteurs. — Impossibilité de confier aux intéressés eux-mêmes l'application des lois ouvrières ; utilité de les admettre à contrôler cette application.

Mais, avant d'aborder l'examen d'une réforme aussi grave, il convient de nous demander ce que doit être et ce que doit connaître l'inspecteur, quel est aussi le caractère de sa fonction ; alors seulement, nous saurons comment il faut le choisir.

On a fort bien dit qu'un inspecteur du travail idéal devrait, sans parler des qualités personnelles nécessaires, être tout ensemble ingénieur, juriste, économiste et médecin (1). C'est beaucoup pour un seul homme. A n'en vouloir que de tels, on rendrait le problème de leur recrutement singulièrement ardu.

De cette difficulté, je vois deux solutions extrêmes : se contenter d'inspecteurs qui seront un peu tout cela, sauf à être au-dessous du médiocre en chaque chose. C'est un pis aller, et c'est, à peu près, notre système actuel.

Ou bien, ce qu'on ne peut demander à un seul homme, le demander à plusieurs, diviser le travail, spécialiser. Ce second système, de beaucoup le plus satisfaisant en logique, n'est guère applicable intégralement ; il fractionne l'inspection du travail en plusieurs inspections distinctes dont certaines, — celle de l'ingénieur, par exemple, — comporteraient à leur tour des subdivisions. Il conduit à faire visi-

(1) G. Evert, article « Gewerbeinspektion » du « Handwoerterbuch », de Conrad (2e édition).

ter le même établissement par une série d'inspecteurs spécialistes, dont chacun ne l'examinera qu'à son point de vue particulier ; cela suppose évidemment, pour un même nombre d'établissements, beaucoup plus de temps et un personnel bien plus considérable que la visite par un inspecteur unique chargé de tout voir en une fois. De plus, il faudrait relier l'une à l'autre ces inspections distinctes, afin qu'elles agissent d'un commun accord et ne formulent pas des exigences contradictoires.

Mais, si chacune des solutions extrêmes que je viens d'indiquer, prise isolément, semble peu satisfaisante, leur combinaison, judicieusement mesurée, pourrait l'être.

Il n'est assurément pas besoin d'être grand juriste pour connaître les lois réglementant le travail, dresser un procès-verbal de contravention et le justifier devant un tribunal.

De même, point n'est besoin d'être grand docteur ès sciences économiques pour « établir la statistique des conditions du travail », comme l'article 21 de la loi de 1892 en donne mission à nos inspecteurs. En Allemagne, il semble qu'on attache une importance prépondérante à ce rôle d' « enquêteur permanent », que la tâche des inspecteurs, des « conseillers industriels », y soit surtout de renseigner constamment l'Etat sur la situation de l'industrie, du commerce et des classes laborieuses dans leur circonscription (1). Chez nous, ce n'est évidemment, pour l'inspecteur, qu'un rôle très secondaire ; en fait, il est même presque inexistant.

---

(1) Fuchs, rapport précité, p. 237-238.

On conçoit donc fort bien que nos inspecteurs ne soient des spécialistes ni du droit, ni de l'économie sociale.

Il en va tout autrement, me semble-t-il, des connaissances hygiéniques et médicales. J'aurai à examiner de très près cette question. Mais, dès maintenant, je tiens à observer qu'on ne saurait raisonnablement confier l'inspection hygiénique et médicale à d'autres qu'à des hygiénistes et à des médecins de profession. De ce qu'ils sont à mille lieues de tout savoir en ces matières, il ne résulte pas qu'on doive leur préférer des gens qui n'en savent presque rien. Le résultat, c'est qu'en France l'inspection hygiénique du travail est mal faite et que l'inspection médicale n'est pas faite du tout. Dans ce domaine, la spécialisation de l'inspection s'impose.

Reste la compétence de l'ingénieur : c'est elle, assurément, qui, pour l'inspecteur du travail, a une importance capitale. J'entends non pas seulement une compétence théorique apprise dans les livres ou sur les bancs d'une école technique, mais surtout une compétence pratique acquise à l'école de l'expérience. Je n'en dirai pas les raisons, tant elles sautent aux yeux. Une, entre beaucoup d'autres, mérite pourtant qu'on la signale : les inspecteurs ne doivent pas jouer seulement le rôle passif de contrôleurs faisant respecter la réglementation du travail existante ; il leur appartient, parce qu'ils sont mieux placés que personne pour le faire, d'en signaler les défauts, les lacunes, de suggérer, en se fondant sur leurs observations personnelles et directes, les réformes qui l'adapteraient mieux aux conditions réelles du travail. Cette initiative est une nécessité partout reconnue. En Allemagne, par exemple, chacune des sections que comportent les « Instructions pour la rédaction des rapports annuels du personnel de l'inspection du travail », — instructions qui tracent le cadre de ces rapports, — se termine par une rubrique ainsi libellée : « Propositions tendant à compléter ou à changer les dispositions en vigueur (1) ». Mais une telle initiative, surtout lorsqu'il s'agit de réglementations spéciales à certaines industries, requiert une compétence particulière.

Il convient donc d'organiser le recrutement de nos inspecteurs, de manière à ce que, tout en possédant les notions indispensables de droit et d'économie sociale, ils soient avant tout connaisseurs experts de la technologie des industries qu'ils auront à inspecter, connaisseurs éduqués, autant que possible, par la pratique professionnelle. Ce qui suppose évidemment, — puisqu'on ne peut demander à l'inspecteur d'être une encyclopédie technique, — la spécialisation, non pas de tous les inspecteurs, mais de certains d'entre eux dans certaines catégories d'industries.

Ce n'est pas assez, Messieurs, que l'inspecteur soit compétent ; autant que la compétence, l'impartialité est un facteur essentiel de l'autorité et de la confiance dont il doit jouir pour exercer utilement sa fonction.

J'énonce ainsi un lieu commun, une vérité aussi banale qu'évidente, que, cependant, il ne faut pas perdre de vue lorsqu'on étudie la réorganisation du recrutement de l'inspection. On risquerait de s'en écarter involontairement.

Sans doute, en France, l'inspecteur n'est pas en principe et par destination le médiateur désigné si

---

(1) V. ces « Instructions » à la suite du rapport Fuchs précité, p. 266.

des conflits d'intérêts apparaissent entre ouvriers et patrons. Cette fonction d'arbitre lui est expressément conférée en Autriche, bien qu'en pratique il ne paraisse pas l'exercer sur une vaste échelle (1). En Allemagne, le « Règlement du service de l'inspection, du 23 mai 1892 » considère ce rôle « d'intermédiaire bienveillant et compétent » comme sa « tâche principale » (2). En Angleterre, l'inspecteur en chef Redgrave voulait que « les inspecteurs fussent les amis des manufacturiers et des ouvriers, appelant leur estime par leur rôle sérieux et par l'impartialité de leur conduite (3) ».

De même chez nous, Messieurs, l'inspecteur n'aurait-il pas à jouer ce rôle conciliateur, — qu'en fait et par la force même des choses il jouera bien souvent, — serait-il exclusivement celui qui veille au respect des lois réglementant le travail, il faut qu'en l'apercevant à la porte de l'usine personne, pas plus le patron que l'ouvrier, ne puisse penser : « Voilà l'ennemi ! »

Bref, il ne doit inspecter contre personne, il doit inspecter pour la loi, simplement.

Il dépend surtout des patrons, de leur attitude à l'égard de la législation ouvrière, qu'il en soit ainsi et que l'inspecteur ne considère pas à bon droit le patron comme un délinquant présumé.

Cela peut dépendre aussi, en quelque mesure, de la manière dont l'inspecteur est recruté.

---

(1) V. Dechesne, « l'Inspection du travail en Autriche » (« Revue d'Économie politique », 1897, p. 99 et suiv.) ; et Mischler, rapport précité, p. 292.
(2) V. ce « Règlement » (paragraphe 6), reproduit à la suite du rapport Fuchs, précité.
(3) Cité par Miss Harrisson, rapport précité, p. 412.

En thèse générale et de quelque loi qu'il s'agisse, il serait de mauvaise administration d'en confier aux intéressés eux-mêmes l'application.

Pourquoi ? Précisément parce qu'ils sont les intéressés et que, sous la pression sans contre-poids de l'intérêt particulier qui présiderait à cette application, la loi risquerait d'être faussée, de dévier du but d'intérêt général que vise, que doit toujours viser le législateur.

D'ailleurs, il est rare, presque impossible, qu'une seule catégorie de personnes soit intéressée à l'application d'une loi : le plus souvent elle met en jeu des intérêts différents, voire même opposés.

Je conçois fort bien que chacune des catégories intéressées revendique pour elle le soin de cette application, en vertu de l'adage : « On n'est jamais mieux servi que par soi-même ».

Mais je ne concevrais pas que, cédant à ces sollicitations, l'Etat, qui par définition représente l'intérêt général et n'agit qu'en son nom, abdiquât au profit des solliciteurs, si sympathiques soient-ils, une mission qui est sa propre raison d'être et ne convient qu'à lui.

Donc, aux seuls agents responsables de l'Etat de faire exécuter les dispositions de la loi.

Tout autre est la question du contrôle à exercer sur cette exécution, et tout autre aussi la solution.

C'est une chose excellente en soi, que les fonctionnaires chargés de veiller à l'application d'une loi se sentent à leur tour surveillés, directement et constamment, par des représentants des intéressés, — de tous les intéressés.

Ainsi seront secouées l'inertie ou la négligence, ainsi seront signalées l'ignorance, l'incapacité ou la partialité.

Il ne suffit pas, en effet, du contrôle des supérieurs hiérarchiques, *ni* de commissions aussi lointaines que supérieures, elles aussi. Il faut un contrôle moins haut et plus immédiat. Il faut que les intéressés aient le moyen de voir de leurs propres yeux, j'entends par les yeux de représentants librement choisis, comment la loi est appliquée par ceux qui ont la responsabilité de son application, et qu'ils aient aussi le moyen de mettre en jeu cette responsabilité, de la rendre effective.

Je m'abstiens d'examiner comment, dans le domaine des lois ouvrières, ce contrôle pourrait être organisé : c'est la question même que doit traiter notre collègue M. Lorin.

Je rappelle seulement que le principe de la distinction entre l'exécution de la législation ouvrière et le contrôle de cette exécution est déjà dans nos lois; qu'il y a été déposé et sa mise en œuvre commencée par Waldeck-Rousseau, puisqu'il fut l'un des auteurs de la proposition de loi du 23 novembre 1882, qui devint la loi du 8 juillet 1890 sur les délégués à la sécurité des ouvriers mineurs.

J'ajoute que, si l'on admet des représentants des ouvriers à exercer ce contrôle, il y faut admettre aussi des représentants des patrons : quoique M. Guérard ait soutenu, au Conseil supérieur du travail (1), que les ouvriers avaient seuls qualité pour veiller à l'exécution des lois ouvrières, j'aperçois fort bien que les patrons eux aussi ont intérêt à savoir comment on les applique, ne serait-ce qu'en matière d'hygiène et de sécurité ou d'octroi des dérogations, pour vérifier si l'on en fait une application égale à tous.

---

(1) Conseil supérieur du travail, 1906, p. 226.

Sous le bénéfice de ces observations générales, j'aborde l'examen des réformes tendant à modifier le recrutement des inspecteurs et particulièrement à les choisir plus compétents.

B. — *Nécessité de favoriser le recrutement des inspecteurs du travail parmi les professionnels, à raison de leur compétence pratique. — Ce qu'on a fait jusqu'ici pour faciliter aux professionnels et particulièrement aux ouvriers l'accès des fonctions d'inspecteur du travail. — Comparaison avec l'étranger. — Projets de réforme du recrutement des inspecteurs jusqu'ici proposés.*

Ces inspecteurs doués des connaissances pratiques que donne seul l'exercice du métier, où les chercher, sinon parmi les professionnels ? Et tout d'abord parmi les ouvriers ?

Les raisons que l'on donne de faciliter l'accès des fonctions d'inspecteur à des candidats venant de la classe ouvrière sont multiples et bien connues. Je me borne à les résumer.

La longue expérience qu'ils ont du maniement des machines les rend particulièrement aptes à imaginer et à indiquer les dispositifs préventifs d'accidents.

De même, ils savent mieux que personne, pour en avoir pâti ou vu pâtir autour d'eux, les inconvénients hygiéniques des métiers qu'ils ont exercés.

Ils connaissent aussi, pour en avoir été les témoins, parfois même les complices volontaires ou forcés, toutes les supercheries, variables suivant les industries, par lesquelles le patron dépiste l'inspecteur.

Pour toutes ces raisons, et parce que, devenus inspecteurs, ils se souviendraient sans doute d'avoir été ouvriers, ils apporteraient, à l'exercice de leur mission, une attention plus avertie, plus vigilante, raffermissant ainsi chez leurs anciens camarades une confiance ébranlée en l'efficacité des lois sociales.

Nombreux sont les vœux ainsi motivés qu'ont émis les ouvriers dans leurs congrès (1), ou les commissions départementales du travail (2).

Et les patrons, que disent-ils ?

Ils ne disent pas non, quant au principe.

C'est même l'un d'eux, M. Heurteau, qui, le 23 janvier 1905, proposait à la Commission permanente du Conseil supérieur du travail une motion déclarant « qu'il y avait lieu d'étudier les moyens de faire participer les ouvriers à l'inspection du travail », motion que cette Commission adopta à l'unanimité, moins une abstention (3).

Mais, quand on passa du principe à l'application, cette belle unanimité s'évanouit.

Car, si les patrons admettent qu'un concours spécial d'admission à l'inspection soit institué à l'usage des professionnels, ils entendent qu'à ce concours tous les professionnels aient accès, — industriels, directeurs, chefs d'ateliers ou contremaîtres aussi bien qu'ouvriers, — pourvu qu'ils justifient d'une pratique industrielle de durée suffisante, dix ans, par exemple (4).

---

(1) V. passim, les comptes rendus des Congrès de l'hygiène des travailleurs et des ateliers tenus en 1904, 1905 et 1907 (notamment p. 43, 56, 72, 75 et 115 du compte rendu de 1904).

(2) V. rapport Bourderon, p. 38 et 39, les vœux des commissions départementales du travail émis de 1900 à 1904 ; v. aussi, dans « Bulletin de l'Inspection du travail », 1906, p. 87 et 90, vœux des commissions départementales de la Gironde (1er mai 1905) et du Tarn (3 juillet 1905).

(3) V. rapport Bourderon, p. 1, 10 et 35.

(4) En ce sens, v. les déclarations de MM. Touron et Heur-

Ils n'admettent même pas que, sur ces dix années, l'on en exige trois de pratique ouvrière (1).

Certains représentants des travailleurs, — M. Guérard, par exemple, — sont résolument opposés et à cette mesure transactionnelle, et à l'admission au concours professionnel de tous autres que les candidats ouvriers.

Le Conseil supérieur du travail, vous le savez, les a suivis, en émettant — par 24 voix seulement, il est vrai, — le vœu que ce concours fût réservé « aux ouvriers et employés des deux sexes ayant dix années de pratique industrielle ou commerciale » (2).

Je doute, pour ma part, Messieurs, que l'on s'engage ainsi dans la bonne voie.

En effet, qu'on exige une durée minima de pratique ouvrière ou de pratique industrielle ou commerciale, on abandonne partiellement le système en vigueur du concours sur examen, pour revenir au vieux système du concours sur titres, beaucoup moins équitable et beaucoup moins sûr aussi : car comment contrôler la sincérité des certificats produits par le candidat pour attester qu'il a réellement accompli le stage pratique de rigueur ?

D'autre part, il ne faut pas oublier que, si l'on cherche à faire entrer dans le corps de l'inspection des professionnels, ce n'est pas, — j'en ai dit la raison, — en considération de leur qualité d'ouvriers

---

teau (même rapport, p. 16, 23 et 32 ; et Conseil supérieur du travail, 1906, p. 226).

(1) Amendement Fontaine, adopté à la Commission permanente du Conseil supérieur du travail, par 7 voix contre 6, les membres patrons présents ayant voté contre, à l'unanimité (rapport Bourderon, p. 33).

(2) Conseil supérieur du travail, 1906, p. 227 et 240.

ou de patrons, c'est-à-dire d'intéressés à l'inspection : c'est parce qu'ils seront les plus compétents.

Cette compétence, veuillez le remarquer, ne résulte pas nécessairement du fait qu'on soit ou qu'on ait été ouvrier ; et M. Fontaine a pu répondre, aux critiques très vives de M. Coupat contre l'inspection actuelle, que l'un des inspecteurs auxquels il adressait ses plus sévères reproches était précisément un ancien ouvrier (1).

Ce qu'il faut, c'est rédiger et appliquer le programme du concours de telle sorte que ceux qui s'y présenteront avec les qualités les plus éminentes d'expérience technique et de compétence pratique puissent les manifester et, de ce fait, s'assurer un avantage prépondérant.

Dans ces conditions, il n'y aura pas lieu de craindre, avec M. Coupat (2), que le candidat patron, ancien grand industriel, vienne écraser, du poids de son instruction supérieure, le candidat ouvrier.

J'observe, d'ailleurs, qu'un représentant qualifié des ouvriers, notre collègue, M. Groussier, a déclaré qu'il n'y avait pas de raison, à son avis, « pour interdire l'accès du concours à ceux qui, ayant pu cesser d'être ouvriers, n'auraient pas le nombre d'années de pratique ouvrière » que l'on prétendait fixer (3). Et notre collègue, M. Briat, a admis que les anciens patrons pussent être candidats comme les anciens ouvriers (4).

M. Fontaine estime, d'ailleurs, qu'en fait les candi-

(1) Conseil supérieur du travail, 1906, p. 108.
(2) Rapport Bourderon, p. 32.
(3) Conseil supérieur du travail, 1906, p. 225.
(4) Rapport Bourderon, p. 24.

dats seront presque tous des ouvriers et exceptionnellement de petits patrons.

Ceci dit, Messieurs, sur le principe même de l'accession des professionnels et particulièrement des ouvriers aux fonctions d'inspecteurs, demandons-nous ce qui avait été fait jusqu'à ces derniers temps pour appliquer ce principe.

Des ouvriers ou d'anciens ouvriers dans l'inspection, ce n'est point chose nouvelle en France ; sous le régime de la loi de 1874 il y en a eu, et il en reste encore qui y entrèrent à ce moment.

Mais le concours institué par application de la loi de 1892 a été pour eux, durant de longues années, une barrière infranchissable.

M. Millerand fut le premier à tenter de l'abaisser : par une lettre du 23 octobre 1899, il proposait à l'étude de la Commission supérieure du travail la création d'inspecteurs-adjoints du travail, appointés comme les inspecteurs départementaux, recrutés parmi des ouvriers que désigneraient les représentants des syndicats, et nommés au concours sur un programme spécial conçu de telle sorte, que l'infériorité théorique de tels candidats fût compensée par leur supériorité pratique.

La Commission (1) objecta que, dans l'état actuel de la loi, l'unité de concours et d'origine lui paraissait être seule conforme à la volonté du législateur.

Revenant à la charge, le 30 janvier 1900, le Ministre lui proposa et obtint une triple modification des conditions du concours : suppression de l'avantage de 30 points jusqu'alors acquis de plein droit aux

(1) Elle étudia le projet ministériel dans ses séances des 30 octobre, 10 et 14 novembre 1899.

candidats pourvus de certains diplômes de l'enseignement supérieur, — révision dans un sens plus pratique du programme des connaissances exigées en hygiène ou chimie mécanique, — suppression de l'épreuve du droit administratif.

Le résultat ne se fit pas attendre : aux concours de 1901-1902 et de 1904, 7 candidats ouvriers furent admis. Au concours de 1905, sur 10 candidats reçus, 4 appartenaient à la classe ouvrière.

Vous savez aussi qu'on appela à siéger dans le jury du concours un, puis deux ouvriers, et que trois ouvriers firent, dorénavant, partie de la commission de classement des inspecteurs (1). Remarquez enfin que le coefficient de la note particulière attribuée au candidat à raison de ses aptitudes personnelles et, notamment, de sa « pratique industrielle », n'était pas moindre de 4 sur un total de coefficients égal à 20 pour les épreuves orales (2) ; ce qui permit de tenir largement compte aux ouvriers de leur compétence pratique.

Ainsi, dès les premières années du XXe siècle, un progrès notable a été réalisé en France dans le sens de l'admission des professionnels et surtout des ouvriers aux fonctions d'inspecteur.

Y sont-ils aussi admis à l'étranger ?

Je m'occupe exclusivement des ouvriers admis à exercer l'inspection même, et non à simplement contrôler, en qualité de délégués, le fonctionnement de l'inspection.

---

(1) Décret du 14 novembre 1899. Cf. Lavy, « L'Œuvre de Millerand », p. 91 et suiv.

(2) V. conditions d'admissibilité et programme du concours (décembre 1906).

En Allemagne, les conditions du concours de l'inspection sont généralement assez ardues. Dans les premières années qui suivirent la réforme de 1891, l'administration jouissait d'une grande latitude pour le choix des inspecteurs ; il se portait en fait de préférence sur des techniciens, au besoin sur des chimistes, sans cependant exclure les candidats sans préparation académique (*Akademische Vorbildung*), fussent-ils d'origine ouvrière. Mais, depuis lors, on a rendu plus difficiles les conditions d'admission : par exemple, en Prusse, la *Vorbildungs und Prüfungsordnung* du 7 septembre 1907 exige trois années d'études techniques, une année et demie d'études juridiques et économiques et une année et demie de service préparatoire à l'inspection (*Vorbereitungs-dienst*) ; après quoi le candidat n'est nommé qu'inspecteur-adjoint (*Assistent*) (1). Vous voyez par là que ces fonctions ne sont guère accessibles aux ouvriers.

Toutefois, en Allemagne comme ailleurs, l'inspection se réduit, pour une assez large part, à une surveillance qui, sans être de police pure et simple, n'exige point « d'études académiques ».

Aussi, pour décharger partiellement de ce contrôle, notamment en ce qui touche les petits établissements, les inspecteurs du travail, certains Etats allemands (Bade, Bavière) ont-ils, depuis quelques années, nommé des fonctionnaires ayant travaillé pratiquement dans l'industrie et pourvus de connaissances techniques élémentaires (2).

---

(1) V. article « Gewerbeinspektion » du « Handwörterbuch » de Conrad, et rapport Fuchs précité, p. 240.

(2) Rapport Fuchs précité, p. 241.

En Angleterre, nous observons la même tendance à favoriser l'entrée de praticiens, de professionnels, dans le corps de l'inspection ; c'est ainsi que la limite d'âge est reculée de 31 à 37 ans, lorsque le candidat a été patron, gérant, chef d'atelier ou ouvrier pendant au moins sept années.

En 1893, ont été créés des « aides-inspecteurs des manufactures » (*factory inspector's assistants*), catégorie d'inspecteurs moins instruits et moins rétribués (2,500 à 3,750 fr. par an), recrutés parmi les travailleurs âgés de 21 à 40 ans (1). Cette innovation a pu être réalisée par simple mesure administrative, la section 67 du *Factory Act* de 1878 conférant au secrétaire d'Etat de l'Intérieur le pouvoir de créer, d'accord avec son collègue des Finances, « tels inspecteurs qu'il jugera nécessaires à l'exécution de l'Act ». Leur mission est de seconder les inspecteurs, plus particulièrement en ce qui regarde la surveillance des ateliers (*workshops*) par opposition aux fabriques (*factories*).

Les épreuves d'admission qu'ils ont à subir sont très élémentaires (dictée, composition anglaise, arithmétique élémentaire, connaissance des principales dispositions de la loi applicables aux ateliers).

Il a été nommé 15 de ces « assistants » en 1893 ; ils étaient 25 en 1894 et 36 en 1905 (2). L'on paraît se féliciter des services qu'ils rendent à l'inspection.

En Belgique enfin, il existe, depuis 1894, en très petit nombre, il est vrai, des délégués ouvriers ayant les mêmes droits que les inspecteurs, notamment

(1) Rapport précité de Miss Harrisson, p. 409-410.
(2) « Annual report of the chief-inspector of factories and workshops », 1905, p. 447.

celui de dresser procès-verbal, mais subordonnés à ces inspecteurs. Ils jouissent, dit-on, d'une grande considération auprès des industriels (1).

En France, les projets tendant à ouvrir plus largement, voire même exclusivement aux ouvriers l'accès de l'inspection, sont trop nombreux pour que je puisse ici les exposer et les critiquer par le menu.

On peut les répartir en trois catégories.

La première comprendrait les projets qui font choisir les inspecteurs exclusivement dans la classe ouvrière, par un corps électoral composé d'ouvriers, avec ou sans concours.

Telles sont la proposition Guesde, Chauvin et autres, déposée le 27 janvier 1894 à la Chambre (2), et la proposition Zévaès, Bénézech et autres du 4 novembre 1898 (3) ou encore la proposition Charles Bernard et Albert Chiché, de la même année (4).

Elles comportent la suppression de l'organisation actuelle de l'inspection.

Il convient d'en rapprocher, à raison de son principe, la proposition Breton, Poulain et autres, du 9 novembre 1903 (5), qui toutefois, sans supprimer les inspecteurs départementaux, leur juxtapose et même leur subordonne des « contrôleurs du travail » élus.

---

(1) Rapport Dubois au Congrès international de 1900 sur l'inspection du travail en Belgique, compte rendu du Congrès, p. 532.

(2) « Journal officiel », Chambre des députés, documents parlementaires, 1894, session ordinaire, p. 99, annexe n° 310.

(3) « Journal officiel », Chambre des députés, documents parlementaires, 1898, session extraordinaire, p. 148, annexe n° 312.

(4) « Journal officiel », Chambre des députés, documents parlementaires, 1898, session ordinaire, p. 1349, annexe n° 182.

(5) « Journal officiel », Chambre des députés, documents parlementaires, 1903, session extraordinaire, p. 140, annexe n° 1276.

Doit rentrer aussi dans cette catégorie le système proposé en 1906, par le Conseil supérieur du travail : deux concours, dont l'un, plus pratique, réservé aux ouvriers et employés justifiant de dix ans de pratique professionnelle, syndiqués depuis trois ans, et agréés par l'ensemble des syndicats de la profession (1).

Je ne redis pas les raisons pour lesquelles ces systèmes, dont le principe me paraîtrait excellent s'il s'agissait d'instituer un contrôle des intéressés sur le fonctionnement de l'inspection, me semblent mauvais en ce qu'ils confient l'exercice même de l'inspection, l'application de la loi aux intéressés, — aux plus intéressés sans doute, mais non aux seuls intéressés. D'ailleurs, je ne vois pas de bonne raison, si l'on reconnaît que les ouvriers font des inspecteurs capables, de les subordonner, comme dans le projet Breton, aux inspecteurs d'autre origine.

Une deuxième catégorie de systèmes écarte le principe de l'élection des candidats ouvriers par leurs camarades, syndiqués ou non ; et, au concours actuel, au besoin rendu plus difficile, juxtapose un deuxième concours requérant des connaissances surtout pratiques jointes à l'exercice suffisamment prolongé d'une profession ; il servirait à recruter parmi les ouvriers des inspecteurs ayant les mêmes pouvoirs, sinon la même destination et les mêmes appointements, que les inspecteurs départementaux actuels.

Tels sont, dans leur essence, le projet Troubat et

---

(1) Conseil supérieur du travail, 1906, p. 230 et 240. — Ce vœu a été adopté par 23 voix contre 21.

le projet Coupat soumis par leurs auteurs à l'examen du Conseil supérieur du travail (1).

L'un et l'autre ont ce mérite pratique de proposer une réforme réalisable à peu de frais.

Mais celui de M. Coupat se distingue de l'autre en ce qu'il entraîne la suppression complète de l'organisation actuelle et la création d'un corps comprenant exclusivement — si l'on en excepte un nombre très restreint d'inspecteurs spécialistes — des inspecteurs d'origine ouvrière.

Pour ce motif et parce que l'un et l'autre projet comportent des suppressions dangereuses, — telle que celle des inspecteurs divisionnaires, — ils ne paraissent pas acceptables tels quels, bien qu'on puisse — je l'indiquerai — y faire d'utiles emprunts.

Aussi bien la Commission permanente du Conseil supérieur du travail ne se les est-elle appropriés ni l'un ni l'autre.

Elle en a retenu seulement le principe de la dualité de concours et propose d'ouvrir le second, non pas aux seuls ouvriers, mais à quiconque justifiera de dix années de pratique industrielle, dont, toutefois, trois au moins comme ouvrier (2) ; elle propose, en outre, d'exclure de ce deuxième concours tous licenciés, bacheliers, anciens élèves des écoles normales primaires ou des écoles techniques, jusques et y compris les écoles d'arts et métiers (3).

Pour ma part, Messieurs, je repousse et l'exigence

(1) V. textes de ces projets dans rapport Bourderon, p. 8 et 9.

(2) Adopté par 7 voix contre 6, les membres patrons présents ayant voté contre à l'unanimité.

(3) Adopté par 7 voix contre 6 abstentions, les membres patrons présents s'étant abstenus à l'unanimité.

d'une pratique professionnelle de durée minima et les exclusions que je viens d'énumérer.

La pratique professionnelle de durée déterminée, d'abord à raison de la difficulté déjà signalée d'en obtenir une preuve toujours digne de foi ; en outre, parce que la durée fixée est nécessairement arbitraire : tel ouvrier intelligent, que l'on exclut du concours parce qu'il n'a pas dix ans d'exercice de sa profession, a peut-être une expérience pratique bien plus grande et serait un bien meilleur candidat que tel autre, moins heureusement doué, mais plus ancien dans le métier.

Que l'on organise le concours pratique de telle sorte que le candidat y puisse donner la mesure de l'expérience acquise ; mais que l'on ne fasse pas d'une durée quelconque de la pratique professionnelle une condition d'admissibilité au concours : elle est un critérium trop incertain de cette expérience.

Je n'admets pas davantage les exclusions que l'on propose d'édicter : elles sont aussi contraires au principe fondamental de l'égalité devant le concours, que l'était naguère l'avantage de 30 points attribué d'office aux candidats porteurs de certains diplômes. De plus, quel est donc l'objet que l'on se propose ? D'organiser le recrutement des plus aptes, de ceux qui connaîtront le mieux les industries à surveiller : or, si la possession des diplômes d'enseignement technique ou autres dont on parle ne démontre certes pas les connaissances et la compétence pratiques du candidat, elle ne démontre pas le contraire non plus.

Que l'on attribue dans le concours pratique aux épreuves pratiques toute l'importance relative qu'on voudra ! Mais ce serait, à mon avis, discréditer d'avance les inspecteurs issus de ce concours et rendre un fort mauvais service à la cause de l'inspection ouvrière, que de donner à penser que le moindre candidat pourvu du moindre diplôme technique écrasera de sa supériorité tous ses rivaux ; et que ceux-ci seront à ce point médiocres, leur compétence, même pratique, à ce point inférieure, qu'il faille les garer de la concurrence de tels adversaires.

J'en viens, Messieurs, à la troisième et dernière catégorie de projets, qui, à vrai dire, n'en comprend qu'un : celui que notre collègue, M. Groussier, a sommairement indiqué au Conseil supérieur du travail (1) et qui se résume ainsi : maintien d'un seul concours, avec adjonction au programme actuel d'une épreuve pratique à subir dans un atelier, épreuve qui pourrait être facultative et vaudrait des points supplémentaires au candidat qui la passerait avec succès.

C. — *Il y a lieu d'instituer deux concours distincts. — En quoi ils se distingueraient. — Modifications récemment introduites dans le programme du concours actuel. — Préparation des ouvriers aux concours. — Affectation des inspecteurs ainsi recrutés.*

Vous le voyez, Messieurs, tout le monde est d'accord, au moins sur un point : la nécessité de n'admettre les professionnels aux fonctions d'inspecteur qu'après l'épreuve d'un concours (2). Si cette épreuve

(1) Conseil supérieur du travail, 1906, p. 210 et suiv.

(2) V. Bourderon (Conseil supérieur du travail, 1906, p. 224) rappelant l'unanimité de la Commission permanente sur ce point.

n'est pas une garantie absolue de l'aptitude du candidat, il va de soi que l'absence de concours le serait encore moins.

Mais y aura-t-il unité ou dualité de concours ?

A certains patrons — comme M. Touron — il suffit que le concours actuel ne soit pas, en fait, inaccessible aux ouvriers, pour qu'on doive maintenir le *statu quo* (1).

Cette opinion n'est pas défendable, alors que le corps de l'inspection a besoin de recruter des professionnels, des praticiens et que, jusqu'ici, le concours existant n'a permis ce recrutement que dans une mesure bien trop restreinte.

D'autres objectent qu'on ne saurait parler d'inspecteurs ayant une compétence professionnelle véritable, si l'on ne va pas jusqu'à instituer des inspecteurs spéciaux pour chaque profession, ce qui implique, dit-on, autant de concours distincts que de spécialités professionnelles (2).

Ce raisonnement ne prouve qu'une chose : c'est qu'à poursuivre jusqu'à ses extrêmes conséquences l'application d'une idée juste, on peut aboutir à l'impossible et à l'absurde.

A la dualité de concours on objecte encore qu'elle va créer, dans l'inspection, « des caporaux et de simples soldats » (3), deux catégories hiérarchisées d'inspecteurs. Et notre collègue, M. Groussier, y voit déjà celle des « intellectuels » dominant celle des « ouvriers » (4).

(1) Conseil supérieur du travail, 1906, p. 223.
(2) Moreau, rapport Bourderon, p. 28.
(3) Moreau, Conseil supérieur du travail, 1906, p. 221.
(4) Groussier, Conseil supérieur du travail, 1906, p. 222.

J'avoue ne pas partager ces appréhensions : la dualité de concours n'implique, à mon sens, aucune inégalité de situation, de pouvoirs ou de droits entre les inspecteurs. En revanche, elle me paraît mieux répondre à la diversité de leurs affectations et mieux garantir l'élévation du niveau général de l'inspection.

Cette élévation désirable suppose une augmentation de la difficulté du concours. Inversement, l'accès plus libre de professionnels aux fonctions d'inspecteurs ne va pas — l'expérience l'a prouvé — sans la simplification, la suppression même de certaines épreuves.

Il paraît difficile de réaliser simultanément dans un même concours ces deux conditions.

Quelque spécialisé que l'on veuille l'inspecteur, il faudra bien exiger de lui un minimum de connaissances d'ordre général ; c'est ce minimum qu'on se verra conduit à trop abaisser, si l'on veut rendre facile aux professionnels l'accès du concours unique. Si, au contraire, on trouve à peine suffisant actuellement le niveau des connaissances générales et théoriques et qu'on veuille le relever, on est entraîné à ne plus attribuer aux connaissances spéciales et pratiques l'importance relative nécessaire pour que les professionnels soient admis en nombre suffisant.

J'ajoute que, pour recruter au moyen d'un seul concours des inspecteurs de compétence variée, on est conduit à diversifier à l'excès les épreuves entre lesquelles on laisse aux candidats le droit d'opter, voire même à instituer des épreuves facultatives. Or, il est bien malaisé de maintenir ces épreuves diverses équivalentes en difficulté. Et l'on peut craindre que la règle essentielle de l'égalité du concours pour tous les candidats ne se trouve ainsi violée.

D'autre part, la dualité de concours me semble, autant que j'en puis juger, mieux répondre aux besoins de l'inspection.

Il faut des inspecteurs spécialistes, mais il ne faut pas que des inspecteurs spécialistes.

Dans les sections où l'industrie est elle-même très spécialisée, où telle industrie — textile, métallurgique — a une importance prépondérante, je conçois la nécessité de l'inspecteur spécialiste en cette industrie et je vois son emploi.

Mais je ne le vois plus dans les sections très nombreuses, où les industries sont multiples et variées. Pour celles-ci, l'inspecteur doit avoir, ce me semble, moins une compétence approfondie dans telle catégorie d'industries qu'une compétence générale, plus superficielle, mais s'étendant à un plus grand nombre d'industries. Il serait absurde de composer l'inspection de telle sorte que la surveillance de filatures ou de tissages incombât à un métallurgiste, fût-il, dans son métier, un homme de premier ordre.

N'oublions pas non plus que c'est parmi les inspecteurs départementaux que se recrutent les inspecteurs divisionnaires et que ceux-ci doivent être des hommes de compétence technique assez étendue pour embrasser toutes les industries s'exerçant dans leur circonscription.

Pour toutes les raisons que je viens de dire, la dualité du concours me paraît préférable.

Le premier concours, rendu plus difficile que le concours actuel, servirait à recruter des inspecteurs à compétence technique étendue, ayant des connaissances théoriques très complètes.

Le second ne serait pas moins sérieux, mais la difficulté en serait d'un autre ordre : elle consisterait surtout en examens pratiques, — variés suivant la catégorie spéciale d'industries pour laquelle on aurait besoin d'inspecteurs, — et propres à mettre à l'épreuve l'expérience acquise par le candidat. Des connaissances générales, — juridiques, économiques, hygiéniques et techniques, — seraient en outre exigées des candidats. J'entends des connaissances qui ne soient pas insignifiantes, et les représentants les plus qualifiés des ouvriers sont les premiers à le demander : « Il faut, dit M. Coupat, que les candidats ouvriers fassent un effort réel, afin de ne pas s'exposer, une fois en fonctions, aux critiques et à la risée des industriels » (1). Il s'agit de recruter des praticiens d'élite.

En ouvrant tantôt l'un, tantôt l'autre concours, le service pourrait, selon ses besoins, se procurer précisément le nombre qu'il lui faudrait d'inspecteurs à compétence générale ou d'inspecteurs ayant telle compétence spéciale, — chose qui serait fort malaisée avec un seul concours.

D'ailleurs, le chef responsable du service, M. Fontaine (2), est partisan de la dualité de concours. Des représentants autorisés soit des ouvriers, soit des patrons, MM. Briat (3), Coupat (4), Heurteau, sont du même avis. Et leur opinion, le Conseil supérieur du travail (5), après sa Commission permanente (6), se l'est appropriée.

(1) Rapport Bourderon, p. 28.
(2) Rapport Bourderon, p. 19 ; Conseil supérieur du travail, 1906, p. 220.
(3) Rapport Bourderon, p. 24 ; Conseil supérieur du travail, 1906, p. 222.
(4) Rapport Bourderon, p. 10 et 28.
(5) Conseil supérieur du travail, 1906, p. 240.
(6) Rapport Bourderon, p. 10 et 15.

Mais, jusqu'à présent, le gouvernement ne l'a pas faite sienne ou, du moins, ne l'a pas appliquée.

Sans doute, il a pensé que, vu la résistance certaine qu'eût opposée, dans l'état actuel de la loi, la Commission supérieure du travail à l'institution par mesure administrative d'un deuxième concours, mieux valait faire l'économie d'un projet de loi et, courant au plus pressé, se contenter de modifier le programme de l'unique concours actuel.

C'est à quoi s'est résolu le ministre du Travail au cours de l'année dernière (1). Et voici les modifications essentielles réalisées.

Parmi les épreuves orales du concours figurent désormais une épreuve obligatoire d'hygiène et de mécanique appliquées et une épreuve facultative dite de travail industriel.

La première est subie au Conservatoire des arts et métiers où, devant les appareils mêmes, les candidats sont interrogés sur leur description élémentaire, leurs dangers et les moyens de protection.

La deuxième est subie dans un atelier de l'industrie que le candidat aura spécifiée sur sa demande et que le ministre aura agréée : le candidat y doit démontrer sa connaissance pratique du métier et des précautions d'hygiène et de sécurité à prendre dans l'établissement.

Chacune de ces épreuves comporte le coefficient 2 ; ce qui, pour les deux épreuves réunies, représente le

(1) Le Ministre a saisi la Commission supérieure du travail des vœux du Conseil supérieur du travail par une lettre du 15 janvier 1907, qui concluait subsidiairement à l'adjonction au programme actuel d'épreuves pratiques. V. déclarations du Ministre à la Chambre des députés (séance du 11 novembre 1907, « Journal officiel », p. 2132).

tiers du total des coefficients afférents aux épreuves orales.

Mais on ne fait entrer en ligne de compte la note obtenue à la deuxième de ces épreuves que si elle atteint au moins 15 sur 20, c'est-à-dire si le candidat a de son métier une connaissance vraiment satisfaisante.

Enfin, pour faciliter aux professionnels l'accès de ces épreuves pratiques, on abaisse de 30 points en leur faveur le minimum conférant l'admissibilité à l'examen oral, pourvu qu'ils justifient de dix années au moins de pratique industrielle comme chef d'industrie, ingénieur, contremaître ou ouvrier (1).

Point n'est besoin, Messieurs, de montrer, à propos du programme ainsi modifié, comment se vérifient les critiques déjà faites au sujet de l'unité de concours. J'observerai seulement que la dernière de ces modifications viole manifestement la règle essentielle de l'égalité des conditions du concours pour tous les candidats.

Vaille que vaille, ce nouveau programme a été appliqué au concours ouvert en novembre dernier pour 4 places d'inspectrice et pour 12 (puis 14) places d'inspecteur.

Il a donné les résultats attendus, en ce sens qu'une forte proportion des candidats reçus — près de la moitié, je crois — sont d'origine ouvrière, notamment le premier et les deux derniers. Certains d'entre eux sont, m'a-t-on dit, d'excellentes recrues pour le service.

Quoi qu'il en soit, je préfère, quant à moi, le sys-

---

(1) V. conditions d'admissibilité et programme du concours. Juin 1907.

tème des deux concours et c'est en faveur de ce système que je vous proposerai de manifester aussi votre préférence.

Ce n'est pas assez, Messieurs, que d'instituer un concours à l'usage des professionnels. Il conviendrait de mettre à leur portée les moyens de s'y préparer.

Sur ce point, il faut reconnaître que l'on a surtout, jusqu'à présent, laisser les ouvriers s'aider eux-mêmes, bien que cette préparation leur soit particulièrement difficile.

Je vous signale notamment les cours gratuits du soir, organisés à la Bourse du travail de Paris par l' « Association ouvrière de l'hygiène des travailleurs », afin de faciliter cette préparation aux ouvriers et ouvrières syndiqués.

L'enseignement donné porte sur la législation du travail, l'hygiène, l'électricité, la mécanique. La valeur de cet enseignement a été démontrée d'une façon éclatante lors du concours de 1907, puisque les deux candidats ouvriers syndiqués présentés par cette Association ont été reçus et l'un reçu premier (1).

D'autre part, il a été fait quelque chose par le gouvernement : en 1906, des leçons d'hygiène industrielle préparatoires au concours de l'inspection ont eu lieu au Conservatoire des arts et métiers. Mais en 1907, faute de crédits, on a dû les interrompre. Grâce à l'initiative de MM. Breton et Millerand (2), un crédit de 4.000 francs a été inscrit au budget de

(1) V. l' « Association ouvrière » des 25 novembre 1907 et 5 janvier 1908.

(2) V. Chambre des députés, séance du 11 novembre 1907, « Journal officiel », p. 2141.

1908 pour qu'elles pussent être reprises. C'est bien peu, surtout si l'on ne veut pas que cette préparation soit réservée aux candidats parisiens. Nous devrions, ce me semble, demander qu'on fît davantage.

Le concours pratique passé, quels seront la situation, les pouvoirs et l'affectation des inspecteurs ainsi recrutés ? Pour ce qui est de leurs pouvoirs et de leur situation, je ne vois de principe défendable que celui de l'égalité de tous les inspecteurs départementaux entre eux et notamment quant au droit d'être promus au grade d'inspecteur divisionnaire (1).

Quant à l'affectation des inspecteurs à compétence professionnelle spéciale, on aperçoit divers modes de répartition : d'abord suivant l'importance ou la nature des établissements à surveiller, ces inspecteurs pouvant être affectés soit aux petits établissements, — comme en Angleterre les *assistants* le sont aux *workshops*, — soit aux établissements de leur spécialité. Ou encore suivant la concentration industrielle plus ou moins grande des circonscriptions, leur emploi étant plus particulièrement réservé aux grands centres industriels, où une division du travail de l'inspection par spécialités semble réalisable. Ou enfin, suivant la nature des infractions à constater : on leur réserverait de préférence la recherche des infractions qui, tout en étant les plus simples, seront le plus sûrement découvertes par des hommes du

---

(1) En ce sens, Honoré (Conseil supérieur du travail, 1906, p. 212), Briat (Commission permanente, 27 février 1905, rapport Bourderon, p. 20 et 24 et conclusions de ce rapport, p. 13). Cf. Laporte (au Congrès international de 1900, p. 529-530 du compte rendu).

métier. Telles sont les contraventions à la durée du travail, ou à l'interdiction du travail de nuit ou du travail le jour du repos hebdomadaire ; si l'on y joint les contraventions en matière d'affichage, de livrets et de registres, on s'aperçoit qu'elles ne représentent pas moins de 20.359 contraventions sur un total de 25.599 constatées par le service en 1905 (1), soit environ les 4/5.

Les chefs responsables du service de l'inspection me paraissent mieux qualifiés que personne pour opter entre ces divers systèmes, les combiner et les expérimenter. Toutefois, ce me semble, — l'inspection médicale mise à part, — il n'est pas bon de diviser entre plusieurs inspecteurs, suivant la nature des contraventions à constater, la surveillance d'un même établissement et d'émietter ainsi la responsabilité en même temps que le contrôle. Mieux vaut, je crois, répartir les établissements d'une circonscription divisionnaire donnée entre les inspecteurs de cette circonscription, suivant leurs compétences techniques respectives, en se gardant cependant d'étendre leur surveillance à un territoire trop vaste.

D. — *Il y a lieu de placer à la tête de l'inspection certains spécialistes éminents ayant une compétence technique supérieure. — Nécessité de créer notamment un inspecteur électricien.*

Voilà donc l'inspection du travail spécialisée en bas et, par conséquent, plus compétente. Est-ce suffisant ? Je ne le pense pas.

(1) En 1904, 17.234 sur 21.005 ; en 1903, 18.244 sur 22.669.

Remarquez, en effet, que la compétence technique du professionnel, que la pratique surtout aura formé, semble devoir être assez limitée, alors même qu'il s'agirait d'un praticien d'élite.

Je sais bien que, pour certaines connaissances techniques, — notamment en matière d'électricité — on a renforcé, l'année dernière, les exigences du programme du Concours (1). Ces connaissances techniques générales, même avec le double concours, n'en demeureront pas moins, je le crains, assez superficielles chez la plupart des inspecteurs et très disproportionnées avec les difficiles problèmes qui se posent à eux et engagent leur responsabilité, en même temps qu'ils mettent en jeu — on ne le redira jamais assez — la santé et la vie des ouvriers.

Que l'on songe, par exemple, à la marge considérable laissée à l'appréciation de l'inspecteur par le règlement du 11 juillet 1907 concernant la sécurité des travailleurs dans les établissements qui mettent en œuvre des courants électriques (2). La caractéristique de ce règlement est qu'il « vise plutôt à indiquer les résultats à atteindre qu'à apprécier les moyens à employer (3) ». Nombreuses, en effet, y sont les dispositions qui laissent l'inspecteur juge de la « convenance », de la « suffisance », de « l'efficacité » des précautions à prendre (4). Si l'inspecteur se trouve embarrassé et son inspecteur divisionnaire

---

(1) V. le programme déjà cité de juin 1907, p. 7.

(2) « Bulletin de l'Inspection du travail », 1907, p. 555.

(3) Rapport sur l'application, en 1904, de la loi de 1893-1903.

(4) Exemples : « isolements et écartements PROPRES A éviter tout danger » (article 5) ; « isolateurs CONVENABLEMENT espacés », « enveloppes CONVENABLEMENT isolantes », « lignes aériennes SUFFISAMMENT protégées » (article 8) ; « précautions SUFFISANTES pour assurer la sécurité » (article 11), etc.

aussi, parce qu'ils n'en savent pas assez long en électrotechnique, qui les tirera d'affaire ?

Il peut y avoir, çà et là, dans l'inspection un inspecteur très informé en cette matière, tel, par exemple, que M. Zacon, inspecteur départemental à Cambrai (1). Mais ce n'est qu'un heureux hasard

Et notre collègue M. Briat avait bien raison de se demander quelle figure feraient la plupart des fonctionnaires de l'inspection appelés à discuter avec un ingénieur électricien (2).

Ce qui est vrai en matière d'électricité le serait encore plus en matière d'hygiène et de médecine : j'aurai tout à l'heure à l'établir.

Il faudrait donc qu'il y eût, non plus à la base, mais au sommet de l'inspection, certains inspecteurs techniques, spécialistes éminents, de compétence supérieure.

Des pays étrangers ont déjà réalisé cette réforme pour quelques spécialités : par exemple la Suisse et l'Angleterre.

En Suisse, il existe une inspection spéciale des installations électriques, instituée par le Conseil fédéral, en vertu de l'article 18 de la loi du 10 mars 1877, qui lui donne la faculté, « s'il le juge nécessaire, d'ordonner des inspections spéciales sur certaines industries ou fabriques ».

En Angleterre, il existe une inspection spéciale à l'industrie textile (3), un inspecteur superintendant

(1) V. sa « Note sur les dangers des courants électriques » publiée par le « Bulletin de l'Inspection du travail », 1905, p. 120.

(2) Conseil supérieur du travail, 1906. p. 104.

(3) Elle comprenait, en 1905, un « inspector of textile particulars », secondé par « 4 assistants ».

pour les industries dangereuses (1) et un *electrical inspector*. Si vous voulez bien vous reporter aux rapports annuels de l'inspecteur des installations électriques, M. Scott Ram (2), — rapports que je ne puis analyser ici, — vous y saisirez sur le vif la nécessité d'une telle inspection : vous y verrez notamment ce fonctionnaire examinant par lui-même s'il y a lieu d'instituer une réglementation spéciale pour telle branche de l'industrie électrique, si les dispositions en vigueur pour les usines génératrices d'électricité à haute tension ne doivent pas être modifiées vu les transformations récentes de cette industrie ; et autres questions que nos inspecteurs départementaux ou divisionnaires seraient, je le crains, fort en peine de résoudre. Or, des constatations de M. Scott Ram il résulte que la plupart des accidents, le plus souvent mortels, sur lesquels il a fait une enquête, auraient pu être évités par des installations mieux conçues. Vous apercevez l'énorme intérêt d'une inspection technique supérieure dans le domaine, chaque jour plus vaste, de l'emploi de l'énergie électrique.

En France, vous le savez, la spécialisation par en haut de l'inspection du travail ne se rencontre que dans l'industrie minière.

Il existe bien aussi dans les chemins de fer une façon de spécialisation de l'inspection ; mais, par une regrettable anomalie, les fonctionnaires auxquels sont subordonnés les « contrôleurs du travail des agents de chemins de fer » ne le sont pas eux-mêmes au ministre du Travail (3).

---

(1) « Superintending inspector for dangerous trades ».

(2) V., par exemple, rapports pour 1902 et pour 1903, dans « Bulletin de l'Inspection du travail », 1904, p. 226, et 1905, p. 40.

(3) Consulter projet Trouillot conférant à ces contrôleurs les

Or, il serait mauvais que la spécialisation de l'inspection du travail se réalisât aux dépens de l'unité de direction nécessaire.

Vous jugerez sans doute opportun, Messieurs, et qu'il soit rendu compte à ce ministre de l'inspection du travail tout entière ; et que, d'autre part, pour les raisons que j'ai dites, il soit créé, dans le plus bref délai, un inspecteur général des installations électriques (1).

IV. — L'inspection hygiénique et médicale du travail et des travailleurs

A. — *Son état actuel en France. — Comment sont appliquées les rares dispositions de nos lois ouvrières qui prévoient l'intervention du médecin. — Nos règlements spéciaux à certaines industries dangereuses. — La loi des 15-19 février 1902 sur la protection de la santé publique. — La législation sur les établissements dangereux, incommodes ou insalubres.*

S'il est un domaine, Messieurs, où la spécialisation s'impose, c'est, à coup sûr, celui de l'inspection hygiénique et médicale du travail.

---

attributions d'inspecteur du travail pour la surveillance de l'application de la loi des 12 juin 1893-11 juillet 1903, dans les établissements des chemins de fer d'intérêt général (Chambre des députés, séance du 14 décembre 1903, documents parlementaires, session extraordinaire, p. 269). V. aussi Guérard, au Conseil supérieur du travail (1906, p. 206). Cf. Décret du 30 mai 1895 réorganisant le service du contrôle des chemins de fer d'intérêt général, article 15.

(1) V. en ce sens Briat (rapport Bourderon, p. 37, et Conseil supérieur du travail, 1906, p. 204) ; et rapport Lourties, sur le budget du Travail de 1907 (« Journal officiel », documents parlementaires, Sénat, session extraordinaire de 1906, p. 157 et suiv.).

Or, en France, qu'a-t-on fait jusqu'ici pour la réaliser ? Rien, ou presque rien.

Que reste-t-il à faire ? Tout, ou presque tout.

Que voulons-nous qu'on fasse ? Quelque chose.

Et, d'abord, quelle est la situation actuelle ?

Nous avons un organe consultatif central, pas depuis bien longtemps, puisque M. Millerand le créa par arrêté du 11 décembre 1900 : c'est la « Commission d'hygiène industrielle », chargée de préparer les règlements particuliers relatifs à l'hygiène dans certaines industries ou dans certains modes de travail, avant leur examen par le « Comité consultatif des arts et manufactures ».

Nous avons, depuis le décret du 24 septembre 1904, au Conservatoire des Arts et Métiers, un musée de prévention des accidents du travail et d'hygiène industrielle.

Mais, un musée, une commission consultative, cela n'inspecte pas. A supposer même que cette Commission confie de temps à autre, à une sous-commission, telle enquête particulière, ce n'est point là de l'inspection, et les industriels auraient le droit strict de fermer la porte de leurs établissements au nez des enquêteurs.

L'inspection proprement dite a-t-elle, en matière hygiénique et médicale, des agents spéciaux de surveillance locale et permanente ? Nullement.

Ce n'est pourtant pas d'hier qu'est posée en France même la question des médecins inspecteurs du travail.

Elle le fut, dès 1874, par M. Alexis Lambert, représentant d'Oran, qui, alors que l'Assemblée nationale discutait la loi sur le travail des enfants et des filles mineures, déposa, le 19 mai 1874, à l'article 17, un amendement en vertu duquel devaient être admis aux fonctions d'inspecteur « les docteurs en médecine qui auraient, pendant dix années au moins, appartenu au corps de santé militaire ou aux services médicaux dépendant de l'Etat, des départements ou des communes » (1). L'amendement fut repoussé sans discussion. A vrai dire, son auteur paraît l'avoir présenté surtout dans l'intérêt de la corporation médicale et pour lui créer un débouché nouveau.

Depuis lors, on a bien, en 1892, avantagé de 30 points les candidats au concours de l'inspection pourvus du diplôme de docteur en médecine ; mais, en 1900, cet avantage leur a été retiré, comme à tous autres diplômés.

Y a-t-il actuellement, en fait, des médecins dans le corps des inspecteurs ? Oui. Sur 128 inspecteurs, il y en a 2.

Encore leur présence, toute fortuite, n'y est-elle d'aucune utilité particulière, par cela même qu'ils sont des inspecteurs comme les autres et que l'absence de toute division du travail dans l'organisation actuelle ne permet pas de tirer parti de leur compétence spéciale.

Mais nos inspecteurs ne peuvent-ils, tout au moins, le cas échéant, se faire accompagner d'un médecin lorsqu'ils visitent un établissement industriel ?

Chose curieuse, ce droit, notre vieille loi du 22 mars 1841 le leur conférait expressément : « Ils pourront — disait-elle dans son article 10 — se faire accompagner par un médecin commis par le préfet

---

(1) Assemblée Nationale, séance du 19 mai 1874. « Journal officiel » du 20 mai 1874, p. 3389.

ou le sous-préfet ». De même, la loi du 19 mai 1874 (article 10) autorisait expressément, sinon les inspecteurs, du moins les « commissions locales » d'inspection, à « se faire accompagner d'un médecin quand elles le jugeraient convenable ».

Mais, dans la loi actuelle, ce texte, qui, faute de mieux, serait si utile, n'existe pas. D'où l'on pourrait conclure que, si l'inspecteur s'avisait de requérir l'assistance d'un médecin, le patron aurait le droit de se refuser à recevoir ce praticien et de ne laisser entrer chez lui que l'inspecteur.

En Angleterre, outre bien d'autres dispositions que j'aurai à indiquer, je lis, dans l'article 5, paragraphe 2, de la loi du 17 août 1901, que l'inspecteur peut, au besoin, se faire accompagner d'un médecin appartenant au service de l'hygiène publique.

Supposez que, chez nous, un médecin vienne, par ses malades ou autrement, à être informé de telle circonstance rendant particulièrement insalubre le travail dans telle usine : y a-t-il une disposition légale ou réglementaire qui lui fasse une obligation de la signaler au service le plus intéressé à la connaître, puisqu'il est le seul qualifié pour y porter remède, — l'inspection du travail ? Pas le moins du monde. Quand des communications de ce genre sont faites à l'inspecteur, c'est que le hasard et la bonne volonté du médecin se sont mis de la partie. Je le prouverai.

Mais, dira-t-on, nos inspecteurs actuels doivent avoir, ils ont des connaissances hygiéniques et médicales. Cela suffit.

Nous avons divers moyens de nous rendre compte si cela suffit vraiment.

Voyons d'abord les connaissances qu'on exige du

candidat inspecteur : en médecine proprement dite, elle se réduisent à presque rien : « notions sur les accidents produits par les machines et mécanismes, sur les brûlures, plaies et fractures, premiers soins à donner en cas d'accident ». C'est tout ; et ce n'est pas beaucoup.

En hygiène industrielle, on n'exige point des connaissances approfondies, mais seulement élémentaires, concernant l'atmosphère du travail, les matières mises en œuvre et les dangers de leur manipulation, enfin l'hygiène générale des établissements industriels.

Le programme d'hygiène de l'examen pratique récemment annexé au concours concerne exclusivement la prévention des accidents du travail ; il n'y est pas question des maladies professionnelles ; on ne place point, par exemple, le candidat en présence d'un ouvrier atteint de l'une de ces maladies, afin de vérifier s'il en reconnaît les symptômes.

Le peu qu'ils savent en cette matière d'importance capitale, les candidats l'auront lu dans des manuels sommaires, qu'ils reproduiront de mémoire à l'écrit ou réciteront à l'oral. Sauront-ils faire de ces notions apprises dans les livres la moindre application pratique ? Rien ne le garantit.

Pour marquer l'intérêt que le service attache à l'hygiène industrielle, on a, je le sais bien, en 1907 (1), haussé d'un point, tant à l'écrit qu'à l'oral, le coefficient de l'examen d'hygiène industrielle. Mais, pour obtenir la compétence, il ne suffit pas de multiplier l'incompétence par un chiffre plus élevé.

Il y a, je m'empresse de l'ajouter, dans le corps

---

(1) V. programme précité publié en juin 1907.

actuel de l'inspection, certains inspecteurs fort compétents, sinon en médecine (à part les deux docteurs que j'ai dits), du moins en hygiène industrielle. Et ce n'est pas à nous d'oublier qu'au concours international organisé par notre « Association » en vue de la lutte contre le saturnisme, deux des ouvrages couronnés avaient pour auteurs M. Razous, ancien inspecteur du travail, et M. Boulin, inspecteur divisionnaire à Lille (1). La liste est d'ailleurs déjà longue des monographies d'hygiène industrielle publiées par cet éminent inspecteur divisionnaire (2).

C'est précisément en se reportant aux travaux originaux des inspecteurs publiés par le *Bulletin de l'Inspection du travail* que l'on peut encore se rendre compte du genre de compétence qui est le leur. La plupart de ces travaux, très souvent fort intéressants, concernent des dispositifs de prévention des accidents ou d'épuration de l'atmosphère des ateliers, dispositifs parfois suggérés par l'inspecteur lui-même, plus fréquemment imaginés ou employés par des industriels dociles aux sollicitations ou aux mises en demeure du service. Or, la très grande majorité de ces études sont travaux d'ingénieurs, bien plus que d'hygiénistes ou surtout de médecins. Il est très rare que les renseignements ou observations concernant les maladies professionnelles y soient le fruit

(1) V. « Bulletin de l'Inspection du travail », 1906, p. 419.

(2) V. notamment : Etude sur l'évacuation des buées dans les teintureries (« Bulletin de l'Inspection du travail », 1905, p. 98) ; Note sur la sécurité des ouvriers employés aux convertisseurs Bessemer (ibid., p. 405) ; Notes sur l'élimination des buées à l'étranger (ibid., 1906, p. 73), sur la ventilation des cardes à laine (ibid., 1906, p. 261). Les fonderies de plomb (ibid., 1906, p. 461).

des constatations personnelles et directes de l'inspecteur : le plus ordinairement, il se borne à rapporter ce qu'il a lu à ce sujet dans les auteurs français ou étrangers. Je le démontrerais par des exemples, si j'en avais le loisir.

Or, remarquez que ces travaux sont ceux de l'élite de nos inspecteurs, de fonctionnaires déjà formés par une longue expérience et qu'il faut bien se garder d'en conclure que tous les autres seraient capables d'en faire autant.

Le service s'ingénie à instruire ses inspecteurs en publiant dans le *Bulletin de l'Inspection du travail* des documents relatifs à l'hygiène ouvrière ayant pour auteurs des personnes étrangères à l'inspection. C'est fort utile, mais non moins insuffisant pour compléter en hygiène et en médecine une éducation première par trop rudimentaire.

Dès maintenant, Messieurs, il nous apparaît comme probable que la compétence des inspecteurs dans ce domaine laisse généralement beaucoup à désirer ; et qu'à supposer qu'ils soient capables de s'apercevoir qu'un travail ou qu'un atelier sont malsains quand c'est chose évidente, il leur arrivera souvent de ne pas le remarquer ou de ne pouvoir le contrôler, ou de n'y point savoir remédier, notamment parce qu'ils sont hors d'état de procéder à l'examen médical des ouvriers, qui serait révélateur des dangers dont ils se trouvent menacés.

Cette probabilité devient certitude, si l'on considère le fonctionnement et les résultats de notre inspection en matière d'hygiène.

Je ne dis pas en matière de sécurité au sens étroit du mot, c'est-à-dire de prévention des accidents du travail.

Sur un total de 28.648 mises en demeure faites en 1905 pour l'ensemble des dispositions du décret du 29 novembre 1904, on en compte 7.918, soit plus du quart, se rapportant au seul article 12, qui concerne la protection contre les parties dangereuses des machines. De même, en 1906, 6.467 sur un total de 24.742 (1).

Il est manifeste que nos inspecteurs portent sur ce point particulier leur effort, par la bonne raison que leur compétence de technicien, d'ingénieur oriente tout naturellement leur attention de ce côté.

Et j'admets bien volontiers avec M. Fontaine (2) que les accidents de machines ne soient pas en France plus nombreux qu'en Allemagne.

Mais, en hygiène industrielle, une semblable comparaison serait malheureusement très loin de tourner à notre avantage.

Je sais bien que, de 1902 à 1906, on voit, en France, le total général des mises en demeure doubler, puisqu'il s'élève de 16.720 à 33.891. Quoique cette progression considérable doive être surtout attribuée à la multiplication, durant cette période, des dispositions réglementaires nouvelles entrées en vigueur (3), on

(1) Il conviendrait de tenir compte en outre des contraventions relevées (sans mise en demeure préalable) pour inobservation de l'article 2, § 2, de la loi de 1893-1903 (machines non protégées) : soit 600 en 1905. (Les chiffres pour 1906 ne sont pas encore publiés).

(2) « Conseil supérieur du travail », 1906, p. 198.

(3) En 1902, les règlements en vigueur étaient, avec le règlement général du 10 mars 1894, ceux du 29 juin 1895 (vert de Schweinfurt), du 18 juillet 1902 (céruse) et du 21 novembre 1902 (pompage). Depuis lors, le règlement général du 29 novembre 1904 a remplacé celui de 1894 ; et les décrets spéciaux du 15 juillet 1904 (céruse), du 28 juillet 1904 (couchage), du 4 avril 1905 (blanchissage), du 6 août 1905 (gardiens de chantiers) et du 22 mars 1906 (incendie) sont entrés en application.

ne peut méconnaître qu'elle révèle aussi une surveillance sensiblement plus active.

Mais ce sont là des mises en demeure indiquant ce que l'inspection demande. Qu'est-ce qu'elle obtient ? Voilà ce qui importe. Et cela ne peut guère s'exprimer en chiffres.

D'ailleurs, pour le dire en passant, certains chiffres me semblent peu rassurants. J'emprunte un seul exemple à l'application de notre réglementation, si rudimentaire, concernant l'emploi de la céruse (décrets des 18 juillet 1902 et 15 juillet 1904) : savez-vous combien il a été, en 1904, relevé de contraventions pour infractions à cette réglementation ? Seize ! Et en 1905 ? Quatre-vingt-douze ! En une année et pour toute la France ! Ou cette réglementation est admirablement observée, — ce qui serait bien extraordinaire, — ou, — chose bien plus probable, — on n'en réprime guère l'inobservation.

Mais demandons leur avis à ceux qui voient de leurs propres yeux ce qu'est l'hygiène des ateliers. Les prescriptions qui la concernent sont « lettre morte dans un grand nombre de cas... un grand effort doit être fait », nous dit le rapport de M. Bourderon (p. 15-16).

« Vous ne voudriez pas comme écurie pour vos chevaux de ces ateliers dans lesquels nous sommes obligés de travailler », — s'écriait M. Coupat, au Conseil supérieur du travail (1). Et il déclarait la situation actuelle « intolérable ».

J'admets que la formule soit trop générale. M. Coupat n'en cite pas moins des cas inquiétants : celui, par exemple, d'un atelier où quinze personnes furent

(1) 1906, p. 196.

atteintes de tuberculose, sans que l'inspecteur songeât à faire la moindre observation : l'inspecteur divisionnaire finit par s'émouvoir et par exiger « que l'on recouvrît le sol d'un plancher ».

On nous cite bien, de temps à autre, tel établissement où les progrès de l'hygiène sont incontestables : ainsi cette importante usine métallurgique de la circonscription de Nantes, où le nombre des ouvriers présentant des symptômes de saturnisme est tombé de 26 cas sur 670 ouvriers, en 1901, à 3 cas en 1904 (1), grâce surtout à l'amélioration de l'outillage. Mais, si l'inspecteur du travail a constaté ce progrès, il ne dit pas du tout qu'il l'ait provoqué : s'il en avait été l'instigateur, j'imagine qu'il ne le tairait pas.

Quoi qu'il en soit, les progrès de ce genre sont trop rares. Et si l'inspection fait beaucoup pour empêcher les accidents du travail, elle fait trop peu pour prévenir et enrayer les maladies en général et les maladies professionnelles en particulier.

J'aurai, tout à l'heure, pour justifier l'institution d'une inspection médicale du travail, à énumérer les dangereuses conséquences de l'état de choses actuel. Mais, dès maintenant, j'en veux signaler une des plus graves : l'absence de statistiques dressées par l'inspection, d'après les observations directes des inspecteurs, en matière de maladies professionnelles.

En matière d'accidents ces statistiques existent ; elles tiennent l'inspection constamment au fait des risques d'accidents courus par l'ouvrier de telle industrie ou de telle usine ; elles lui suggèrent les mesures de précaution à prescrire. Rien de pareil pour

(1) Rapport sur l'application, en 1904, de la loi de 1893-1903, p. CLXXVI.

les risques de maladie. C'est là tout ensemble une des causes et un des effets de l'incertitude et de l'insuffisance de l'action de nos inspecteurs dans ce domaine.

Si vous vous reportez aux études monographiques sur diverses causes de maladies professionnelles publiées par le *Bulletin de l'Inspection du travail*, vous constaterez qu'on y cite des statistiques le plus souvent étrangères, parfois dressées par des médecins français qui ont observé l'ouvrier non pas à l'atelier, mais à l'hôpital, — et presque jamais des statistiques méthodiquement dressées par des inspecteurs du travail, d'après leurs observations personnelles (1).

De quelle nécessité pourtant et de quel poids de semblables statistiques ne seraient-elles pas lorsqu'on veut soumettre une industrie dangereuse à une réglementation spéciale ou qu'on demande au Parlement, — comme on l'a fait pour celle de la céruse, — d'aller jusqu'à l'interdire parce qu'elle est trop meurtrière ?

Ainsi, Messieurs, l'examen du fonctionnement et des résultats de l'inspection en matière d'hygiène confirme ce que me permettraient de prévoir les conditions du recrutement des inspecteurs ; les inspec-

---

(1) Comme échantillon de la manière très défectueuse dont la statistique des maladies professionnelles est dressée par certaines administrations de l'Etat, voir, sur le saturnisme dans les arsenaux de la marine, le tableau donnant le relevé des cas d'intoxication saturnine dans les 5 ports de guerre, de 1898 à 1902. (« Bulletin de l'Inspection du travail », 1906, p. 85).

On notera que la très utile publication faite, en 1901, par l'Office du travail, dans une pensée de vulgarisation, sous ce titre : « Poisons industriels », n'est pas un compte rendu d'expériences originales, mais un ensemble de notions empruntées aux ouvrages d'hygiène existants (Layet, Poincaré, Proust).

leurs font ce qu'ils peuvent, mais ils ne peuvent que ce qu'ils savent.

On a bien, ces dernières années, essayé de suppléer à cette insuffisance sur un ou deux points particuliers, — importants il est vrai.

Je veux parler de l'atmosphère où respirent les ouvriers et de l'eau qu'on leur donne à boire.

Depuis environ deux ans, chaque circonscription divisionnaire est pourvue de deux appareils Albert Lévy et Pécoul, dont l'un révèle la présence de l'oxyde de carbone et l'autre permet un dosage rapide de l'acide carbonique. En outre, le service de l'inspection s'est assuré le concours de l'Observatoire municipal de Montsouris pour l'analyse des échantillons d'air prélevés dans les ateliers du département de la Seine (1).

De même, pour l'eau potable, les inspecteurs prélèvent des échantillons, selon des règles qu'on leur a indiquées (2), et en demandent l'analyse aux divers laboratoires publics compétents (3).

---

(1) V. rapport sur l'application, en 1905, de la loi de 1893-1903, p. CXLVII ; rapport sur l'application de la même loi, en 1906 (« Journal officiel », 13 décembre 1907, annexe, p. 1036. — Sur la proportion d'acide carbonique qui peut être tolérée dans l'air des ateliers, voir rapport du Dr Henri Pottevin, directeur du bureau d'hygiène du Havre (« Bulletin de l'Inspection du travail », 1906, p. 59). On notera que, sur une question aussi importante, ce membre de la Commission d'hygiène industrielle est obligé de constater l'absence de toutes données expérimentales fournies par le service de l'inspection du travail en France. Il lui faut recourir aux travaux de l'inspection anglaise (voir p. 64 et 65 de son rapport). — Consulter, en outre, notes de MM. Albert Lévy et Pécoul, sur le dosage rapide de l'oxyde de carbone (« Bulletin de l'Inspection du travail », 1906, p. 194 et 200).

(2) V. instructions de M. Albert Lévy (« Bulletin de l'Inspection du travail », 1906, p. 55).

(3) V. circulaire du 10 mai 1906 (« Bulletin de l'Inspection du

Vous voyez, Messieurs, que le service de l'inspection s'ingénie de son mieux et appelle à son aide d'autres services publics.

Mais ces petits perfectionnements, s'ils nous font des inspecteurs mieux outillés, ne nous font pas des inspecteurs plus compétents, sachent, voyant et prescrivant ce que sauraient, verraient et prescriraient des inspecteurs hygiénistes et médecins de profession.

Peut-être va-t-on me dire : « Mais, introduire des médecins dans le corps de l'inspection avant que ne soient modifiés les lois et décrets réglementant l'hygiène du travail, n'est-ce pas mettre la charrue avant les bœufs ? N'est-ce pas, dans l'état actuel de ces lois et décrets, créer l'organe avant la fonction ? Car, même dans les cas où l'intervention d'un médecin paraît s'imposer le plus impérieusement, ni les lois, ni les règlements en vigueur ne la prévoient ni ne l'ordonnent ».

Je répondrai d'abord qu'employât-on seulement des médecins hygiénistes de profession à la surveillance qui, en matière d'hygiène industrielle, incombe dès maintenant aux inspecteurs actuels et dont ils s'acquittent si médiocrement, — cette collaboration de spécialistes à l'inspection aurait déjà une raison d'être suffisante.

Ceci posé, je suis le premier à reconnaître qu'en ce qui concerne les dispositions soumettant l'ouvrier et les conditions de son travail à l'appréciation d'un médecin, notre législation est, si on la rapproche des législations étrangères, d'une pitoyable indigence. Les dispositions de cet ordre sont, chez nous, presque inexistantes ; et celles-là même qui existent sont appliquées dans des conditions telles que tout se passe à peu près comme si elles n'existaient pas.

Il n'est malheureusement que trop aisé de l'établir.

Vous connaissez le paragraphe 3 de l'article 2 de la loi du 2 novembre 1892, qui prescrit l'examen par un médecin de l'aptitude physique des enfants de moins de 13 ans préalablement à leur embauchage.

Dans quelles conditions délivre-t-il le certificat requis par la loi ? Voici : comme le patron n'embauche l'enfant que sur la présentation de son livret et comme le maire ne donne le livret que sur la présentation du certificat, le médecin est appelé à se prononcer sans avoir vu l'enfant à son travail, sans par conséquent pouvoir se rendre compte des conditions (fatigue, insalubrité) dans lesquelles a lieu ce travail, sans même savoir, le plus souvent, de quel genre de travail il s'agit, — que dis-je ! parfois sans avoir seulement vu l'enfant ! Il arrive que le certificat soit délivré, en l'absence de l'enfant, au père, à la mère, ou même à une tierce personne. Le plus souvent, ce certificat constate que l'enfant est en bonne santé et peut travailler, — rien de plus. Voilà dans quelles conditions est actuellement contrôlée l'aptitude physique des enfants de moins de 13 ans (1).

Vous connaissez aussi le paragraphe 4 du même article de la loi de 1892, qui donne à l'inspecteur du travail la faculté de requérir l'examen médical des enfants de moins de 16 ans, quand il lui semble que le travail dont ils sont chargés excède leurs forces.

Quel usage les inspecteurs font-ils de cette faculté ?

---

(1) Rapports de la Commission supérieure du travail pour 1904, p. XXV ; pour 1905, p. XXVII ; pour 1906 (« Journal officiel » du 21 août 1907, annexe, p. 748).

On nous dit pour 1904, on nous répète pour 1905, on nous répète encore pour 1906, que, dans les Vosges, un inspecteur, qui, à la suite d'un chômage accidentel, avait accordé à un industriel (art. 4, § 7, de la loi de 1892) l'autorisation exceptionnelle de travailler la nuit, exigea la visite médicale des enfants de l'équipe de nuit. Résultat : la permission de travail de nuit fut refusée à 20 % de ces enfants. Vous voyez par là l'utilité de l'intervention du médecin (1).

Mais, de ce que, trois années de suite, on nous cite et on nous recite le cas de cet inspecteur des Vosges, je conclus qu'il est à peu près unique en son genre, qu'on le donne en exemple aux autres. Et les autres, qu'est-ce qu'ils font ? Voici la réponse : « Les inspecteurs n'ont pas eu à réclamer, en 1906, l'examen médical prévu par l'article 2, paragraphe 4, de la loi du 2 novembre 1892 ! (2) ».

« Les inspecteurs n'ont pas réclamé » serait plus exact. Car à qui fera-t-on croire qu'en une année entière et dans toute la France, les inspecteurs n'aient pas rencontré un seul enfant de moins de 16 ans se livrant à un travail qui excédât ses forces ?

Donc cette disposition n'a pas été appliquée du tout en 1906 ; elle ne l'a guère été davantage les années précédentes (3) ; j'ajoute que, lorsqu'elle l'a été, le médecin, — comme pour les certificats d'aptitude physique, — a presque toujours émis l'avis que l'en-

(1) Rapports de la Commission supérieure du travail pour 1904, p. XXVI ; pour 1905, p. XXVIII ; pour 1906 (annexe au « Journal officiel » du 21 août 1907, p. 748, colonne 1).

(2) Rapport précité de la Commission supérieure du travail pour 1906 (loc. cit.).

(3) V. Boulin. Les fonderies de plomb, « Bulletin de l'Inspection du travail », 1906, p. 555.

fant pouvait travailler. Je n'exagère donc pas en disant que le paragraphe 4 de l'article 2 de la loi de 1892 est lettre morte et que le paragraphe 3 est appliqué dans des conditions telles que la garantie qu'il offre est, en fait, illusoire.

Or, ce sont, à ma connaissance, les deux seules dispositions de nos lois ouvrières qui prévoient l'exercice d'un contrôle médical sur l'ouvrier dans ses rapports avec le travail auquel il se livre.

Voulez-vous savoir comment sont appliquées les dispositions correspondantes de la loi anglaise concernant les enfants mineurs de 16 ans ?

D'abord les certificats d'aptitude physique ne sont délivrés, aux termes mêmes de la loi (1), par le médecin certificateur du district, qu'après qu'il a personnellement examiné l'enfant ou le jeune ouvrier dans la fabrique même où il doit être employé ; l'octroi de l'autorisation, en outre, peut être subordonné à des conditions que le médecin inscrit sur le certificat.

En 1905, les médecins certificateurs ont ainsi procédé à l'examen de 361.578 enfants ou jeunes gens ; ils ont refusé d'admettre au travail 5.012 d'entre eux, dont 2.996 pour des motifs d'ordre médical, les autres pour défaut d'âge, etc. ; et ils n'ont admis au travail que sous certaines conditions et règles 178.135 enfants, soit près de la moitié du total examiné (2).

(1) V. loi du 17 août 1901, articles 63 et 64.

(2) V. « Annual report of the chief-inspector of factories and workshops » pour 1905, p. 447. Table 9 : « Medical examinations ; examinations for certificates of fitness ». Nombre total des examens : en 1895, 321.634 ; en 1900, 406.594. Nombre des enfants ou jeunes gens non admis au travail : en 1895, 4.447 ; en 1900, 4.121. Nombre des enfants ou jeunes gens admis au travail sous condition : en 1900, 48.363.

Je m'abstiens de commenter cette comparaison écrasante pour nous.

Des lois, passons aux règlements spéciaux à certaines industries ou catégories d'industries.

Tout d'abord un fait saute aux yeux : le nombre de ces règlements, même en ce qui concerne les industries les plus dangereuses, est en France de beaucoup au-dessous de ce qu'il devrait être, si l'on songe et à ce qui existe à l'étranger, et aux périls dont nos ouvriers se trouvent constamment menacés dans ces industries.

Jusqu'en juillet 1902, c'est-à-dire pendant les neuf années qui suivirent la promulgation de la loi de 1893, les prescriptions particulières à certaines professions ou à certains modes de travail, qui auraient dû, aux termes de cette loi (art. 3, 2°), faire l'objet de règlements d'administration publique « au fur et à mesure des nécessités constatées », se réduisaient, en tout et pour tout, à un règlement : celui du 29 juin 1895 concernant les fabriques de vert de Schweinfurt.

Nous avions, en outre, il est vrai, le décret du 13 mai 1893 (rendu en vertu des articles 12 et 13 de la loi de 1892), qui interdit ou n'autorise que conditionnellement l'emploi des enfants au-dessous de 18 ans, filles mineures ou femmes à certains travaux dangereux ; mais autre chose est de se borner à écarter de ces travaux, d'ailleurs non spécialement réglementés, telles catégories particulières de travailleurs, et autre chose de réglementer ces travaux mêmes « *erga omnes* », j'entends de les soumettre à une réglementation qui en atténuera les dangers au profit de tous (1).

(1) Même observation en ce qui concerne le décret du 5 mai 1893 sur le travail des enfants dans les mines.

Or, aujourd'hui même encore, pour quelles industries ou travaux avons-nous, en fait, des règlements spéciaux ?

Outre le vert de Schweinfurt, nous en avons pour l'emploi de la céruse dans les travaux de peinture, pour l'opération dite « pompage » dans l'industrie de la poterie d'étain, pour la manipulation du linge sale dans les blanchisseries et, depuis quelques mois, pour l'emploi des courants électriques, — ce dernier intéressant d'ailleurs la sécurité, mais non l'hygiène des travailleurs (1).

Vous voyez combien est encore brève, quinze ans après la promulgation de la loi de 1893, la liste des règlements qui auraient dû la suivre de très près, — et bien d'autres avec eux, car, en vérité, nous sommes devancés de très loin par les « nécessités constatées » dont parle la loi, et aussi par les législations étrangères.

Je vous épargne ici encore, avec l'Angleterre ou l'Allemagne, une comparaison qui m'entraînerait trop loin et, vous pouvez m'en croire, serait aussi écrasante pour nous que la précédente (2).

---

(1) On nous promet un règlement concernant l'intoxication saturnine (« toujours à l'étude auprès du Comité consultatif des Arts et Manufactures », dit le rapport sur l'application de la loi de 1893-1903 en 1906) ; un autre concernant la septicémie charbonneuse (« à la veille d'aboutir », disait le rapport pour 1904, p. CXXVI) ; un troisième concernant les ateliers de désinfection des objets de literie avant servi (en instance devant la Commission d'hygiène industrielle) ; des règlements relatifs aux travaux effectués dans l'air comprimé ; à l'emploi d'explosifs et à la sécurité dans les chantiers souterrains ; enfin un règlement concernant les couperies de poils.

(2) Nous ne pouvons donner ici, vu sa longueur, l'énumération complète des règlements spéciaux en vigueur, soit en Angleterre, soit en Allemagne. Pour l'Angleterre, en 1903, on n'en comptait pas moins de 23, soit antérieurs, soit posté-

Il me suffit de constater, — et c'est là que j'en voulais venir, — que nos quelques règlements spéciaux en vigueur ne prévoient, dans aucune de leurs dispositions, l'examen médical ni des ouvriers adultes, ni des ouvrières, ni des enfants, alors même qu'il s'agit des industries les plus dangereuses et que cet examen s'impose avec la dernière évidence. On ne demande même pas au patron d'organiser cet examen comme et par qui bon lui semblera, pourvu qu'il l'organise.

Que fait-on, cependant, — et depuis longtemps, — en Angleterre, en Allemagne, en Belgique ?

En Angleterre, dans la plupart des industries dangereuses, les ouvriers sont obligés de se soumettre à la visite périodique d'un médecin dûment qualifié et autorisé par l'inspecteur en chef des fabriques, — le « médecin agréé » (*certifying surgeon*) du district. La périodicité de cette visite, qui a lieu à la fabrique même, est plus ou moins fréquente, —hebdomadaire, mensuelle, trimestrielle, — suivant le caractère plus ou moins périlleux du travail dont s'agit. Pour les fabriques de céruse, soumises depuis le 1er janvier 1884 (1), c'est-à-dire depuis vingt-quatre ans, à

---

rieurs à l'act du 17 août 1901 (ils sont actuellement pris en vertu des articles 9 et 11, et 79 à 86 de cet act). Voir « Bulletin de l'Inspection du travail », 1903, p. 296 et suivantes. Pour la réglementation antérieure, voir même « Bulletin », 1898, p. 453. Pour les règlements postérieurs, voir même « Bulletin », 1904, p. 257 et suivantes ; et « Annuaire belge de la législation du travail », années 1904 et suiv.

Pour l'Allemagne, on trouvera dans le même « Annuaire » la série des ordonnances édictées par le Conseil fédéral en vertu des articles 120 et 139 de la « Gewerbeordnung ».

(1) « Factory and workshops act » de 1883 (25 août) shedule annexe ; remplacée par le règlement de 1896, puis par celui du 1er juin 1899 (« Annuaire belge de législation du travail », 1899, p. 324).

une réglementation spéciale que nous attendons encore, la visite est hebdomadaire ; pour les fabriques d'accumulateurs électriques, réglementées depuis 1894, soit depuis quatorze ans, elle est mensuelle (1).

Le médecin a le droit, s'il le juge nécessaire, d'interdire, à titre temporaire ou même définitif, toute participation de l'ouvrier atteint ou menacé dans sa santé au travail qui se trouve être dangereux pour lui. L'interdiction est-elle provisoire, l'ouvrier ne peut se remettre au travail sans une autorisation écrite du médecin.

Dans l'usine est tenu un registre de santé où le médecin consigne la date et le résultat de ses visites, le nombre des personnes visitées, le détail des instructions qu'il a données. Ce registre, qui contient la liste de tous les travailleurs employés, doit être produit à toute réquisition de l'inspecteur des fabriques ou du médecin.

Tel est, Messieurs, dans ses traits essentiels, le type des règlements anglais spéciaux aux industries dangereuses par leur insalubrité (2).

Il n'est pas inutile d'ajouter que, tout naturellement, le médecin certificateur est payé d'après le nombre de ses visites, suivant un tarif qui tient

(1) « Bulletin de l'Inspection du travail », 1904, p. 257.

(2) Outre les règlements précités, voir par exemple le règlement de 1897 concernant la vulcanisation du caoutchouc par le bisulfure de carbone (« Annuaire belge », 1897, p. 254) ; celui d'avril 1900 sur les fabriques d'allumettes au phosphore blanc ou jaune (ibid., 1900, p. 567) ; les règlements concernant la fabrication des faïences et porcelaines en date d'octobre 1898, de janvier 1899 (ibid., 1899, p. 317), puis de juillet 1902 (ibid., 1902, p. 187) ; le règlement applicable aux fabriques de bichromate ou de chromate de potasse ou de soude, en date de février 1900 (ibid., 1900, p. 561) ; etc.

compte des distances à parcourir ; et que les honoraires pour examen ou délivrance de certificat d'aptitude physique sont acquittés par le patron (1).

En Allemagne, nous trouvons une réglementation de tous points analogue : obligation pour le patron de faire visiter périodiquement ses ouvriers par un médecin qu'agrée l'autorité administrative supérieure, et dont l'inspecteur du travail sait le nom ; visites dans l'établissement même ; droit pour le médecin d'interdire, provisoirement ou définitivement, l'admission à certains travaux de l'ouvrier, qui, d'ailleurs, ne peut être embauché qu'après un premier examen médical favorable ; tenue obligatoire d'un registre sur lequel sont portées toutes les mentions nécessaires au contrôle constant du nombre et de la situation sanitaire des ouvriers, registre toujours à la disposition de l'inspecteur du travail comme du médecin (2).

La Belgique aussi, mais plus récemment, s'est engagée dans la même voie, où elle est beaucoup moins avancée ; nous verrons que le service des inspecteurs-médecins n'y est régulièrement organisé que depuis le commencement de l'année 1898 et que l'institution de médecins-agréés n'y remonte qu'à 1902. Néan-

---

(1) V. act du 17 août 1901, VIIIe partie, IIe section « Médecins certificateurs », article 124 (« Annuaire belge », 1901, p. 166).

(2) V. par exemple ordonnance du 2 février 1897, concernant les fabriques de chromates alcalins (« Annuaire belge », 1897, p. 5) ; ordonnance du 11 mai 1898, concernant les fabriques d'accumulateurs électriques (ibid., 1898, p. 4) ; ordonnance du 25 avril 1899, concernant la mouture des scories Thomas (ibid., 1899, p. 13) ; ordonnance du 6 février 1900, concernant les usines à zinc (ibid., 1900, p. 4) ; ordonnance du 26 mai 1903, concernant les fabriques de couleurs à base de plomb et autres produits du plomb (ibid., 1903, p. 33) ; ordonnance du 16 juin 1905, réglementant les industries du plomb (« Bulletin de l'Office international du travail », 1905, p. 195 et suiv.), etc.

moins, des arrêtés royaux ont, depuis plusieurs années, soumis au contrôle des médecins agréés par le ministre de l'Industrie et du Travail des industries dangereuses, telles que la fabrication des allumettes au phosphore blanc, de la céruse et des autres composés du plomb, ou la manipulation des chiffons. En particulier, les arrêtés royaux concernant les allumettes et la céruse sont calqués sur les réglementations anglaise et allemande que j'analysais tout à l'heure (1). Et le rôle des médecins-agréés belges est très actif, puisqu'en 1905 ils ont, dans les fabriques d'allumettes, procédé à 9.005 examens mensuels ; et à 3.337 de ces examens dans les fabriques de céruse et autres composés du plomb (2). Observons, ici encore, que les frais de ces examens, tarifés par arrêté ministériel, incombent aux patrons ou chefs d'entreprises ; et que, bien entendu, comme en Angleterre et en Allemagne, l'ouvrier est tenu de s'y prêter (3).

(1) V. arrêté royal du 17 juin 1902, relatif aux constatations et déclarations médicales prescrites par les règlements sur la police des établissements dangereux, insalubres ou incommodes (« Annuaire belge », 1902, p. 97) : c'est cet arrêté qui a institué les médecins-agréés. — Pour la fabrication des allumettes, voir arrêté royal du 17 novembre 1902, modifiant celui du 25 mars 1890 (« Annuaire belge », 1902, p. 100). Pour la céruse, voir arrêté royal du 17 novembre 1902, modifiant celui du 31 décembre 1894 (ibid., 1902, p. 99).

(2) V. dans le rapport annuel de l'inspection du travail belge pour 1905, le rapport sur les travaux du service médical de l'inspection du travail par le Dr Glibert, inspecteur médecin principal attaché à l'administration centrale, p. 315. Les 3.337 examens mensuels dans les fabriques de céruse et autres composés du plomb portaient sur 804 ouvriers, dont 587 ont paru en bonne santé et 217 étaient atteints de troubles morbides.

(3) V., par exemple, articles 10 et 18 du règlement du 13 mai 1905, concernant l'emploi de la céruse dans les travaux de la peinture en bâtiments (« Bulletin de l'Inspection du travail », 1905, p. 90).

Vous voyez, Messieurs, que l'examen médical obligatoire est devenu, dans les législations étrangères que je viens de citer, une clause de style des réglementations spéciales à certaines industries dangereuses.

Chez nous, rien, pas plus dans les règlements spéciaux que dans les lois, — hormis, pour les seuls enfants de moins de 13 ou de 16 ans, les deux dispositions sans valeur pratique que j'ai rappelées.

Il y a là une lacune béante à combler d'urgence.

Je vous demanderai donc, Messieurs, d'émettre d'abord, entre autres vœux, celui de voir insérer dans nos règlements spéciaux actuels ou à venir l'obligation de l'inspection médicale dans les industries dangereuses, ce qui peut se faire par simple mesure administrative ; et de voir réformer les conditions déplorables dans lesquelles ont lieu actuellement les examens d'aptitude physique, afin qu'ils deviennent la mesure sincère et sérieuse de sécurité qu'ils auraient toujours dû être.

Mais, si rien n'est encore fait dans nos lois réglementant le travail pour garantir efficacement, grâce à la surveillance d'inspecteurs réellement compétents, — d'hygiénistes et de médecins, — la santé et la vie des travailleurs dans l'atelier, n'avons-nous pas d'autres lois d'où ils puissent attendre cette protection nécessaire ? N'avons-nous pas la loi des 15-19 février 1902 sur la protection de la santé publique ?

D'abord, vous n'ignorez pas, Messieurs, dans quelle mesure cette loi est jusqu'ici appliquée : le sous-secrétaire d'État de l'Intérieur pouvait dire tout récemment au Conseil supérieur d'hygiène que « dans trop de régions » cette loi « reste, en plusieurs de ses parties essentielles, lettre morte (1) ». Et vous savez aussi les démarches instantes faites auprès du ministre de l'Intérieur, il y a peu de temps, par des membres du Conseil supérieur du travail (2), puis par l'Association pour l'hygiène et la sécurité des travailleurs, afin que cette loi, promulguée depuis six ans déjà, cesse d'être paralysée par la résistance passive des conseils généraux et des municipalités.

Mais la loi serait-elle mieux observée, que l'hygiène de l'atelier n'y gagnerait rien, si l'hygiène du logement de l'ouvrier y gagnait quelque chose. En effet, dans son article 32, elle exclut expressément et absolument de son application les ateliers et manufactures.

Non seulement l'inspection du travail n'a aucun renfort à attendre de ce côté, mais sans doute il a paru qu'elle n'avait pas assez de besogne, puisqu'on a, — nous dit le rapport du docteur Cornil, — « pensé tout d'abord à demander à ce personnel une part de l'inspection de l'hygiène (3) ». Cela, c'eût été un comble !

C'est à peine si, lorsqu'un foyer d'épidémie apparaît dans une fabrique, les autorités sanitaires daignent s'émouvoir et intervenir, toujours trop tard, bien entendu. Tout récemment, en février 1908, il a fallu que trois cas de charbon, dont deux très graves et un mortel, se produisent dans une même usine de Mazamet (Tarn), pour que le sous-préfet et les médecins des épidémies se transportent sur les lieux et

(1) « Temps » du 22 janvier 1908.
(2) « Matin » du 17 novembre 1907.
(3) V. rapport du Dr Cornil, au nom de la Commission du Sénat (séance du Sénat du 27 décembre 1895, documents parlementaires, session extraordinaire 1896, p. 200, annexe n° 74).

que la Commission sanitaire compétente, — si j'ose m'exprimer ainsi, — s'interroge sur les causes de ce triste événement (1). Je pense qu'elle n'aura pas eu à s'interroger longtemps, la septicémie charbonneuse étant la maladie professionnelle par excellence dans l'industrie du délainage des peaux de mouton, qui est celle de Mazamet (2). Mais je pense aussi que l'intervention tardive de la Commission sanitaire eût été avantageument remplacée, et sans doute rendue inutile par l'intervention préventive d'un médecin inspecteur, qui, visitant périodiquement les ouvriers, eût diagnostiqué la pustule charbonneuse et enrayé le mal dès sa première apparition.

Si les autorités sanitaires ne s'occupent point des manufactures et ateliers, pouvons-nous du moins escompter leur collaboration quand il s'agit du travail à domicile ? Allons-nous les voir s'arrêter au seuil de l'atelier de famille, sous prétexte qu'on y travaille, comme elles le font au seuil de l'usine ? Tout, malheureusement, porte à le croire : s'acquittant déjà de fort mauvais gré de la mission qui leur est for-

---

(1) V. « Matin » du 4 février 1908.

(2) V., dans le « Bulletin de l'Inspection du travail » de 1905, p. 286. l'étude très complète de M. Cavaillé, inspecteur départemental à Castres, sur le délainage des peaux de mouton à Mazamet. On se rend compte du caractère non moins tardif et non moins inefficace de l'intervention de l'inspection du travail actuelle, à la lecture du passage suivant du rapport sur l'application, en 1904, de la loi de 1893-1903, p. CXXVI : « L'inspecteur de Castres, à la suite de plusieurs cas de charbon dont deux MORTELS, survenus à huit jours d'intervalle, a prescrit et obtenu le lavage complet des murs et plafonds avec une solution désinfectante... Dans les cas urgents comme le précédent, et dans bien d'autres encore, le délai d'un mois (délai minimum d'exécution des mises en demeure, aux termes de l'article 6, paragraphe 2, de la loi de 1893) est beaucoup trop long. »

mellement imposée, elles s'abstiendront sans doute avec empressement d'empiéter sur ce qu'elles diront être le domaine propre de l'inspection du travail et, au risque d'un double contrôle, préféreront l'absence de toute surveillance sanitaire efficace.

Voulez-vous une preuve de leur répugnance à s'occuper de l'hygiène du travail ? Vous savez que, le 25 mai 1903, un décret, — qui aurait dû être promulgué dans les six mois de la date de la loi des 15-19 février 1902, — a fixé la liste des maladies soumises à la déclaration obligatoire en vertu de l'article 5 de cette loi. Depuis lors, le service de l'inspection du travail a demandé qu'on ajoutât à cette liste une, une seule des plus redoutables maladies professionnelles, qui pourtant n'est pas seulement une maladie professionnelle : la septicémie charbonneuse (1). Il a été impossible de l'obtenir.

Je ne puis, Messieurs, aborder, même en passant, la question capitale de l'inspection du travail à domicile et de son extension nécessaire dans ce domaine. Je vous renvoie aux rapports et discussions qui déjà, ici même, ont eu lieu à ce sujet (2).

---

(1) V. rapport sur l'application en 1905 de la loi de 1893-1903, p. CXLII. — On observera qu'un arrêt de la Cour de cassation (Requêtes) du 3 novembre 1903 assimile l'affection charbonneuse à un accident du travail ; d'où, pour le patron, l'obligation d'en faire la déclaration prescrite par l'article 11 de la loi du 9 avril 1898. Mais qui ne voit que cette déclaration, destinée à mettre en mouvement le mécanisme de l'indemnisation forfaitaire, ne tient nullement lieu de la déclaration obligatoire de la loi de 1902 ?

(2) V. Fagnot : « La réglementation du travail en chambre ». — Dolléans, Henry Moysset, abbé Meny et autres : « La protection légale des enfants occupés hors de l'industrie ». — Paul Pic et Amieux : « Le travail à domicile en France ». — On sait qu'à plusieurs reprises déjà la Commission supérieure

Mais, pour en finir avec la collaboration des autorités sanitaires à l'inspection du travail (1), je ne puis négliger de rappeler qu'elle existe en Angleterre. J'aurai à revenir sur ce point ; toutefois, j'indique dès à présent qu'en outre des dispositions des *factory acts* concernant l'hygiène, il existe dans les lois anglaises sur la salubrité publique (*public health acts*) d'autres dispositions concernant les fabriques, ateliers ou salles de travail. C'est le conseil de district placé à la tête de chaque district sanitaire qui, par l'organe d'un médecin de la salubrité publique (*medical officer of health*) ou d'un inspecteur de l'hygiène, a mission de contrôler l'observation de ces dernières dispositions et de l'assurer au besoin. Mais, s'il advient qu'un conseil de district manque à ce devoir, l'inspecteur du travail est en droit de le rappeler à l'ordre et, s'il le faut, d'agir à sa place et à ses frais. En ce qui concerne notamment le travail

---

du travail a émis le vœu que, tout au moins ceux des ateliers qui sont déjà soumis à l'inspection pour l'hygiène et la sécurité fussent l'objet d'une réglementation du travail analogue à celle en vigueur pour les établissements industriels. V. notamment rapports de cette Commission pour 1904, p. XV et suiv. ; pour 1905, p. XIX. — V. aussi un vœu en ce sens présenté au Conseil supérieur du travail en 1906 (compte rendu officiel, p. 233). — V. enfin projet de loi relatif à la réglementation du travail (art. 4 et 26), dans le rapport de M. Justin Godart sur ce projet (annexe n° 876 au procès-verbal de la séance de la Chambre des députés du 21 mars 1907).

(1) En mettant les choses au mieux, il est tout au plus permis d'espérer que les autorités sanitaires de la loi de 1902 daigneront s'occuper de ceux des ateliers de famille qui, dans l'état actuel de notre législation, sont soustraits à l'inspection du travail, c'est-à-dire des ateliers dans lesquels il n'y a pas de moteur mécanique ou qui ne sont pas classés comme dangereux, incommodes ou insalubres. Il n'en résultera donc aucun allégement de la tâche propre à l'inspection.

à domicile, c'est au conseil de district qu'il appartient de veiller à la salubrité des locaux de travail (1).

Ainsi, Messieurs, — indépendamment de l'inspection médicale proprement dite des ouvriers, — nous voyons, en Angleterre, une double législation concourir à réglementer l'hygiène des lieux de travail et deux catégories distinctes de fonctionnaires cumulativement chargés d'en assurer l'exécution ; au contraire, en France, les lois ouvrières ignorent certains locaux de travail, la loi sur la santé publique les ignore tous ; si bien qu'on en est à se demander ce que deviennent en tout ceci les locaux de travail les plus insalubres, l'une des législations les omettant parce qu'on y loge et l'autre paraissant les omettre parce qu'on y travaille !

Cependant, avant de dire à l'inspection du travail en matière d'hygiène, comme nous avons dû le faire pour le reste de sa tâche : « Ne t'attends qu'à toi seule ! », risquons une dernière tentative : elle sera malheureuse, je vous en préviens.

N'y a-t-il rien à tirer de la législation sur les établissements dangereux, incommodes ou insalubres ? Hélas ! non.

---

(1) V. loi du 17 août 1901, 1re partie ; « Salubrité et sécurité », article 2, n° 3 ; article 4, n° 2 ; article 5, n° 1. — 8e partie : « Administration », section III : « Autorités locales », articles 125, 132, 133, 154. — VIe partie : « Travail à domicile », articles 108, n° 1 ; articles 109 et 110. — V. aussi Barrault, « La réglementation du travail à domicile en Angleterre » (Paris, 1906), p. 165 et suiv.. — Pour concevoir l'importance de la collaboration des autorités sanitaires anglaises au contrôle de l'hygiène et de la salubrité des locaux de travail, il suffit de se dire que les 23 « bourgs » de Londres emploient 285 inspecteurs sanitaires et 28 inspectrices, sans compter les 40 inspecteurs du « London County Council ». (V. Barrault, op. cit., p. 183.)

Cette législation a ceci de particulier qu'elle a souci de ceux qui sont autour de l'usine dangereuse et point du tout de ceux qui sont dedans (1).

Pourtant, il y a quelque chose à en retenir : quiconque se propose de créer un des établissements qu'elle vise est obligé de soumettre, préalablement, à l'approbation de l'autorité compétente, deux plans, dont l'un indique les dispositions intérieures de l'usine (2).

Pourquoi donc ne pas astreindre à la même obligation envers l'inspecteur du travail toute personne créant ou modifiant l'un de ces mêmes établissements, ou peut-être, plus généralement, un établissement industriel quelconque ?

Qui ne voit qu'en matière d'hygiène et de sécurité cette intervention préalable de l'inspecteur serait tout ensemble plus rationnelle, plus facile, plus efficace et plus économique pour le patron que son intervention actuelle, alors que tout est fini et que, parfois, pour bien faire, tout serait à recommencer ?

Le bon sens commande cette inspection « avant la lettre ». Et voilà bien longtemps qu'elle existe à l'étranger : en Allemagne, par exemple, où l'inspecteur appelé à donner son avis sur les demandes d'au-

(1) V. cette législation dans le « Bulletin de l'Inspection du travail », 1905, p. 449 et suiv. ; et le projet de loi déposé au Sénat par M. Chautemps, mais que M. Cruppi, ministre du Commerce, vient (avril 1908) de faire retirer de l'ordre du jour de cette assemblée. Ce projet tend à créer une 3e classe d'établissements, comprenant ceux qui ne sont dangereux ou insalubres que pour leur personnel : on n'en autoriserait l'ouverture qu'après exécution des mesures reconnues nécessaires dans l'intérêt de la sécurité ou de la santé de ce personnel.

(2) V. circulaire du 11 mai 1862, dans le « Bulletin » précité, 1905, p. 486.

torisation d'établissements dangereux ou insalubres, indique les conditions qu'il requiert pour la protection de la vie et de la santé des ouvriers (1) ; en Autriche, de même (2) ; en Suisse également, dès la loi du 23 mars 1877 (3) ; et cette énumération n'est pas complète.

A maintes reprises les inspecteurs du travail ont montré la nécessité de cet examen préalable (4).

Certaines administrations de l'Etat, en France, l'ont institué spontanément : je me borne à citer l'arrêté du 30 janvier 1901, pris par M. Millerand, après rapport du docteur Mignot, en vertu duquel les plans

---

(1) V. rapport Fuchs précité au Congrès de 1900, p. 236, et « Instructions pour la rédaction des rapports annuels du personnel de l'inspection du travail en Allemagne », à la suite du rapport Fuchs, p. 267.

(2) V. rapport Mischler précité au Congrès de 1900, p. 289.

(3) V. article 3 de cette loi et arrêté du Conseil fédéral du 13 décembre 1897. Cf., pour le canton du Valais, ordonnance du Conseil d'Etat de ce canton en date du 6 février 1906 (« Annuaire belge », 1906, p. 552). — Pendant les deux années 1904-1905, l'inspecteur fédéral des fabriques du IIe arrondissement a eu à examiner 266 plans de constructions et reconstructions industrielles, dont 49 ont été retournés aux départements cantonaux sans observations, 7 pour être complétés et 210 avec observations (V. rapport de cet inspecteur pour 1904-1905, p. 109). — Cf., pour le canton de Genève, rapport du gouvernement de ce canton (1905-1906), p. 133.

(4) V., par exemple, Bellon : « Le dépoussiérage des corderies de coton » (« Bulletin de l'Inspection du travail », 1905, p. 432) ; avis de cet inspecteur sur « ce qu'on doit préconiser dans toute corderie à construire ». — V. aussi rapport de M. Scott Ram, inspecteur anglais des installations électriques (« Bulletin de l'Inspection du travail », 1904, p. 226 et suiv.), où ce fonctionnaire fait observer que les dispositifs de protection requis par la loi sur les fabriques sont plus faciles et moins coûteux à établir au moment de l'installation des locaux que plus tard. — V. encore Boulin (« Bulletin de l'Inspection du travail », 1905, p. 103), à propos de l'évacuation des buées dans les teintureries.

d'hôtels des postes, de bureaux centraux et de locaux à aménager en bureaux sont, « préalablement à leur approbation », soumis au comité médical qu'avait institué un arrêté du 2 mars 1900 et, s'il y a lieu, modifiés conformément à son avis (1).

Notre service de l'inspection du travail se rend parfaitement compte qu'il faudrait, dès avant la construction des établissements industriels, « convaincre les intéressés qu'ils ont avantage à recourir aux meilleurs dispositifs d'hygiène et de sécurité » (2).

Mais ce n'est pas assez d'inviter les inspecteurs à préférer ces « conseils préalables » à la « procédure répressive ». Encore faudrait-il que les constructions ou reconstructions d'usines ou d'ateliers fussent portées à leur connaissance.

Or, quand l'occasion se présente de le prescrire, on la laisse échapper.

Voyez, par exemple, l'article 16 du décret du 11 juillet 1907 concernant les installations électriques : il ordonne qu'en cas de modifications importantes ou d'installations nouvelles le schéma, avec les renseignements complémentaires, en soit adressé à l'inspecteur du travail « avant la mise en exploitation ! » Mais c'est « avant l'exécution des travaux » qu'il eût fallu dire ; sinon, l'intervention de l'inspecteur et ses observations seront tardives. Il n'est même pas dit que l'industriel devra tenir compte de ces observations et qu'il ne pourra mettre son usine en marche sans y avoir fait droit.

---

(1) V. « Journal officiel » du 1er février 1901.

(2) V. circulaire ministérielle du 7 avril 1904, relative à l'évacuation des poussières dans l'industrie du bois (« Bulletin de l'Inspection du travail », 1904, p. 9).

Voilà encore, Messieurs, une réforme qui n'est pas négligeable et qu'on peut réaliser par simple mesure administrative. Je vous proposerai d'émettre un vœu en ce sens.

Que conclure, Messieurs, de l'examen que nous venons de faire de l'organisation et du fonctionnement de notre inspection en matière d'hygiène et de salubrité du travail ?

D'abord qu'elle est, et de beaucoup, au-dessous d'une tâche à laquelle nos inspecteurs sont fort mal préparés.

Ensuite qu'elle ne peut compter sur la collaboration des autorités sanitaires.

Mais ce qui frappe surtout, c'est que, — les mesures d'hygiène étant, j'imagine, prescrites dans l'intérêt des travailleurs, — en France, on inspecte les choses et on n'inspecte pas les hommes.

Une pareille situation n'est-elle pas un véritable paradoxe ?

Or, ce paradoxe, pour de trop nombreuses victimes, c'est la maladie et la mort.

L'indifférence, l'abstention seraient donc un crime, ou tout au moins une complicité.

Le remède, le remède urgent, c'est, à l'image de ce qu'ont fait les grands pays industriels nos voisins, — et même les petits, — l'institution en France d'une inspection médicale des travailleurs. Les industries n'en mourront pas, les ouvriers en mourront moins.

Il me reste à vous dire pourquoi et comment on doit réaliser cette réforme.

B. — *La création d'une inspection médicale du travailleur à l'atelier s'impose*

Et d'abord, pourquoi instituer une inspection médicale du travailleur à l'atelier ?

En principe, est-ce chose rationnelle, conforme à l'intérêt général, légitime ?

Rationnelle ? Assurément. Quoi ! On inspecte l'engrenage ou la courroie qui menace l'ouvrier, on analyse l'air ou les poussières qu'il respire, l'eau qu'il boit, — et lui, lui, l'homme pour qui l'on fait tout cela, on ne le regarde pas, on l'ignore ! Mais si cet homme est en danger dans le milieu où il travaille, pour des raisons tenant à son organisme, à l'état de sa santé, à une maladie dont il est atteint ? Si, pour de semblables raisons, il est lui-même un danger pour ses camarades de travail ? N'est-il pas évident aussi que l'examen de l'ouvrier par un médecin peut immédiatement révéler à celui-ci l'existence, dans l'atelier, de telle cause d'insalubrité qui échapperait à l'inspecteur ? Je n'insiste pas, tant il saute aux yeux qu'exclure la surveillance des hommes pour s'en tenir à celle des choses est une méthode d'inspection contradictoire jusqu'à l'absurdité (1).

L'inspection médicale de l'ouvrier à l'atelier est-elle conforme à l'intérêt général ? Il y a, pour une nation, des économies ruineuses. De ce nombre sont assurément celles qu'elle voudrait réaliser aux dépens de la santé et de la vie de ses membres. Parfois, sous la pression des circonstances, on y songe ; c'est

(1) En ce sens, Boulin, « Les fonderies de plomb » (« Bulletin de l'Inspection du travail », 1906, p. 553-554).

ainsi qu'au lendemain de la guerre franco-allemande, M. Eugène Tallon, rapporteur de la loi de 1874 sur le travail des enfants et des filles mineures, disait à l'Assemblée nationale : « Le but élevé que nous avons à poursuivre, avec la plus pressante ardeur, c'est la régénération du pays par la reconstitution de ses forces. On ne peut se dissimuler à quel point l'excès de travail industriel détruirait les espérances que la nation fonde sur sa jeunesse ». Cette réflexion, il ne suffit pas de la faire au lendemain d'une guerre meurtrière, il faut la faire avant ; il faut la faire toujours. Vraie de l'excès de travail, elle ne l'est pas moins des dangers du travail. Vraie pour l'enfant, elle l'est pour l'ouvrier ou l'ouvrière adulte. Qui fait l'enfant ? Ses parents, je suppose : l'ouvrier, l'ouvrière. Qui veut la sauvegarde de l'enfant doit, avant tout, le protéger en la personne de ses parents, afin qu'il naisse, et qu'il naisse vivant, viable, bien constitué. Or, vous savez quelles sont les conséquences funestes de certaines maladies professionnelles sur la progéniture de ceux qui en sont atteints (1).

Nul ne conteste que l'intérêt général commande la surveillance médicale des agglomérations d'hommes telles que l'école ou la caserne. Sous quel prétexte en excepter l'atelier, où, dans nombre d'industries, le risque de maladie et celui de contagion sont beaucoup plus élevés ?

Dira-t-on qu'à soumettre, malgré lui peut-être,

(1) Pour n'en citer qu'un exemple, le Dr Constantin Paul a examiné 141 femmes enceintes dont les maris souffraient d'intoxication saturnine ; et il établit que, sur ces 141 cas, 50 enfants seulement naquirent vivants, dont 15 seulement vécurent plus de trois ans (« Les documents du progrès », janvier 1908, p. 82).

l'ouvrier à l'examen médical, on entreprend sur sa liberté et que, par là même, cette contrainte est illégitime ? Je m'empresse de reconnaître qu'il faut organiser et pratiquer cet examen dans des conditions telles qu'en lui-même et par ses conséquences, il comporte le minimum d'inconvénients pour celui qui le subit ; ce n'est pas chose impossible, puisqu'on y est parvenu à l'étranger. Sous cette réserve, le droit de la société à imposer l'examen médical dans la mesure où l'exigent et l'intérêt social et l'intérêt individuel bien entendu ne me paraît pas contestable. M. Monod a fort bien dit que « la liberté de ne pas être infecté de maladies contagieuses vaut bien celle de les répandre » (1). Si l'ouvrier devait être seul à pâtir du mal qui le menace, peut-être serait-il fondé à nous dire, imitant la femme de Sganarelle : « Et s'il me plaît à moi d'être malade ! » Mais, alors même qu'il ne s'agirait pas d'une maladie contagieuse, de son mal vont pâtir, sous une forme ou sous une autre, et sa famille, et sa descendance, et la société. Ou sa maladie le conduira à l'hôpital : et il faudra que la société le soigne. Ou elle le conduira à la misère : et il faudra que la société l'assiste. Ou même, par la misère, elle le conduira au crime : et il faudra que la société, déjà lésée par ce crime, l'enferme et pourvoie à son entretien. C'en est assez, je pense, pour qu'elle ait le droit de sauvegarder, au besoin malgré lui, l'intégrité de son être physique, sa santé, sa force de travail, qui est son seul bien.

Je tiens donc pour acquis que l'institution de l'inspection médicale des travailleurs à l'atelier ne se

(1) V. aussi Dr Héricourt, « L'Hygiène moderne », p. 279.

heurte à aucune objection de principe qui la rende inadmissible.

Voyons maintenant qui, en fait, la repousse et qui la réclame.

Elle paraît avoir un adversaire déterminé en la personne de M. Honoré, membre patron du Conseil supérieur du travail. A l'entendre, il faut avoir l'imagination bien échauffée pour parler d'introduire dans l'inspection « des hygiénistes, des savants, des médecins ». Ils n'ont rien à y voir. Et nous courons, affirme M. Honoré, « de grands dangers à vouloir nommer des savants, des membres de l'Institut, des spécialistes, inspecteurs du travail... Les médecins venant dans les ateliers y feraient finalement autant de mal que de bien » (1).

Messieurs, je ne sache pas qu'on ait jamais fait le rêve d'une inspection du travail recrutée parmi les membres de l'Institut. Je n'en aurais pas moins désiré connaître ces « grands dangers », ce « mal » que prophétise M. Honoré, si des médecins franchissent le seuil de l'atelier. Et je lui répondrais volontiers, avec Brouardel : « J'ai beaucoup plus peur de la tyrannie des personnes ignorantes que de la tyrannie des personnes qui savent » (2). N'en déplaise à M. Honoré, où il faut un calculateur mieux vaut ne pas mettre un danseur.

Au surplus, beaucoup de patrons français ont prouvé qu'ils ne partageaient pas cette terreur du médecin, en organisant spontanément dans leur

(1) Conseil supérieur du travail, 1906, p. 211.

(2) Discussion, au Sénat, de l'amendement Volland, qui tendait à ne pas créer d'inspecteurs sanitaires (séance du 12 février 1897, session ordinaire, p. 154 et suiv.).

usine un service d'inspection médicale. Je n'ai pas ouï dire qu'ils s'en repentent, mais au contraire qu'ils s'en félicitent (1). Puisqu'ils se sont bénévolement imposé cette charge, n'est-il pas équitable de l'imposer à ceux des patrons des mêmes industries qui, jusqu'ici, ont préféré s'en affranchir ?

Quant aux ouvriers, bien loin de protester au nom de leur liberté menacée, ils réclament à cors et à cris et des inspecteurs d'hygiène plus compétents et l'examen médical périodique dans les industries dangereuses ou insalubres. Pour vous en convaincre, il vous suffira de parcourir les comptes rendus des Congrès de l'hygiène des travailleurs (2).

Enfin, Messieurs, s'il nous est permis de nous citer nous-mêmes, je rappellerai que, dans sa séance du 27 juillet 1900, notre Congrès international émettait un vœu tendant à la création d'inspecteurs médicaux (3).

Mais ces vœux, même ceux des intéressés, ne suffisent pas, nous dira-t-on, à démontrer que cette création s'impose. Il faut établir que l'inspection médicale d'abord est nécessaire et, de plus, qu'elle est efficace.

De cette nécessité, l'état actuel des choses, en France, — et je vous l'ai décrit, — serait à lui seul une démonstration suffisante. Il est certain que, si

---

(1) Entre des milliers d'exemples, voir, pour l'industrie du plomb, ceux que cite Boulin, « Les Fonderies de plomb » (« Bulletin de l'Inspection du travail », 1906, p. 552).

(2) V., par exemple, Congrès de 1904, rapport Allibert, secrétaire de la Fédération de la chapellerie (p. 53, 56) ; et rapport Pin, délégué du Syndicat des cuirs et peaux, sur l'hygiène dans cette industrie et notamment sur l'affection charbonneuse (p. 45, 47 et 57).

(3) Compte rendu de ce Congrès, p. 536.

l'on peut demander à nos inspecteurs d'ordonner des mesures préventives d'accidents, de veiller à la propreté des ateliers et à l'observation de quelques règles d'hygiène très élémentaires et très générales, on ne peut guère leur demander davantage.

Or ce n'est pas assez. Pour pouvoir combattre et enrayer les ravages que font, dans l'atelier, les maladies professionnelles, contagieuses et autres, il nous faut, dans l'atelier, des enquêteurs capables de les discerner dès leur apparition sur celui qu'elles atteignent, d'en découvrir la cause, d'en arrêter les progrès. Comment attendre cela de l'inspecteur non médecin, — je dis le meilleur, le mieux intentionné, le plus vigilant ?

Actuellement, celui qui voit l'ouvrier à l'atelier et pourrait intervenir utilement n'a pas la compétence qu'il faudrait. Inversement, celui qui aurait cette compétence n'a pas ce droit d'intervention et ne voit l'ouvrier qu'à l'hôpital, trop tard, — l'ouvrier ne se décidant à aller à l'hôpital qu'à la dernière extrémité.

Ce n'est pas tout : pour traiter une maladie, il faut la bien connaître, avoir pu l'étudier, ce qui implique l'observation attentive, minutieuse de toutes les phases du travail auquel se livre l'ouvrier, de chacun de ses gestes, de chacune de ses attitudes, de chacun des contacts auxquels l'expose ce travail. Qui peut la faire, cette analyse hygiénique du travail, si ce n'est un médecin hygiéniste ? Or, ajourd'hui, ce médecin, s'il veut étudier une maladie professionnelle dans son origine, devra s'en rapporter aux dires de l'ouvrier ou de nos inspecteurs, — observateurs insuffisamment instruits et expérimentés, qui peuvent avoir négligé précisément l'observation essentielle et révélatrice.

Je sais que le domaine des maladies professionnelles n'est certes pas inexploré par les médecins français. Et, s'il ne fallait citer que des travaux récents, je rappellerais les enquêtes du professeur Landouzy sur la tuberculose chez les blanchisseurs (1) et chez les menuisiers, emballeurs et parqueteurs (2). Mais, trop souvent, ce qu'on nous montre, c'est la maladie professionnelle vue de l'hôpital, et non pas vue de l'atelier, c'est-à-dire vue dans ses résultats, au lieu d'être observée dans ses causes. Combien plus nombreuses et plus complètes seraient de telles études, combien plus sûres et plus utiles leurs conclusions, si leur auteur, par sa fonction même, avait à tout moment accès dans les locaux du travail et si, en tête de ces études, nous pouvions lire ce que je lis, — c'est un exemple entre mille autres, — au début d'une communication faite en 1902, par le docteur King Alcock, médecin certificateur du district de Burslem, au 70e Congrès de la *British Medical Association* (3) : « Ma propre expérience dérive de l'examen médical mensuel de plus de 500 ouvrières et jeunes ouvriers de moins de 18 ans, employés dans les ateliers des fabriques de porcelaine et de faïence où l'on fait usage du plomb. Ces examens ont lieu depuis le mois d'août 1898 ! »

Nous sommes ainsi privés d'observations, d'expériences indispensables, dont l'accumulation constituerait de précieuses archives, où l'on puiserait les faits

---

(1) Communication au Congrès de la tuberculose de 1905 (« Bulletin de l'Inspection du travail », 1906, p. 205).

(2) Comptes rendus des séances de l'Académie de médecine, séance du 20 mars 1906.

(3) V. extraits donnés par M. Boulin (« Bulletin de l'Inspection du travail », 1905, p. 353).

et les arguments à pleines mains lorsqu'il s'agirait de réglementer une industrie dangereuse.

Poursuivons : la maladie que l'inspecteur ne voit pas à l'atelier, parce qu'il n'est pas médecin, que le médecin ne voit qu'à l'hôpital, parce qu'il n'est pas inspecteur, le médecin, dans l'état actuel des choses, la signalera-t-il tout au moins à l'inspecteur ? Rien ne nous le garantit, puisque rien ne l'y oblige ; je ne suis pas même certain que le secret professionnel le lui permette. Conséquence : l'inspecteur peut fort bien ignorer les cas de maladie qui viennent à se produire dans tel établissement de sa circonscription. C'est ainsi que nous voyons M. Boulin, inspecteur divisionnaire de Lille, ne se point même douter que, dans une fabrique de tuyaux de plomb soumise à sa surveillance, 21 ouvriers ont été atteints de saturnisme, jusqu'au jour où l'idée, l'inspiration lui vient d'interroger le directeur de l'hôpital de l'endroit. C'est encore ainsi que, dans une fabrique d'accumulateurs de la même région, le saturnisme a pu faire de nombreuses victimes, jusqu'au moment où les vives protestations de médecins des hôpitaux de Lille ont, par contrainte morale, obligé la société propriétaire de cette fabrique à y améliorer les conditions du travail (1). N'est-il pas lamentable que, jusque dans les industries les plus dangereuses, de telles améliorations, — réalisables, puisqu'on les a réalisées, — soient laissées à la merci de l'intervention purement fortuite et bénévole de personnes étrangères à l'inspection du travail ?

Je viens de dire quelles raisons générales rendent l'inspection médicale nécessaire.

---

(1) V. Boulin, « Les fonderies de plomb » (« Bulletin de l'Inspection du travail », 1906, p. 529).

Combien cette nécessité n'apparaît-elle pas plus impérieuse encore, lorsqu'on en voit les raisons particulières à telle ou telle maladie professionnelle ! Je parlais du saturnisme. Or, que résulte-t-il de l'étude attentive et prolongée qu'a faite de ce fléau l'inspection médicale anglaise ? Que la découverte des symptômes caractéristiques de l'empoisonnement saturnin est, surtout au début de cette affection, d'une réelle difficulté, tant le plomb agit d'une manière lente et insidieuse ; qu'il importe cependant de diagnostiquer le mal dès ses débuts, pour, en toute hâte, soustraire l'ouvrier aux causes d'intoxication ; que la disposition individuelle, l' « équation personnelle » de chaque ouvrier est un facteur capital de l'éclosion et des progrès du saturnisme ; qu'une surveillance constante est nécessaire pour toutes ces raisons, et aussi pour rappeler le patron et l'ouvrier à l'observation stricte des mesures prophylactiques indispensables, pour leur apprendre ce qu'ils ignorent ou leur remémorer ce qu'ils savent (1). A qui donc, je vous prie, si ce n'est à un médecin-inspecteur, confier une semblable tâche ?

(1) V. Dr Oliver (« Bulletin de l'Inspection du travail », 1905, p. 365 à 370) ; Dr Bond (ibid., p. 361) ; Dr Legge (« Bulletin de l'Inspection du travail », 1901, p. 285 et suiv.) ; Boulin, « Les fonderies de plomb » (« Bulletin de l'Inspection du travail », 1906, p. 550 et suiv.) : « La visite médicale et périodique des ouvriers des usines à plomb permet plus facilement de remonter aux sources de l'intoxication que ne le fait l'observation des appareils employés et des manutentions opérées ». L'auteur le prouve en rappelant (p. 552) que c'est grâce à la déclaration obligatoire des cas de saturnisme imposée en Angleterre aux fonderies de plomb, qu'on a pu s'apercevoir que le travail des fours y était beaucoup plus dangereux et celui de la vidange des chambres de condensation moins pernicieux qu'on ne le croyait auparavant.

Or, ajoute le docteur Olivier, à qui j'emprunte en partie ces conclusions, « presque tout ce que je viens de dire au sujet du plomb peut s'appliquer aux autres poisons (1) ».

Cela est également vrai de l'affection charbonneuse, où l'intervention presque immédiate du médecin est nécessaire, dès qu'apparaît la pustule, et où sa surveillance vigilante peut seule conjurer les conséquences redoutables de l'ignorance ou de l'insouciance de l'ouvrier (2).

Je ne saurais mieux achever cette démonstration expérimentale de l'absolue nécessité de l'intervention du médecin dans l'inspection du travail, qu'en vous citant, pris parmi des milliers d'autres, deux cas topiques.

En 1904, à Orléans, au cours de la construction d'un pont sur la Loire, les ouvriers travaillant dans l'air comprimé ont été victimes de 72 de ces accidents qu'on nomme « coups de pression » ; et l'inspecteur déplore qu'on ne soumette pas les ouvriers à un examen médical pour s'assurer s'ils ont le cœur sain, avant de les faire descendre dans les caissons. Au Havre, la même année, 15 accidents du même genre (3).

Au Havre encore, en 1906, éclate une épidémie de fièvre typhoïde ; la maladie atteint particulièrement

(1) Loc. cit., p. 369-370.

(2) V. texte de la note affichée, en Angleterre, dans les ateliers où l'on travaille les peaux. (« Bulletin de l'Inspection du travail », 1901, p. 308-309). Cf. Cavaillé, inspecteur départemental à Castres : Le délainage des peaux de moutons à Mazamet : « La moitié au moins des cas mortels sont dus à un défaut de médicamentation sérieuse instituée en temps opportun » (« Bulletin de l'Inspection du travail », 1905, p. 286).

(3) Rapport sur l'application, en 1904, de la loi de 1893-1903, p. CLXXXII.

les ouvriers employés dans un tissage mécanique. Un médecin le remarque, s'informe et apprend que, pour humidifier l'atmosphère des locaux de travail, on y pulvérise constamment de l'eau empruntée à un ruisseau qui sert, dans le quartier, d'égout à ciel ouvert ! En d'autres termes, pour rendre les ateliers plus salubres, on y pulvérisait des bacilles typhiques à jet continu ! L'inspecteur du travail n'avait point remarqué ce détail ! Grâce au médecin qui, sans visiter l'atelier, le sut par hasard en questionnant ses malades, on substitua de l'eau propre à l'eau sale, et l'épidémie cessa (1).

Inutile, je pense, d'insister.

Nécessaire à coup sûr, l'inspection médicale est-elle efficace ?

Ce n'est guère en France, — et pour cause, — que nous en trouverons la démonstration ; mais, à l'étranger, la chose en preuves abonde.

Ainsi en Angleterre, par les rapports du docteur Legge, nous voyons, dans les poteries et fabriques de porcelaine, le nombre des cas de saturnisme déclarés tomber de 457, en 1898, à 200, en 1900, ce qui ramène de 7,8 à 3,4 le pourcentage rapporté au nombre total des ouvriers que visent les règlements spéciaux en vigueur dans ces industries (2).

---

(1) Rapport sur l'application, en 1906, de la loi de 1893-1903.

(2) V. rapport du Dr Legge pour l'année 1900. — Dans le Nord-Staffordshire, l'application à partir de 1900 du règlement remanié sur les fabriques de porcelaine et de faïence a fait brusquement tomber le pourcentage des cas de saturnisme déclarés :

de 2,4 en 1900 à 0,6 en 1901
— 3,9 — — — 1,5 — —
— 3 — — — 2,2 — —
— 3,9 — — — 2,5 — —
— 4,2 — — — 1,4 — —

suivant les ateliers. (Boulin, « Les fonderies de plomb », d'après

En Allemagne, nous voyons de même, à la fabrique d'accumulateurs de Hagen, par exemple, le nombre des cas d'intoxication saturnine décroître de 40 sur 715 ouvriers, en 1897, à 9 sur 931 ouvriers en 1899 ; et le nombre des journées de maladies s'abaisser en même temps de 721 à 153 (1).

Mais, plutôt que de vous submerger de chiffres en multipliant, comme elles pourraient l'être, les citations de ce genre, mieux vaut résumer les conclusions qu'une expérience déjà longue inspire au service anglais de l'inspection médicale du travail.

Il en résulte que les maladies professionnelles sont, dans une importante mesure, évitables, si l'on soustrait en temps utile l'ouvrier au milieu insalubre ; que la visite médicale permet d'éliminer graduellement des métiers dangereux les travailleurs qui y sont impropres ; que, jointe à la mise en vigueur de règlements spéciaux et minutieux, elle contribue à réduire beaucoup le nombre des cas de maladies professionnelles, notamment parce qu'elle assure une bien plus exacte observation des mesures de propreté et de précaution que l'on réclame de l'ouvrier ; qu'elle entraîne une amélioration décisive du type de l'ouvrier (2) ; qu'enfin elle permet d'accumuler des obser-

M. Walmsley, inspecteur des fabriques du district de Stoke-on-Trent ; « Bulletin de l'Inspection du travail », 1906, p. 546).

(1) On notera que le règlement allemand concernant les fabriques d'accumulateurs, qui impose la visite médicale, est du 11 mai 1898 ; il y a là une coïncidence significative.

(2) V. rapports du Dr Legge (1901 à 1903), analysés dans « Bulletin de l'Inspection du travail », 1905, p. 255 ; — et déclarations du Dr King Alcock, médecin-certificateur pour le district de Burslem, au 70e congrès (1902) de la « British Medical Association », analysées dans « Bulletin de l'Inspection du travail », 1905, notamment p. 353 et 358. — Comparer l'avis du Dr Thomas Oliver, rapporté ibid., p. 361.

vations et des données statistiques d'un intérêt capital (1).

Ce n'est pas tout : il advient que, afin de soustraire son usine à la surveillance soutenue de l'inspection médicale et aux charges qu'elle entraîne pour lui, l'industriel s'ingénie et arrive à supprimer la manutention ou le produit dangereux qui l'assujettissent à cette surveillance. Le fait s'est produit en Angleterre dans l'industrie de l'émaillage des ustensiles en fer (2). Nous constatons ainsi que l'inspection médicale peut être un facteur direct de l'amélioration des méthodes de travail dans les industries dangereuses. Alors même que cette amélioration ne va pas jusqu'à la suppression du travail dangereux, de nombreuses expériences ont démontré qu'elle peut en réduire considérablement le péril (3), souvent inhérent bien moins à l'industrie même qu'à l'emploi de procédés vicieux et surannés.

Aussi bien n'est-ce pas seulement à la santé des ouvriers que l'inspection médicale est profitable : elle aura pour le patron un intérêt manifeste le jour où il

(1) V., par exemple, le tableau dressé par M. Walmsley, inspecteur dans le district de Stoke-on-Trent, pour les fabriques de porcelaine et de faïence du Nord-Staffordshire (cité par Boulin, « Bulletin de l'Inspection du travail », 1906, p. 546). — Comparer les tableaux dressés pour la fabrique d'oxyde de plomb « Ober Vellach », de l'Union minière de Bleiberg (Carinthie), par le Dr Ignaz Kaup, médecin de district en Autriche (cité ibid., p. 518).

(2) D'après le Dr Legge, « Bulletin de l'Inspection du travail », 1905, p. 373.

(3) Dans la seule usine de Friedrichshütte, à Tarnowitz, en Silésie, le nombre des cas de saturnisme est tombé de 41 % (en 1887-1888) à 6,2 % (4 ans plus tard), grâce à de meilleures méthodes de travail (Cité par Boulin, « Bulletin de l'Inspection du travail », 1906, p. 469).

répondra des maladies professionnelles, comme il est responsable des accidents du travail ; mais, dès maintenant, il est indirectement intéressé à ce que ses ouvriers travaillent dans les conditions les plus salubres possible : meilleures sont ces conditions, — l'expérience le prouve, — plus élevé est le rendement de leur travail (1), plus facile et moins onéreux est leur recrutement. Ai-je besoin de rappeler qu'il a été vérifié à maintes reprises qu'en captant, selon les règles de l'hygiène, les poussières, fumées ou autres déchets qui vicient l'atmosphère de son atelier, le chef d'industrie fait du même coup une opération lucrative, ces déchets se trouvant être souvent utilisables, comme combustible ou autrement (2).

De tout ce que j'ai dit, je crois pouvoir conclure,

(1) D'après M. Albert Lévy, qui fut directeur du service chimique à l'Observatoire de Montsouris, ce rendement est d'autant plus élevé « que l'atmosphère de l'atelier a une composition plus voisine de celle de l'atmosphère normale ».

(2) « Une assez longue expérience des choses de l'industrie nous a fait constater qu'il y avait le plus souvent une liaison intime entre les considérations hygiéniques et les considérations économiques ; et qu'en réglant le problème « sécurité du travail », il en résultait presque toujours une conséquence avantageuse sur le coût de la production ». (Boulin. « Les Fonderies de plomb », « Bulletin de l'Inspection du travail », 1906, p. 475). Cet auteur cite (ibid., p. 518-519) l'exemple de la fabrique d'oxyde de plomb d'Ober-Vellach, où la valeur de la poussière recueillie a permis d'amortir très vite le coût de l'installation des appareils de ventilation. « En l'état actuel du développement de l'outillage moderne, — conclut-il (ibid., p. 531), — un des facteurs les plus puissants du succès consiste dans l'amélioration des conditions du travail des ouvriers ». — V. aussi (rapport sur l'application, en 1904, de la loi de 1893-1903, p. CXL) l'exemple d'une teinturerie en peaux pour fourrures où la captation des poussières a réduit de 2.000 francs à 900 francs par an les dépenses faites par le patron en frais médicaux et pharmaceutiques.

— me fondant sur l'expérience et rien que sur l'expérience, — que l'inspection médicale n'est pas seulement nécessaire, qu'elle est efficace, que ses résultats intéressent au premier chef et la classe ouvrière et la santé publique ; qu'en définitive le patron lui-même y trouve son compte ; et que, si l'on considère, d'une part, le pourcentage effrayant des cas de maladies professionnelles dans certaines industries, d'autre part, l'énorme proportion dans laquelle il pourrait être diminué, la création de l'inspection médicale s'impose.

C. — *Comment réaliser l'inspection médicale du travailleur à l'atelier*

Comment la réaliser ?

Le plus simple et le plus sûr est de nous inspirer de ce qu'ont déjà fait les pays de grande industrie, nos voisins et nos concurrents, qui, depuis bien des années, sont entrés dans cette voie. Au train dont les choses vont chez nous, il semble que nous aspirions à l'honneur peu enviable de nous classer bons derniers.

Je ne puis entreprendre de vous donner une idée exacte et complète de l'organisation et du fonctionnement de l'inspection médicale dans tous les pays étrangers. Je me bornerai à un aperçu très sommaire de ce qu'elle est en Angleterre et à quelques indications sur ce qu'on a fait dans les pays qui, — tels la Belgique et l'Allemagne, — ont imité l'organisation anglaise.

Ce n'est pas d'hier que le législateur anglais s'est avisé d'associer des médecins à la surveillance des conditions du travail : sous le régime de l'act de 1802, les « visiteurs » chargés d'en contrôler l'observation avaient déjà le droit, en cas de maladie contagieuse, d'obliger le patron à appeler un médecin, lequel devait prendre des mesures pour enrayer la propagation de la maladie (1). Sous le régime de l'act de 1844, les inspecteurs du travail nommaient un nombre suffisant de médecins chargés de leur signaler les accidents du travail (2). Mais ce n'étaient pas là des fonctionnaires faisant partie des cadres du service de l'inspection. Bien qu'à partir de 1878 les dispositions relatives à l'hygiène aient pris dans les *factory and workshops acts* une place sans cesse grandissante, c'est toujours à la collaboration de médecins non compris dans ces cadres que l'on a fait appel. Aujourd'hui même il en est encore ainsi.

Toutefois, depuis le mois de juillet 1898, il y a un médecin dans le *staff* ou état-major de l'inspection du travail : c'est le *medical inspector* ou chef du service de l'inspection médicale (3). Il réside à Londres et est placé immédiatement sous les ordres de l'inspecteur en chef des fabriques, dont il est le conseiller pour toutes les questions hygiéniques ou médicales susceptibles de se poser à l'occasion de l'application des lois réglementant le travail. Il fait toutes les enquêtes nécessaires à l'étude de ces questions ; mais il ne lui appartient pas de dresser lui-même procès-verbal des infractions qu'il constate au cours de ses tournées :

---

(1) Rapport de Miss Harrisson au Congrès international de 1900, p. 389.

(2) Même rapport, p. 395.

(3) Actuellement, le Dr Legge. — V. dans le rapport annuel de l'inspecteur en chef pour 1905, p. 421, table 1, la composition du « staff ».

il se borne à les signaler aux inspecteurs de district (1). D'autre part, il reçoit, analyse et condense les rapports des médecins-certificateurs de district et suggère à l'inspecteur en chef les instructions et directions à leur donner ; il centralise tous les faits et renseignements relatifs à l'hygiène du travail, notamment toutes les déclarations de maladies professionnelles faites en vertu de la loi de 1895 (art. 29). Il documente l'inspecteur en chef sur tous règlements spéciaux à imposer aux industries particulièrement dangereuses ou insalubres. Il doit lui adresser un rapport hebdomadaire détaillé de l'emploi de son temps et un rapport annuel.

Il suffit, Messieurs, de parcourir la série déjà longue de ces rapports annuels pour se rendre compte de l'utilité et de l'efficacité de cette inspection médicale : des cas de saturnisme nombreux lui sont-ils signalés dans une fonderie de plomb, le médecin-inspecteur s'y transporte, examine lui-même tous les ouvriers, prélève, en des points qu'il choisit lui-même, de l'air, des poussières et les fait analyser. Tantôt il visite en personne la série des établissements d'une même industrie pour y voir de ses yeux les dangers du travail et les symptômes morbides que présentent les ouvriers (2). Tantôt il enquête, toujours personnellement, sur un décès dû à une intoxication professionnelle (3). Tantôt enfin il se rend à

---

(1) Sur tous ces points, se reporter aux instructions générales du 1er juin 1899 (partie concernant le médecin inspecteur).

(2) Par exemple, en 1900, le Dr Legge visite 23 établissements où l'on emploie le chromate de plomb pour teindre certaines étoffes (« Bulletin de l'Inspection du travail », 1901, p. 284 et suiv.).

(3) Par exemple, en 1900, sur un cas d'intoxication par l'hydrogène arsénié (loc. cit.).

l'étranger pour y étudier les mesures prophylactiques employées afin d'enrayer telle maladie professionnelle et perfectionne à son retour les règlements anglais en vigueur (1). L'on trouve dans ces rapports de nombreuses notes personnelles de leur auteur sur plusieurs de ces maladies (2), j'entends des études ayant pour base ses observations propres et originales. L'on y trouve aussi des tableaux statistiques, dressés avec un soin et une précision remarquables, qui, synthétisant les rapports des médecins certificateurs, permettent de suivre, jusque dans le détail, la surveillance étroite qu'ils exercent sur les maladies professionnelles, — saturnisme, phosphorisme, arsénicisme, mercurisme, — et les effets de cette surveillance. C'est ainsi, par exemple, que nous voyons le nombre des cas de saturnisme tomber de 1.258, en

(1) C'est ainsi que le règlement anglais du 21 novembre 1903 sur les fabriques d'accumulateurs électriques a été élaboré par le Dr Legge au retour d'un voyage fait en Allemagne spécialement pour y étudier, dans six des principales fabriques d'accumulateurs, l'application et l'efficacité du règlement allemand de 1898 (rapports du Dr Legge pour les années 1901 à 1903, analysés par M. Boulin, dans le « Bulletin de l'Inspection du travail », 1905, p. 254 et suiv.).

(2) Par exemple, en 1900, une étude très approfondie sur les affections auxquelles sont sujets les ouvriers qui respirent des poussières siliceuses (V. « Bulletin de l'Inspection du travail », 1901, p. 284 et suiv.) ; — de 1901 à 1903, des études sur la septicémie charbonneuse d'origine industrielle, sur l'étamage et l'émaillage des métaux, sur les dangers d'un nouveau procédé d'extraction du nickel (nickel-carbonyle), sur les intoxications dans les manufactures de tabac (V. « Bulletin de l'Inspection du travail », 1905, p. 254 et suiv.) ; — en 1905, une étude sanitaire spéciale concernant les ouvriers du cuivre (« brassworkers ») et une autre sur les dangers d'un bois exotique dit « african boxwood » (V. dans l' « Annual Report of the Chief inspector » pour 1905 le « Report of medical inspector », p. 344 et suiv., notamment p. 380).

1899, à 614 en 1903, soit une diminution de plus de 50 %, et s'abaisser encore à 592 en 1905 (1).

Mais vous entendez bien que, si le *medical inspector* voit beaucoup par lui-même et paie constamment de sa personne, il n'est pas à lui seul toute l'inspection médicale.

Il y a une première série de collaborateurs, les *certifying surgeons* ou médecins certificateurs, dont le nombre s'élevait en 1905 à 1.983. Ces médecins ne sont pas fonctionnaires, mais seulement adjoints au service de l'inspection médicale ; ce ne sont pas, bien entendu, les patrons qui les choisissent, quoiqu'ils les paient : c'est le service de l'inspection qui les désigne parmi les médecins locaux les plus compétents. Ils sont chargés de la visite des enfants et adolescents, de la délivrance des certificats d'aptitude physique, — après examen du jeune travailleur à l'atelier, je l'ai dit, — enfin de la surveillance médicale des ouvriers dans les industries dangereuses soumises à une réglementation spéciale.

Je vous ai déjà, par quelques chiffres, donné un aperçu de leur activité en ce qui concerne la délivrance des certificats d'aptitude physique. Pour ce qui est de leur surveillance des industries dangereuses, elle a porté en 1905 sur 1.522 établissements, où 120.154 hommes et 48.981 femmes ont été périodiquement visités ; à 652 (dont 633 adultes et 19 jeunes ouvriers), le médecin a prescrit la suspension du travail ; et il n'en a autorisé la reprise que pour 436 d'entre eux (2).

(1) « Report of the medical Inspector » pour 1905, p. 315.

(2) « Annual report of the chief-inspector of factories and workshops » pour 1905, p. 434. Table 9b : « Medical examination ; Examinations in pursuance of special rules ».

Ils doivent chacun, en un rapport annuel, rendre compte au secrétaire d'Etat, leur chef suprême, des visites ainsi faites et de leur résultat (1).

Mais, en outre, pour assurer par un contrôle spécial cette surveillance médicale constante des ouvriers employés dans les industries dangereuses, il a été créé, en 1903, sous le nom de *superintending inspector for dangerous trades*, un inspecteur exclusivement chargé de vérifier si les médecins certificateurs s'acquittent comme il convient de leur mission (2).

Je vous ai déjà indiqué qu'en dehors des médecins certificateurs, l'inspection a, pour l'hygiène des ateliers, une seconde catégorie de collaborateurs : les *medical officers of health* des conseils de districts ; on en comptait, en 1905, 2.957. Je ne puis, bien entendu, entrer dans le détail des *nuisances* (infractions aux règles de salubrité) qu'ils relèvent dans tous les *work-places* (locaux de travail), en vertu des *public health acts* (lois sur la santé publique), ni des autres infractions à l'hygiène, qu'ils répriment par application du *factory and workshop act* de 1901 (3). Je me borne à noter qu'en 1905 ils ont procédé à 424.578 ins-

(1) Loi du 17 août 1901 (articles 63 et suivants et articles 122 et suivants). Aux termes de l'article 123, là où il n'existe pas de « médecin certificateur », c'est le médecin du bureau des pauvres du district qui en fait fonction.

(2) C'est dans le rapport de cet inspecteur qu'on trouve notamment les résultats de l'analyse des 1,000 échantillons prélevés en 1905 de l'air que respirent les ouvriers.

(3) V. la classification par catégories de ces infractions dans l' « Annual report » précité, p. 432, tableau 8. Dans le rapport annuel que chacun d'eux présente au conseil de district dont il dépend, l'application de la loi de 1901, dans les ateliers et locaux de travail, fait l'objet d'un compte rendu distinct, dont copie est adressée au secrétaire d'Etat (loi du 17 août 1901, article 132).

pections, constaté 59.009 *defects* ou état de choses défectueux au point de vue de l'hygiène, et porté remède à 51.487.

Il convient d'ajouter que l'inspection du travail et l'inspection médicale sont tenues de se fournir mutuellement tous renseignements utiles : l'inspecteur du travail signale par écrit au conseil de district les infractions qu'il remarque aux lois sur la santé publique (1) : 2.301 de ces notifications ont été ainsi faites en 1905. Au besoin, l'inspecteur adresse aux conseils de districts négligents des *representations :* 5.728 de ces remontrances leur ont été ainsi adressées en 1905. Réciproquement, le médecin du conseil de district signale à l'inspecteur du travail les infractions qu'il aperçoit au *factory and workshop act* (2) ; en 1905, 3.533 cas de défaut d'affichage de cette loi ont été ainsi portés à la connaissance des inspecteurs du travail. Le chef du service de l'inspection médicale lui-même doit aviser les inspecteurs compétents des infractions et faits de toute nature pouvant les intéresser qu'il remarque au cours de ses tournées (3).

Enfin, l'on peut dire que l'inspection médicale est encore, sur un point, renforcée par la collaboration obligatoire de tous les médecins anglais. Vous savez, en effet, que la loi du 17 août 1901 (art. 73, 1 à 4) et, avant elle, la loi du 6 juillet 1895 (art. 29) (4) ont astreint à la déclaration obligatoire certaines

(1) Loi du 17 août 1901, article 5.
(2) Même loi, article 133.
(3) Instructions générales du 1er juin 1899 pour le service de l'inspection, articles 9 et 10.
(4) V. le texte de cette loi dans le « Bulletin de l'Inspection du travail », 1898, p. 401.

maladies professionnelles (intoxications par le plomb, le phosphore, l'arsenic, le mercure ou anthrax) : tout médecin appelé auprès d'un malade qui a contracté l'une de ces maladies dans une fabrique ou un atelier, doit immédiatement en aviser l'inspecteur en chef des fabriques. Chaque déclaration de ce genre vaut au médecin une rémunération de 2 sh. 6 p. ; et il s'expose à une amende qui peut atteindre 40 shillings en négligeant de la faire. En 1905, 663 cas d'intoxication ont été signalés ainsi au service de l'inspection (contre 1.129 en 1900) (1).

Par ces indications très sommaires, vous pouvez juger de l'importance en Angleterre du service de l'inspection médicale du travail et constater qu'il n'existe pas seulement sur le papier.

En Allemagne, l'organisation de l'inspection médicale est beaucoup moins complète. Toutefois, la législation en vigueur prévoit depuis longtemps, moyennant autorisation du sous-préfet, la visite des établissements industriels par un médecin accompagnant l'inspecteur du travail, lorsque celui-ci la juge nécessaire (2). De plus, pour toutes les industries dangereuses ou insalubres, le système de la visite périodique des ouvriers par des médecins agréés par les autorités compétentes fonctionne dans les mêmes conditions qu'en Angleterre.

Bien que l'organisation du service médical de l'inspection ne remonte en Belgique qu'à une dizaine d'années, quelques docteurs en médecine collabo-

(1) « Annual report » précité pour 1905, p. 447.

(2) V. règlement prussien du service, du 23 mai 1892, paragraphe 12 (annexe au rapport Fuchs, Congrès international de 1900, p. 265). V. ce même rapport, p. 252.

raient antérieurement à la surveillance des établissements dangereux, incommodes ou insalubres, mais en tant qu'inspecteurs du travail : je veux dire qu'ils contrôlaient l'observation de toutes les lois réglementant le travail, et non des seules dispositions relatives à l'hygiène (1).

Ce sont les arrêtés des 31 décembre 1897 et 31 janvier 1898 qui ont créé un service d'inspection médicale distinct, comprenant 5 inspecteurs-médecins, dont 4 se partagent les neuf districts d'inspection, le cinquième restant attaché à l'administration centrale en qualité d'inspecteur-médecin principal (2).

Ce service a pour tâche de rechercher les causes générales et locales d'insalubrité des établissements soumis à l'inspection du travail ; de contrôler l'observation de certains règlements spéciaux concernant la fabrication des allumettes au phosphore blanc, la fabrication des composés du plomb et l'emploi de la céruse dans les travaux de peinture en bâtiments (3) ; de veiller à la vaccination et à la revaccination trisannuelles imposées au personnel des dépôts de chiffons, à l'interdiction de faire travailler les femmes accou-

(1) On sait que la loi actuellement en vigueur en matière d'hygiène et de sécurité est celle du 2 juillet 1899 (en voir le texte dans le « Bulletin de l'Inspection du travail », 1905, p. 73 ; et ibid., p. 74, le « Règlement général du 30 mars 1905 », pris pour l'application de cette loi).

(2) V. Varlez, rapport au Congrès international de 1900 sur l'inspection du travail en Belgique (compte rendu officiel du Congrès, p. 415 et suiv.). — Cbn. déclarations de M. Dubois, directeur de l'Office du travail belge, au même Congrès (ibid., p. 533). — V. rapport annuel de l'inspection du travail belge, 1re année, 1898, p. 225 (rapport du Dr Gilbert, inspecteur médecin principal), et « Revue du travail » belge, 1898, p. 200.

(3) Arrêté royal du 13 mai 1905 (« Bulletin de l'Inspection du travail », 1905, p. 90.)

chées depuis moins de quatre semaines et à la qualité des eaux potables et autres boissons mises à la disposition des ouvriers.

Les inspecteurs-médecins consignent les résultats de leurs visites sur des formulaires spéciaux, dits « notes d'observation » (1). En 1905, 1.110 de ces notes sont parvenues au service central (2). Quant au nombre des établissements visités par les inspecteurs-médecins, il est d'un peu plus de 2.000 par an (3). Ces inspecteurs procèdent, en outre, à des études et à des enquêtes sur les maladies professionnelles (4). Comme en Angleterre, ils échangent avec

---

(1) Les rubriques de ces « notes d'observation » sont les suivantes (pour les établissements non soumis à une réglementation spéciale) : A. Dangers d'infection (par les matières employées ou par contact entre les travailleurs, échange d'outils, etc.) ; B. Dangers d'intoxication ; C. Causes nuisibles diverses (gaz, vapeurs, buées, liquides, poussières, etc.) ; D. Causes d'insalubrité propres à l'établissement visité (inhérentes à sa situation, à des installations défectueuses, etc.).

(2) Rapport du Dr Glibert, inspecteur médecin principal pour l'année 1905, p. 281 et suiv. du Rapport annuel de l'inspection du travail.

(3) En 1899, 2.091 établissements visités ; en 1900, 2.257 ; en 1901, 2,162.

(4) En 1899, ils ont étudié l'ankylostomasie des houilleurs et le vertige auquel sont sujets les tisserands travaillant à deux métiers (rapport du Dr Glibert pour 1899, p. 230) ; en 1900, ils ont fait une enquête sur la santé des ouvriers employés dans les ateliers de gazage des fils à coudre (rapport du Dr Glibert pour 1900, p. 235) ; en 1904, des enquêtes sur la transmission des maladies contagieuses par la canne du verrier, sur les dangers des couleurs d'aniline, sur certains cas particuliers de surmenage sensoriel (fatigue visuelle des tailleurs de verre, de diamant, etc.), sur la furonculose des raffineurs, sur l'eczéma des mains chez les apprêteurs de chapeaux, sur la santé des ouvriers dans l'industrie des peaux, poils et crins (4.692 de ces ouvriers ont été visités en 1904), etc. (rapport du Dr Glibert pour 1904, p. 315 à 325) ; en 1905, des enquêtes sur la situation sanitaire des imprimeries typographiques (153 établissements visités

les inspecteurs du travail proprement dits tous renseignements utiles (1).

Pour seconder dans leur lourde tâche les médecins inspecteurs, l'on a institué, en 1902, comme en Angleterre et comme en Allemagne, des médecins agréés par le ministre de l'Industrie et du Travail (2).

Ils ont pour mission de procéder, dans les industries dangereuses, aux constatations et déclarations médicales prescrites par les règlements spéciaux à ces industries, règlements analogues en substance aux règlements allemands ou anglais (3) ; et, en outre, de signaler au ministre de l'Industrie et du Travail tous les faits intéressant l'hygiène industrielle.

En 1905, il y avait, en Belgique, 63 médecins

---

par M. l'inspecteur Buyse), sur l'état physiologique des travailleurs dans les caissons à air comprimé ; des analyses du sang des ouvriers travaillant dans diverses industries, etc. (rapport du Dr Glibert pour 1905, p. 305, 315 et suiv.).

(1) Article 5 de l'arrêté du 31 janvier 1898 (« Revue du travail » belge, 1898, p. 200).

(2) V. arrêté royal du 17 juin 1902 relatif aux constatations et déclarations médicales prescrites par les règlements sur la police des établissements dangereux, insalubres ou incommodes. (« Annuaire belge de la législation du travail », 1902, p. 97.)

(3) V., par exemple, arrêtés royaux du 17 novembre 1902 concernant : l'un la fabrication de la céruse et autres composés du plomb (« Annuaire belge » précité, 1902, p. 99), et l'autre la fabrication des allumettes chimiques (ibid., p. 100) ; et le règlement du 13 mai 1905, concernant l'emploi de la céruse dans les travaux de la peinture en bâtiments (« Bulletin de l'Inspection du travail », 1905, p. 90).

Il convient de remarquer que les médecins agréés belges n'ont pas le droit d'exiger le renvoi d'un ouvrier malade : ce droit est réservé à l'inspecteur médecin chargé du contrôle, que le médecin agréé doit prévenir (V. le texte des instructions à l'usage des médecins agréés dans « Bulletin de l'Inspection du travail », 1906, p. 370 et suiv.).

agréés (1). Ils ont procédé, cette même année, à 9.005 examens mensuels dans les fabriques d'allumettes (2) et à 3.337 de ces examens dans les fabriques de céruse et autres composés du plomb (3).

Vous voyez, Messieurs, que, pour être beaucoup plus récente et plus modeste qu'en Angleterre, l'organisation du service de l'inspection médicale en Belgique n'en témoigne pas moins d'un effort qui, chez nous, jusqu'ici, n'a pas été seulement tenté.

Le moment est venu de faire un retour sur nous-mêmes et, pour conclure, de nous demander quel pourrait être le schéma de l'inspection médicale du travail à créer en France.

Et, d'abord, quel en serait l'objet précis ? Elle seconderait nos inspecteurs actuels dans la surveillance, au point de vue hygiénique, des locaux, procédés et modes de travail. Elle contrôlerait, par des examens individuels à l'usine, la santé des travailleurs. Elle nous documenterait ainsi sur l'état sanitaire, en France, et des choses et des hommes dans les diverses industries.

Dans toutes les industries ?

« Toutes industries sont insalubres », a dit de Freycinet dans son *Traité de l'assainissement industriel* (4).

Il est assurément désirable que le domaine de l'inspection médicale s'étende de proche en proche :

---

(1) V. arrêté ministériel du 28 décembre 1905, qui en a augmenté le nombre, et rapport du Dr Glibert pour 1905, p. 281 et suiv.

(2) En 1904, 8.511.

(3) En 1904, 3.430.

(4) Cité par Napias, « Les revendications ouvrières au point de vue de l'hygiène ». Paris, Masson, 1890, p. 17.

telle industrie qui paraît inoffensive peut ne point l'être, à bien considérer telles méthodes ou conditions de travail données, susceptibles de favoriser le développement d'une maladie soit professionnelle, soit contagieuse (1).

Mais, pour commencer, soyons moins ambitieux, et restreignons sinon l'inspection hygiénique, du moins l'inspection médicale aux industries notoirement connues pour être les plus dangereuses.

Dans ce domaine limité, comment l'inspection médicale fonctionnera-t-elle ? Que fera l'inspecteur médecin ? Il examinera l'ouvrier avant l'embauchage, afin d'écarter du métier dangereux ceux qui, par suite de prédispositions ou de tares physiologiques, ne pourraient exercer ce métier sans péril certain pour eux-mêmes et pour leurs compagnons de travail (2). Notez que, dès à présent et depuis longtemps, cet examen, qui a pour objet une sélection indispensable, est pratiqué dans nombre d'établissements industriels et d'administrations publiques ou privées (3).

---

(1) V. ce que le docteur anglais Alexandre Scott dit, par exemple, d'une épidémie d'eczéma pustuleux observée chez certains vernisseurs dans l'industrie de l'ameublement (« Bulletin de l'Inspection du travail », 1905, p. 372).

(2) « Aucun ouvrier, jeune ou vieux, ne devrait être employé dans une industrie dangereuse sans un certificat d'aptitude physique », Dr Alexandre Scott. (« Bulletin de l'Inspection du travail », 1905, p. 371). — Cf. Boulin, « Les fonderies de plomb ». (« Bulletin de l'Inspection du travail », 1906, p. 565).

(3) V. notamment l'arrêté du 30 janvier 1901, par lequel M. Millerand, ministre du Commerce, a prescrit l'examen médical des candidats à un emploi des postes ; le résultat de cet examen est consigné sur un livret sanitaire individuel où sont ensuite enregistrés les diagnostics des maladies successives du titulaire (« Journal Officiel » du 1er février 1901).

Ce n'est pas assez : la santé du travailleur doit être contrôlée non seulement avant qu'il ne soit admis à exercer un métier dangereux, mais pendant qu'il l'exerce. Et puisque l'ouvrier, par ignorance ou par négligence, ne va pas ou va trop tard au médecin, il faut que le médecin aille à lui en temps utile. On instituera donc la visite médicale obligatoire et périodique du travailleur au lieu même de son travail, afin que l'inspecteur médecin se rende compte en personne et des conditions de ce travail et de son influence sur la santé de l'ouvrier (1).

Ces visites seront rémunérées, comme elles le sont à l'étranger, suivant un tarif à établir ; et, toujours comme à l'étranger, cette rémunération sera à la charge du patron. Puisque, d'après nos lois, toute mesure d'hygiène jugée nécessaire doit être réalisée aux frais du patron, je ne vois pas pourquoi cette mesure d'hygiène primordiale, indispensable plus que toute autre, ferait exception à la règle.

Le médecin inspecteur consignera sur un registre *ad hoc*, tenu dans chaque établissement à sa disposition et à celle de l'inspecteur du travail, les résultats de ses examens (2). En cas d'urgence, il les por-

---

(1) « Les visites médicales périodiques sont-elles encore indispensables en présence des prescriptions strictes du Home-Office réglant par ailleurs le travail dans les fabriques ? Oui, incontestablement. Il n'est pas de restriction contenue dans les règlements du Home-Office qui puisse tenir l'ouvrier peu soigneux à l'abri de tout danger. Les cas d'intoxication du type léger et douteux surviennent constamment, etc. » (Dr King Alcock, médecin certificateur du district de Burslem, au 70e congrès (1902) de la « Bristish medical association », « Bulletin de l'inspection du travail », 1905, p. 358).

(2) Au besoin, par respect du secret professionnel, ces mentions sur le registre pourront, comme en Belgique, n'être inscrites qu'en signes conventionnels. Toutefois, lorsqu'il s'agit de

tera immédiatement, par lettre, à la connaissance de l'inspecteur du travail compétent et des autorités sanitaires, avec son avis sur les mesures à prendre.

Est-ce là tout ce que le médecin inspecteur aura le droit de faire ? Vous savez qu'à l'étranger il peut ordonner soit le changement de travail de l'ouvrier malade, soit sa mise à pied provisoire, soit même son congédiement définitif (1). Ces mesures, si graves, — surtout les deux dernières — sont manifestement la seule sanction rationnelle de l'examen médical : comment laisser l'ouvrier à la merci du mal dont il est reconnu atteint ? Et, s'il s'agit d'un mal contagieux, son droit à continuer de travailler n'est-il pas primé par le droit de ses camarades à ne point demeurer exposés à la contagion ? D'autre part, les médecins anglais, se fondant sur l'expérience acquise, estiment que l'inspection médicale doit à l'application ou à la menace de ces sanctions la majeure partie de son efficacité (2). Et ils les appliquent résolument quand elles s'imposent (3).

---

mesures de précaution et notamment de propreté prescrites à certains ouvriers négligents, il serait bon qu'elles fussent inscrites en clair sur le registre ; de telles mentions vaudraient avertissement pour les ouvriers visés.

Sur la nécessité du « registre sanitaire » et du « casier sanitaire », v. l'opinion des Drs Bourges et Thoinot (« Bulletin de l'Inspection du travail », 1902, p. 273 et 295). Cf. même bulletin, 1905, p. 352.

(1) V. les règlements anglais, allemands et belges précités, spéciaux à certaines industries dangereuses.

(2) En ce sens, v. notamment les avis du Dr Bond et du Dr James Holmes, de Manchester (70e congrès de la « British medical association », dans « Bulletin de l'Inspection du travail », 1905, p. 358 et 363).

(3) A titre d'exemple, voici le nombre des mises à pied temporaires ou définitives dans les seuls établissements céramiques du Northstaffordshire, qui emploient 46.000 ouvriers, dont 4,700

Mais vous savez qu'en Angleterre la législation en vigueur — actuellement la loi du 21 décembre 1906 (1) — assure à l'ouvrier atteint de certaines maladies professionnelles une indemnité. Vous savez aussi qu'en Suisse (2), en Allemagne, sous des formes et dans des mesures diverses, il en va de même. Et vous savez enfin qu'en France nous n'avons encore rien de semblable.

Je n'en conclus nullement qu'il faille ajourner à l'époque, encore lointaine peut-être, où fonctionnera chez nous un régime d'assurance contre les maladies professionnelles, toute réalisation de l'inspection médicale du travail. De deux maux il faut choisir le

---

à des manipulations saturnines : en 1899, 123 ; en 1900, 94 ; en 1901, 82 ; en 1902, 68 ; en 1903, 99 (d'après le rapport de l'inspecteur en chef des fabriques pour 1903 ; cité par Boulin, « Bulletin de l'Inspection du travail », 1905, p. 368). — Le Dr Hill rapporte qu'à lui seul il a dû, en 1903, mettre à pied 18 jeunes femmes pour anémie commençante les exposant tout spécialement au saturnisme (Boulin, ibid., p. 268).

(1) V. cette loi dans l' « Annuaire belge de la législation du travail » pour 1906, p. 214. L'annexe III de cette loi énumère limitativement les maladies considérées comme professionnelles avec, en regard, les genres de travaux au cours desquels elles peuvent être contractées. Ce sont actuellement : 1° l'anthrax ; 2° les empoisonnements par le plomb (ou ses dérivés) ; 3° par le mercure ; 4° par le phosphore ; 5° par l'arsenic ; 6° l'ankylostomasie des mineurs. — Le secrétaire d'Etat de l'Intérieur peut ajouter à cette énumération d'autres maladies ou d'autres travaux, — par ordonnances soumises à la confirmation du Parlement.

(2) V. arrêté du Conseil fédéral du 18 janvier 1901, pris en vertu de l'article 5d de la loi fédérale du 23 mars 1887. (« Annuaire belge » précité, 1901, p. 545). L'article 1er énumère 34 substances nocives, et l'article 2, en cas de maladie due à l'une de ces substances, autorise l'ouvrier à se prévaloir de l'article 3 de la loi du 25 juin 1881, sur la responsabilité civile des fabricants, et de l'article 1er de la loi du 26 avril 1887, qui a étendu cette responsabilité.

moindre. Or, cette inspection comporte par elle-même de tels avantages — et je m'y suis assez appesanti pour n'y pas revenir — qu'il vaut sans aucun doute la peine de la créer dès à présent, dût-elle être provisoirement privée de l'un de ses moyens d'actions : le droit pour l'inspecteur d'exiger la mise à pied ou le renvoi de l'ouvrier. Nos inspecteurs médecins donneront sur ce point des conseils et des avertissements, en attendant qu'ils puissent donner des ordres (1).

J'observerai d'ailleurs qu'en Angleterre, où ce droit a préexisté au régime de la réparation des maladies professionnelles, certains patrons ou groupements patronaux, préférant à un personnel décimé par la maladie un personnel en bonne santé, avaient spontanément institué à leurs frais un régime de congés payés au profit de leurs ouvriers, pourvu qu'ils ne se dérobassent pas à l'examen médical mensuel (2). Je suis convaincu que les efforts additionnés des patrons de bonne volonté, des mutualités et des syndicats ouvriers réaliseraient en France ce qui avait été ainsi réalisé en Angleterre.

Que si enfin, non content de contester l'applicabilité immédiate du droit de mise à pied ou de renvoi, on en discutait le principe même, je répondrais sim-

---

(1) « Pendant les premiers stades des symptômes suspects, — dit le docteur anglais King Alcock, — les prédictions réitérées de maladie, la pratique d'un examen médical d'une minutie extrême, amèneront parfois la disparition désirée du travailleur. » (70ᵉ congrès de la « Bristish médical association ». « Bulletin de l'Inspection du travail », 1905, p. 357).

(2) V., par exemple, le cas de l'établissement Pilkington, cité par le Dʳ James Holmes, de Manchester, et celui de l'Association des potiers du Staffordshire, cité par les Dʳˢ Oliver et King Alcock (70ᵉ congrès de la « Bristish medical association », « Bulletin de l'Inspection du travail », 1905, p. 356, 363 et 368).

plement qu'il est d'ores et déjà inscrit en termes exprès dans nos lois, puisque l'article 2 de la loi du 2 novembre 1892 donne à l'inspecteur du travail « le droit d'exiger le renvoi » de l'ouvrier mineur de 16 ans, en cas d'examen médical défavorable.

Irons-nous plus loin et demanderons-nous la déclaration obligatoire des maladies professionnelles ? Il n'est pas douteux qu'elle fasse partie intégrante de tout système d'inspection médicale bien conçu, comme le prouve l'exemple de l'étranger. Je ne puis, Messieurs, traiter ici à fond une question de cette importance. J'observerai seulement qu'elle est déjà tranchée, pour un certain nombre de maladies contagieuses, par notre loi de 1902 sur la protection de la santé publique ; que cette loi, comme d'ailleurs la loi allemande correspondante, du 30 juin 1905, ne comprend pas dans ce nombre la tuberculose (1) ; que, pour commencer, afin de ne point nous heurter d'emblée à de trop grandes résistances, mieux vaudrait laisser provisoirement de côté les affections tuberculeuses et ne demander l'extension de la déclaration obligatoire qu'aux maladies dont le caractère professionnel ne peut être contesté, à celles-là même pour lesquelles nous la voyons fonctionner à l'étranger, notamment en Angleterre. Sous ces réserves, j'estime qu'elle s'impose et que l'inspection médicale perdrait une grande partie de son efficacité, si l'inspecteur médecin ne devait pas être informé d'office et informer de son côté les administrations intéres-

(1) V. Dr Héricourt : « L'Hygiène moderne », Paris, 1907, p. 281, note 1 ; et vœu de la Commission départementale du travail de la Seine, séance du 22 novembre 1901 (« Bulletin municipal officiel », 27 novembre 1901, p. 3855).

sées — inspection du travail et administration sanitaire — des cas de maladies contractées à l'occasion du travail, qui viendraient à sa connaissance. La déclaration devra donc être imposée, dès maintenant, pour les maladies en question, tant à l'inspecteur médecin qu'à tout autre médecin appelé à soigner une de ces maladies contractées à l'atelier (1).

Quant au choix de ces inspecteurs médecins, il va de soi qu'on ne saurait l'abandonner aux patrons intéressés : lorsque le médecin dépend du patron, l'expérience a montré ce qu'il advient de la visite médicale (2). Confier l'inspection aux autorités sanitaires locales ne vaudrait guère mieux : l'expérience anglaise prouve qu'il en résulte des inégalités dans l'application des prescriptions légales ou réglementaires (3) ; l'expérience française de la loi de 1902 sur la protection de la santé publique confirme ce résultat. J'ajoute que les appréciations émises, au cours

---

(1) V. Ier Congrès de l'hygiène des travailleurs (1904), compte rendu officiel, p. 58 et suiv.

(2) M. Boulin (« Les fonderies de plomb », « Bulletin de l'Inspection du travail », 1906, p. 555), a été témoin d'une visite faite dans une fabrique de céruse par un médecin que le patron avait choisi : la visite ne dura pas un quart d'heure pour au moins 50 ouvriers et fut absolument superficielle, malgré la compétence du médecin.

V., dans le même sens, l'opinion exprimée par M. Millerand au Ier Congrès de l'hygiène des travailleurs (1904, compte rendu, p. 68), et les conclusions du rapport de la 5e commission de l'Association internationale pour la protection légale des travailleurs, dans le compte rendu des séances de son congrès de 1904.

(3) D'après Barrault (« La réglementation du travail à domicile en Angleterre », p. 220), « frappés de l'inégalité des autorités locales dans l'accomplissement de la tâche qui leur incombe aux termes des FACTORY ACTS, certains auteurs de projets de réforme veulent confier cette tâche à l'inspection du travail ».

de la discussion de cette loi, par des hommes tels que MM. Monod et Brouardel, sur la compétence en matière d'hygiène des autorités sanitaires locales, ne sont pas rassurantes (1). La meilleure solution paraît être de laisser au ministre du Travail le soin de désigner des médecins agréés — comme en Angleterre, en Allemagne ou en Belgique — parmi ceux des médecins locaux qu'une enquête lui aura fait connaître comme les plus compétents. Il en désignera le nombre nécessaire pour la tâche à remplir : cette tâche, outre la visite périodique obligatoire dans les industries dangereuses, sera de conseiller, en matière d'hygiène, l'inspecteur du travail toutes les fois qu'il le demandera et, au besoin, de l'accompagner dans certaines de ses visites. Les deux services, celui de l'inspection médicale et celui de l'inspection du travail, devront d'ailleurs se renseigner mutuellement et constamment sur tout ce qu'ils ont intérêt à connaître. Si, d'autre part, on renforce le programme du concours de l'inspection en matière d'hygiène ouvrière, nous aurons ainsi, sans créer de fonctionnaires nouveaux, un service d'inspection d'hygiène beaucoup plus satisfaisant.

Je crois savoir qu'au ministère du Travail, on s'oriente dans cette direction. On songerait, pour ceux des chefs-lieux d'inspection divisionnaire où il existe une faculté de médecine, à désigner un des

---

(1) V. rapport Cornil (Sénat, session extraordinaire, 1896, documents parlementaires, p. 213) ; et Brouardel, dans la discussion de l'amendement Volland (Sénat, séance du 12 février 1897, p. 154 et suiv.) : « Croyez-vous vraiment que des personnes qui, EXCEPTIONNELLEMENT, SERONT COMPÉTENTES, MAIS QUI, LE PLUS SOUVENT, NE LE SERONT PAS, puissent faire vraiment de l'hygiène ? »

professeurs d'hygiène de cette faculté comme « médecin-conseil de l'inspection divisionnaire » ; l'inspecteur divisionnaire aurait recours à lui dans tous les cas requérant compétence médicale, ou exigeant, pour les analyses, un laboratoire et un outillage. Une subvention modique lui serait allouée (1). Si je ne me trompe, on avait même, au budget de 1908, prévu un tout petit crédit, pour expérimenter ce système dans deux circonscriptions divisionnaires. Le ministre des Finances l'aurait impitoyablement refusé.

La réforme ainsi projetée serait, à mon avis, vraiment trop incomplète ; elle ne permettrait pas de réaliser ce qui s'impose avec le plus d'urgence : la visite médicale périodique dans les industries dangereuses. Il n'y aurait même pas, remarquez-le, un médecin-conseil par circonscription divisionnaire.

J'ajoute que je ne conçois pas le fonctionnement de l'inspection médicale sans un chef responsable. qui soit un spécialiste de compétence éminente. Il y aurait lieu de le placer sous les ordres du chef actuel du service de l'inspection et de lui conférer les attributions que je vous ai dit être celles du *medical-inspector* anglais. Ce serait le seul fonctionnaire à créer ; et, par l'exemple de l'Angleterre, nous savons, à n'en pouvoir douter, que cette création rapporterait beaucoup plus en utilité qu'elle ne coûterait en argent.

J'en ai fini, Messieurs. Et peut-être cette réflexion

---

(1) V. rapport Lourties, au Sénat, sur le budget du Travail pour 1907 (Sénat, documents parlementaires, session extraordinaire, 1906, annexe n° 463, « Journal officiel », p. 163).

vous vient-elle qu'en somme je n'ai rien inventé. En effet, je m'en suis bien gardé. Puisque nous avons la bonne fortune de pouvoir tirer parti d'expériences déjà et dès longtemps réalisées, de systèmes ayant fait leurs preuves, tout à côté de nous, à nos portes, il me paraît préférable de nous maintenir sur ce solide terrain expérimental, plutôt que de lâcher la bride à notre imagination législative. Ce sera le plus sûr moyen d'atteindre notre but, qui n'est pas de disserter, mais d'aboutir.

VŒUX PROPOSÉS PAR LE RAPPORTEUR

La Section française de l'Association internationale pour la protection légale des travailleurs émet les vœux suivants :

1° Que la Chambre des députés vote, dans le plus bref délai possible, la proposition de loi adoptée le 24 mars 1904, par le Sénat, qui modifie l'article 7 de la loi du 2 novembre 1892 et substitue, pour l'octroi des dérogations à la durée légale du travail, le régime du préavis à celui de l'autorisation par l'inspecteur divisionnaire ;

2° Que les frais de tournée alloués aux inspecteurs du travail soient portés à un chiffre assez élevé, pour que l'activité de ces fonctionnaires ne se trouve pas suspendue avant la fin de chaque année par l'insuffisance de ce chiffre ;

3° Qu'il soit fait appel, dans la moindre mesure possible, au concours de la police ordinaire pour assurer l'application des lois réglementant le travail ;

4° Que les inspecteurs du travail ne s'autorisent en aucune mesure de la collaboration bénévole de certaines associations patronales irresponsables, pour se relâcher d'une surveillance dont ils ont, aux termes de la loi, et dont ils doivent garder l'entière responsabilité ;

5° Que le nombre des inspecteurs du travail soit augmenté, dans le plus bref délai, de telle manière que les établissements occupant plus de 5 ouvriers puissent être visités au moins une fois par an et les autres au moins une fois tous les trois ans ;

6° Que des conférences plus fréquentes des inspecteurs divisionnaires, réunis sous la présidence du ministre du Travail, assurent une plus grande uniformité dans l'application des lois réglementant le travail et notamment dans l'octroi des dérogations qu'elles prévoient ;

7° Que le projet de loi sur le contrôle de la durée du travail, déposé le 14 juin 1904 sur le bureau de la Chambre, soit voté par cette assemblée dans le plus bref délai ;

8° Que les efforts du service de l'inspection, pour faire respecter les lois réglementant le travail, ne soient pas en partie annulés par le vote périodique de lois d'amnistie ;

9° Que l'accès de professionnels d'élite aux fonctions d'inspecteur du travail soit assuré par l'institution d'un second concours où ils puissent donner la mesure de leur connaissance pratique approfondie des industries ou métiers qu'ils auront exercés, en même temps que des connaissances juridiques, techniques et d'hygiène indispensables à tout inspecteur du travail ;

10° Qu'au-dessus des inspecteurs divisionnaires soient créés quelques inspecteurs spécialistes, de compétence technique supérieure, et notamment un inspecteur électricien ;

11° Qu'en cas de construction ou de reconstruction partielle ou totale d'un établissement soumis au contrôle de l'inspection du travail, les plans détaillés des aménagements projetés soient obligatoirement soumis à l'inspecteur divisionnaire compétent, afin qu'avant toute exécution des travaux il puisse prescrire les dispositions à prendre pour assurer l'hygiène et la sécurité des travailleurs en conformité de la loi des 12 juin 1893-11 juillet 1903 ;

12° Que la délivrance des certificats d'aptitude physique, prévue par les paragraphes 3 et 4 de l'article 2 de la loi du 2 novembre 1892, ait lieu désormais après que le médecin aura pris personnellement connaissance des locaux dans lesquels le jeune ouvrier est ou doit être employé et de la nature du travail auquel il est ou sera occupé ;

13° Que les règlements spéciaux à certaines industries dangereuses ou insalubres prescrivent, à titre obligatoire, la visite médicale des ouvriers avant leur embauchage, la visite médicale périodique à l'atelier des ouvriers employés dans ces industries et la tenue, dans chaque établissement, d'un registre sanitaire ; le tout aux frais du patron ;

14° Que tout médecin appelé à soigner un ouvrier présentant les symptômes d'une maladie de caractère nettement professionnel, soit obligé par la loi à en informer l'inspecteur du travail chargé de surveiller l'établissement où travaille cet ouvrier ;

Qu'un règlement d'administration publique énumère les maladies professionnelles qui devront faire l'objet de cette déclaration obligatoire ;

15° Que le service de l'inspection du travail désigne, dans chaque centre industriel, un nombre suffisant de médecins agréés, après enquête sur leur compétence ;

Et que ces médecins soient chargés de la délivrance des certificats d'aptitude physique, de l'inspection médicale des ouvriers employés dans les industries dangereuses ou insalubres ; comme aussi de concourir à l'inspection hygiénique des locaux, procédés ou modes de travail, lorsqu'ils en seront requis par les inspecteurs du travail ;

16° Que la direction supérieure de l'inspection hygiénique et médicale du travail et des travailleurs soit confiée à un inspecteur médecin en chef.

Séance du Mercredi 6 Mai 1908

PRÉSIDENCE DE M. MILLERAND

M. ARQUEMBOURG. — M. le Rapporteur me paraît interpréter la statistique d'une manière un peu abusive, en concluant à la non-observation des lois sur le travail, de ce fait que tous les établissements assujettis ne sont pas visités en une année. Une autre affirmation me paraît encore plus dangereuse. M. le Rapporteur a constaté, à une certaine époque, une diminution dans le nombre des contraventions dressées par les inspecteurs du travail, et il en a conclu que l'activité des inspecteurs s'était ralentie. Je crois qu'il faut protester contre une semblable interprétation, parce que ce n'est pas le fait de dresser des contraventions qui peut montrer l'activité plus ou moins grande de l'inspection. Il y a, je crois, trop à craindre que les inspecteurs, croyant qu'ils n'ont pas d'autre moyen de faire apprécier le travail qu'ils fournissent et que celui-ci n'est considéré qu'en raison du nombre des contraventions qu'ils dressent, ne soient un peu portés à dresser des contraventions, précisément pour prouver leur activité et un zèle peut-être pas toujours nécessaire.

Il me semble, en outre, qu'à ce point de vue, le rapport donne des faits une interprétation qui n'est pas exacte. Il aurait été plus juste de reconnaître que, si les contraventions ont diminué, c'est que, depuis quelques années, les industriels ont fait des efforts pour se mettre en règle avec les lois sur le travail, notamment pour les questions de sécurité et les questions d'hygiène. Je crois que cette interprétation est plus exacte que celle du Rapporteur et que la sienne est plutôt de nature à décourager et les services de l'inspection, et les industriels disposés à améliorer les conditions dans lesquelles travaillent les ouvriers. C'est la simple observation que je voulais faire. Je ne continuerai pas en ce moment l'examen du rapport, me réservant de demander la parole pour discuter les vœux.

M. Arthur Fontaine. — J'ai bien eu l'impression que le rapport de notre ami Eugène Petit envisageait les faits d'une façon un peu pessimiste dans l'ensemble. Lorsque l'on poursuit une réforme, on a tendance à insister sur les défauts qui la justifient plutôt qu'à mettre en lumière les bons résultats déjà obtenus ; c'est une nécessité qui s'impose à tout rapporteur d'insister particulièrement sur les lacunes pour faire ressortir la nécessité des réformes. Cependant, les côtés heureux, les bons effets de l'inspection actuelle ont été indiqués. Mais ils ont été indiqués forcément en termes brefs, et c'est peut-être cela qui donne cette impression pessimiste qu'il suffit de signaler pour faire disparaître un malentendu.

Il est incontestable que le service de l'inspection du travail, comme tout service d'application des lois, laisse à désirer. Je crois, néanmoins, que, si on le comparait à d'autres services analogues, en France et à l'étranger — sauf peut-être en Allemagne — on aurait cette impression que, bien qu'il y ait des progrès à faire, nous pouvons aussi nous adresser quelques éloges. Il y a beaucoup à faire, mais on a beaucoup fait.

Précisément, en lisant le texte des vœux, on s'aperçoit que les réformes proposées, si utiles, si nécessaires, sont, pour la plupart, des mises au point ; ces vœux, auxquels, dans l'ensemble, je donne mon adhésion, sauf sur quelques points, fournissent, en somme, la preuve qu'avec quelques perfectionnements de détails nécessaires, nous jouirons d'une bonne organisation.

M. le Rapporteur. — Après la réponse que vient de faire M. le Directeur du travail avec une autorité, une expérience et une compétence que je n'ai pas, aux observations qu'avait présentées M. Arquembourg, je n'ai rien à ajouter, car l'appréciation de M. le Directeur du travail est parfaitement exacte.

Je crois avoir dit, dans mon rapport, toutes les fois que l'occasion s'en est présentée, que le service de l'inspection du travail, tel qu'il est constitué actuellement, avec son importance numérique, avec la compétence de son personnel, donnait plus que l'effort que l'on peut raisonnablement exiger de lui.

Mais je voudrais répondre sur un point particulier à l'une des objections que M. Arquembourg a présentées.

Se fondant sur un passage de mon rapport, il nous a dit, si j'ai bien compris son objection, qu'il était inexact de conclure de ce que, à un certain moment, le nombre des contraventions dressées par le service de l'inspection avait été moindre, que l'activité de l'inspection du travail se fût ralentie.

Je me borne à opposer à M. Arquembourg précisément l'Inspection du travail elle-même, l'opinion de ses chefs, qui ont estimé que cette diminution dans le nombre des contraventions qui, pour préciser, concernait la circonscription de Paris, révélait un ralentissement de l'activité des inspecteurs ; si bien qu'on a cru, pour y remédier, devoir désigner un inspecteur spécialement chargé du contrôle sur les très nombreux inspecteurs de cette première région. M. Arquembourg nous a dit, en outre, si j'ai bien saisi sa pensée, — il me rectifiera dans le cas contraire — qu'il arrivait que l'on vît des inspecteurs dresser des contraventions « pour faire du zèle ». Je ne vois pas très bien la signification ni la portée de cette objection. J'imagine que, quand un inspecteur dresse une contravention, ce ne peut être que parce qu'il y a matière à contravention. Je n'aperçois pas comment un inspecteur pourrait dresser une contravention, s'il n'avait pas constaté un état de choses contraventionnel ! Je ne comprends pas comment on peut dresser une contravention « pour faire du zèle ! »

M. Arquembourg a cru pouvoir déduire de certains chiffres cités dans mon rapport que, quand on voit diminuer le nombre des contraventions constatées, c'est qu'il y a nécessairement diminution effective du nombre des contraventions existantes. Je regrette de lui répondre que son opinion est absolument contraire à de nombreux faits que nous trouvons dans les rapports annuels de l'inspection du travail.

Il résulte de ces rapports cette impression, que l'on est fréquemment trompé par les résultats apparents des statistiques ; et que telle statistique, qui semble au premier abord traduire une diminution des infractions de telle catégorie, ne répond pas à la réalité : lorsque, quelque temps après, le service de l'inspection concentre ses investigations sur ces infractions particulières, il lui arrive de constater que le nombre, loin de diminuer, en a augmenté. Il faudrait apporter des faits contraires pour réfuter les conséquences que j'ai tirées de faits cités dans les rapports des chefs de l'inspection.

M. ARQUEMBOURG. — Je n'ai pas voulu substituer une interprétation de la statistique à l'interprétation que vous aviez donnée dans votre rapport. J'ai voulu simplement dire que ces statistiques ne me paraissaient pas des documents sur lesquels on puisse appuyer une interprétation précise. Je crois que nous sommes d'accord et que c'est dans ce sens que vous avez conclu. J'ai dit que l'on pouvait aussi bien accepter l'interprétation que je donnais que celle que vous aviez donnée.

Je n'ai pas voulu dire que les inspecteurs dressaient des contraventions pour faire du zèle ; mais il est absolument certain que, pour que les lois sur le travail soient bien observées — vous l'avez reconnu vous-même un peu plus loin, dans votre rapport — il faut surtout s'attacher à fortifier l'autorité morale des agents de contrôle, plutôt que de mettre toujours en jeu les sanctions prévues ; j'ai dit que c'était peut-être pousser les inspecteurs dans une mauvaise voie que de leur faire croire que le nombre des contraventions relevées est le seul point de vue auquel on peut se placer pour apprécier leur activité et leurs mérites.

M. Raoul JAY. — Je ne voudrais dire qu'un mot. Mais, du moment où la question du rendement de l'inspection du travail est posée, il me paraît indispensable de souligner une fois de plus, dans cette discussion générale, la plus importante des constatations faites par M. Petit, une constatation faite par tous ceux qui se sont occupés de l'inspection du travail, par les chefs de l'inspection avant tous les autres. Je suis des premiers, quant à moi, à rendre hommage au zèle, à l'activité de notre inspection du travail, aux résultats qu'elle a obtenus. Il n'en est pas moins un fait, un fait qui ne saurait être discuté, car les statistiques le révèlent, avec la dernière netteté ; ce fait, c'est l'insuffisance du nombre des inspecteurs du travail. Il y avait, en 1906, d'après le rapport de la Commission supérieure du travail, quelque chose comme 550,000 établissements soumis à l'inspection du travail ; plus exactement, 548,225. Et, bien que l'inspection du travail ait fait, en 1906, un effort considérable, peut-être même un effort excessif, il n'y a eu que 148,251 établissements visités. Il y avait encore, en 1906, d'après les estimations de la Commission supérieure du travail, 207,207 établissements qui n'avaient jamais été visités !

Il faut que ces chiffres soient connus. L'augmentation du nombre des inspecteurs s'impose comme une nécessité urgente.

C'est là la première, l'essentielle conclusion à laquelle nous devons aboutir.

Ah ! si nous convainquions les pouvoirs publics, ceux qui tiennent la bourse, qu'il est nécessaire d'en délier quelque peu les cordons, qu'il est indispensable, si on veut que l'inspection fasse de l'œuvre du législateur une réalité, d'augmenter les chiffres inscrits au budget de l'inspection !... Il ne s'agit pas de bien gros chiffres : on réaliserait l'idéal de M. Petit avec une augmentation de 430,000 francs, en élevant le budget général de l'inspection du travail à 1,200,000 francs. Et M. Petit fait remarquer que ces

1,200,000 francs ne représenteraient que les deux tiers du chiffre déjà inscrit au budget anglais de l'inspection du travail. N'obtiendrions-nous que ce résultat, de convaincre ceux qui liront le rapport de M. Petit et nos discussions de la nécessité de l'augmentation du personnel de l'inspection du travail, que nous pourrions nous déclarer satisfaits.

M. le Président. — La dernière observation de M. Jay nous amène précisément aux vœux qui ont été déposés. Si personne ne demande la parole dans la discussion générale, nous allons aborder le texte des vœux que je vais lire. Il y en a quelques-uns qui, probablement, ne donneront pas matière à discussion ; par contre, il y en a d'autres qui soulèvent des objections. Sur chacun d'eux, je demanderai quels sont ceux qui ont des observations à présenter. Le premier vœu proposé par notre rapporteur est ainsi conçu :

1° Que la Chambre des députés vote, dans le plus bref délai possible, la proposition de loi adoptée, le 24 mars 1904, par le Sénat, qui modifie l'article 7 de la loi du 2 novembre 1892 et substitue, pour l'octroi des dérogations à la durée légale du travail, le régime du préavis à celui de l'autorisation par l'inspecteur divisionnaire.

M. Raoul Jay. — Le vœu qui nous est présenté tend à modifier le régime actuel des dérogations à la durée du travail, que ces dérogations intéressent les enfants, les femmes ou les adultes. Il soulève une question que nous avons déjà, notre Président ne l'a pas, sans doute, oublié, très vivement discutée ici. J'étais, quant à moi, hostile à toute transformation du régime actuel, à toute substitution du régime du préavis au régime de l'autorisation.

D'autres que moi apportèrent, en faveur du régime actuel, des arguments qui ne sont pas sans valeur. Je rappelle, notamment, que M. Picquenard nous disait que certain inspecteur avait pris l'habitude de n'accorder les autorisations qui lui étaient demandées que lorsqu'il résultait des renseignements fournis par les syndicats ouvriers qu'il n'y avait point de chômeurs dans la profession intéressée. Je ne veux pas revenir sur cette discussion. Contrairement à mon opinion, l'Association s'est, à la suite de cette discussion, prononcée pour la substitution du préavis à l'autorisation, mais dans quelles conditions ? C'est notre Président qui a décidé l'assemblée, mais par quels arguments ?

M. le Président. — Oui, je sais ce que vous allez dire !

M. Raoul Jay. — Notre Président insistait surtout sur ce fait que le régime auquel il demandait à l'assemblée de se rallier, comme compensation, comme rançon, pour ainsi dire, de la suppression de l'autorisation, assurait aux ouvriers d'autres avantages, notamment la généralisation de la journée de dix heures. Le projet gouvernemental, déposé devant la Chambre depuis juillet 1906, admet la même substitution du préavis à l'autorisation donnée après examen des demandes, mais toujours avec la même compensation, avec la même condition préalable : la généralisation de la journée de dix heures. J'ajoute que, même avec cette compensation, même avec cette rançon, l'Association devant laquelle je parle n'avait pas admis complètement les propositions adoptées par le Sénat en 1904. L'Association a considéré que le Sénat était allé trop loin, avait trop étendu les facultés de dérogation ; l'Association n'a pas admis que ces dérogations puissent prolonger le travail des enfants. Je ne crois pas me tromper en disant que le projet de 1906 ne va pas non plus aussi loin que la proposition votée par le Sénat.

M. Fontaine. — Il reproduit les dispositions qui ont été votées ici.

M. Raoul Jay. — C'est la confirmation de ce que j'indiquais. Le projet gouvernemental, comme celui voté ici, ne va pas, pour les dérogations, aussi loin que la proposition adoptée par le Sénat. N'y a-t-il pas, dans ce cas, un véritable danger à voter une formule qui semble mettre toute notre autorité au service de la proposition votée par le Sénat en 1904, proposition qui, dans son ensemble, avait paru inacceptable à l'Association ?

M. Petit. — Je suis plus sensible que personne aux objections que vient de faire M. Jay au texte du vœu. Mais il y aurait un moyen bien simple, il me semble, de tenir compte des observations de M. Jay : c'est, au lieu de viser la proposition adoptée par le Sénat en 1904, de viser la proposition actuellement pendante devant la Chambre et qui a fait l'objet du rapport de M. Godart.

MM. Millerand et Jay. — Très bien !

M. Gavelle. — C'est peut-être un peu grave ! Nous ne connaissons pas le texte voté par le Sénat, nous n'avons pas présent à la mémoire, dans tous ses détails, le projet rapporté par M. Godart : je crois que c'est engager un peu loin l'Association !

M. LE PRÉSIDENT. — Permettez-moi de vous faire remarquer qu'à vrai dire on ne peut pas demander à l'Association de se prononcer dans ce vœu sur l'ensemble du projet de loi qui vise toute une série de dispositions étrangères à l'objet du rapport et à notre discussion. Par conséquent, je crois que je ne trahis pas la pensée du Rapporteur en disant que l'objet du premier vœu est de demander à la Chambre de voter, dans le projet de loi qui lui est soumis, la disposition qui vise l'inspection. Nous ne visons, évidemment — je crois qu'il ne peut pas y avoir de doute sur ce point — que la disposition qui se rapporte à l'objet du rapport.

M. GAVELLE. — D'après les explications de M. Jay, la différence entre les deux projets serait que le texte voté par le Sénat permettrait les dérogations même pour les enfants, alors qu'au contraire le projet de la Chambre interdirait les dérogations pour les enfants.

M. Raoul JAY. — Il y en a bien d'autres ; il serait trop long de les énumérer. Avant tout, dans le projet du gouvernement, cette substitution du préavis à l'autorisation proprement dite n'est qu'une conséquence, qu'une condition de l'extension de la journée de dix heures. Les deux choses sont liées.

M. ARQUEMBOURG. — Est-il nécessaire de viser le projet de loi ? On pourrait dire : en le modifiant de façon à substituer le régime du préavis à l'autorisation préalable.

M. LE PRÉSIDENT. — Il ne faut surprendre personne. Il est certain qu'une partie des membres de l'Association voteront cette disposition, parce que, comme le rappelait M. Jay, celle-ci est une compensation et que son octroi, qui constitue pour les employeurs une amélioration de la situation actuelle, ce n'est pas douteux, est, si l'on peut dire, compensé par des charges nouvelles. Ce n'est que dans ces conditions que M. Jay et un certain nombre d'autres membres de l'Association la votent. Nous proposons donc une référence. Voici ce que je propose, pour indiquer que c'est une référence, et rien qu'une référence :

« ... que la Chambre des députés vote, dans le plus bref délai possible, la disposition figurant au projet de loi soumis à la Chambre par le rapport de M. Godart, disposition qui substitue pour l'octroi, etc. »

M. Lorin. — Vous ne spécifiez rien pour les dérogations ?

M. le Président. — Nous visons simplement le projet Godart.

M. Georges Alfassa. — Ne pourrait-on pas donner satisfaction à tout le monde, en votant un texte qui dirait :

... *que la Chambre substitue, etc., dans l'esprit déjà affirmé par l'Association et dans l'esprit du projet déposé par le gouvernement, etc.*

M. Arquembourg. — Je crois que cette proposition est acceptable.

M. le Président. — S'il n'y a pas d'opposition, sauf à rectifier la rédaction, je vais mettre aux voix le vœu ainsi modifié.

M. Arquembourg. — La rédaction que vous avez proposée ?

M. Raoul JAY. — Il me paraît essentiel de marquer que nous voulons une compensation. Nous serions très déçus — peut-être pas M. Arquembourg, mais moi — si on allait prendre dans le projet de loi cette disposition seule et la voter d'urgence.

M. LE PRÉSIDENT. — Oh ! vous pouvez être tranquille !

M. LORIN. — Il faut rester fidèle aux votes de l'Association. Avez-vous voté avec la condition essentielle de la compensation ?

M. LE PRÉSIDENT. — Cela résulte de la discussion.

M. LORIN. — Parce que, si vous avez émis l'idée de compensation, il faut que cela se retrouve ici.

M. LE PRÉSIDENT. — Voici ce que nous avons voté :

« En ce qui concerne la procédure des dérogations, il y aurait avantage à remplacer l'autorisation préalable de l'inspecteur du travail par un simple préavis de l'industriel conformément au texte adopté par le Sénat. »

Seulement il résulte des débats contenus dans le même volume que, si nous avons voté ce vœu, c'est qu'il était, pour ainsi dire, la compensation des dispositions nouvelles que contient le projet et qui imposent aux industriels des obligations nouvelles.

M. LORIN. — Alors, pourquoi ne mettriez-vous pas : « renouvelant son vote dans l'esprit où elle l'a émis...? »

M. LE PRÉSIDENT. — Et si nous disions : « émet le vœu que le projet de loi portant extension de la journée de dix heures substitue...? » On saura ce que l'on vote ! Et on ajouterait « ... et ne considère pas que les dérogations puissent être étendues aux enfants ? »

M. Fontaine. — Il me semble qu'il ne faut pas mêler ces deux questions différentes : la journée de dix heures et la réforme de l'inspection. La question des dérogations, au contraire, se rattache à notre sujet. Pourquoi substitue-t-on, en matière de dérogations, le préavis à l'autorisation ? Parce que cela simplifie énormément le travail de l'inspection et donne aux inspecteurs une grande mobilité. C'est donc bien une question liée à l'activité des inspecteurs. Je propose qu'on renouvelle le vœu dans les termes où il a été émis.

M. le Président. — Alors, nous dirions :

... renouvelant le vœu déjà émis par elle dans la séance du 1er mars 1904.

Je mets cette première partie aux voix.

Adopté à l'unanimité.

Emet le vœu que la Chambre des députés substitue, pour l'octroi des dérogations à la durée légale du travail, le régime du préavis à celui de l'autorisation par l'inspecteur divisionnaire.

Cette seconde partie est adoptée à l'unanimité.

M. le Président. — 2° *Que les frais de tournée alloués aux inspecteurs du travail soient portés à un chiffre assez élevé pour que l'activité de ces fonctionnaires ne se trouve pas suspendue, avant la fin de chaque année, par l'insuffisance de ce chiffre.*

Adopté à l'unanimité.

M. LE PRÉSIDENT. — 3° *Qu'il soit fait appel, dans la moindre mesure possible, au concours de la police ordinaire pour assurer l'application des lois réglementant le travail.*

M. Raoul JAY. — Je suis tout à fait d'accord avec M. Petit lorsqu'il affirme qu'il vaut mieux, pour faire appliquer les lois protectrices, employer les inspecteurs du travail que les officiers de police judiciaire. Mais, là où l'inspecteur est absent, là où il ne peut pas exercer son action, je préfère encore l'action de l'officier de police judiciaire à l'absence de toute action. (*Signe d'adhésion de M. Petit.*) Je puis m'asseoir, puisque M. Petit me donne satisfaction.

J'ajouterai pourtant que le dernier rapport de la Commission supérieure du travail nous montre lui-même que, parfois, cette action des officiers de police peut être utile. Vous savez que, pour l'application de la loi sur le repos hebdomadaire, on a fait appel au concours des officiers de police judiciaire. Le rapport de la Commission supérieure pour 1906 nous dit bien, à ce propos, que « l'intervention des officiers de police judiciaire est diversement jugée par les inspecteurs. » Mais il ajoute immédiatement : « On considère, en général, leur concours comme ayant été très précieux dans la majorité des cas, tout au moins au début de l'application de la loi. »

Je sais bien que, dans la suite, le même rapport déclare qu' « il semble que depuis quelques mois l'action des officiers de police judiciaire se ralentisse » et insiste sur les raisons pour lesquelles « l'application de la loi par un corps spécialement recruté à cet effet semble la solution la mieux indiquée. » N'en résulte-t-il pas, malgré tout, que le concours des officiers de police a pu rendre des services ?

M. Petit. — Je suis d'accord, au moins quant au fond, avec M. Jay, et j'amenderai volontiers ma rédaction de manière à atténuer ce qu'elle a d'un peu trop général peut-être.

M. le Président. — Voici un texte qui est proposé pour mettre d'accord MM. Jay et Petit :

... *Qu'il soit fait appel au personnel de l'inspection du travail de préférence à celui des officiers de police judiciaire pour assurer l'application des lois réglementant le travail.*

M. Lorin. — Je demanderais que la réforme de l'inspection du travail permît cela ; en principe, on ne doit pas recourir à la police.

M. le Président. — On dit « de préférence ». Je me permets d'ajouter ceci. Tout à l'heure, M. Jay a fait allusion à l'intervention de la police pour l'application de la loi sur le repos hebdomadaire. Mon expérience personnelle me permet de dire que la police ordinaire, avec les meilleures intentions du monde. j'en suis convaincu, a fait le plus grand mal à la loi sur le repos hebdomadaire. Les maladresses commises ont été pour beaucoup dans l'impopularité qui, dans certains milieux, a accompagné l'application de la loi.

M. Fontaine. — Il ne faut pas oublier que ce n'est pas toujours le commissaire de police qui se dérange ; c'est souvent un agent, très bien intentionné, mais plutôt préparé à l'arrestation des malfaiteurs qu'à l'interprétation de texte touffus et complexes.

M. Raoul JAY. — Si on peut les remplacer par des inspecteurs, je ne demande pas mieux !

M. ALFASSA. — Dans ces conditions, je ne vois pas bien l'utilité du vœu. Il dit, en somme, que c'est l'inspection du travail qui doit assurer le contrôle et demande qu'il soit fait appel à l'inspection de préférence pour surveiller l'application des lois : c'est ce qui existe actuellement.

M. Raoul JAY. — Je comprends très bien — d'ailleurs, le rapport de M. Petit l'indique, — le sentiment qui a dicté ce vœu. Il est arrivé, notamment au Conseil supérieur du travail, qu'un certain nombre de patrons ont dit : Pourquoi augmenter le nombre des inspecteurs du travail ? Est-ce que les agents de police ne suffisent pas ?

M. FONTAINE. — Ce n'est pas l'avis général. Au contraire, la majorité des patrons n'aiment pas à voir pénétrer chez eux des agents de police.

M. Georges ALFASSA. — Ne pourrait-on pas dire : *En cas d'insuffisance du personnel, mais dans la moindre mesure possible ?*

M. Raoul JAY. — On pourrait peut-être déplacer ce vœu, le placer après celui qui vise l'insuffisance du nombre des inspecteurs et indiquer la substitution de l'action des inspecteurs du travail à celle des officiers de police comme un des avantages qui résulteraient de l'augmentation du nombre des inspecteurs.

M. LE PRÉSIDENT. — Sous réserve du numérotage, le texte est adopté.

M. FONTAINE. — On pourrait mettre après le vœu

n° 5 : « et qu'il soit fait appel dans la moindre mesure possible au concours de la police ordinaire, etc. ».

M. le Président. — Le 3° étant ainsi rejeté à la suite du 5°, nous passons au 4° :

Que les inspecteurs du travail ne s'autorisent en aucune mesure de la collaboration bénévole de certaines associations patronales irresponsables, pour se relâcher d'une surveillance dont ils ont, aux termes de la loi, et dont ils doivent garder l'entière responsabilité.

M. Arquembourg. — Je suis peut-être un peu gêné pour prendre la parole, parce que je vais avoir l'air de parler *pro domo*, étant moi-même à la tête d'une des associations visées par M. Petit. Il ne l'a pas, il est vrai, nominalement citée dans son rapport, mais il a fait, en général, l'éloge des associations et je peux prendre ma part de ces éloges.

Je vous avoue que je suis un peu surpris de trouver ce vœu, après ce que nous avons entendu. M. Petit a constaté le rôle très intéressant rempli par ces associations en France ; il a dit qu'à l'étranger, notamment, on avait trouvé bon et utile de faire appel à ces associations pour assurer l'application des lois. Il me semble que, signalant cette collaboration et constatant qu'elle n'a pas donné de résultats défavorables, on ne doit pas comme conclusion aboutir à un vœu qui paraît au contraire de nature à mettre ces associations en suspicion et à les écarter. Je crois qu'il peut y avoir, dans le concours de ces associations, un rôle très intéressant à remplir. Il y a deux choses à distinguer dans l'application des lois sur le travail. Il y a la réglementation des heures de travail et la réglementation des mesures d'hygiène et de sécurité. La réglementation des heures de travail, il est évident que ce n'est pas le rôle d'associations patronales d'en contrôler l'application. Cela se fait cependant, et je citerai que, dans certains cas, quand les affaires ne sont pas prospères, les industriels ont été amenés à réduire les heures de travail, et eux-mêmes ont fait contrôler l'application des décisions prises. J'indique ce cas en passant. Je ne veux pas m'en servir pour dire que, même au point de vue des heures de travail, on peut confier, dans une certaine mesure, à ces associations, le soin de les contrôler, car c'est surtout dans les périodes de prospérité qu'on est incité à abuser de la prolongation des heures de travail.

J'arrive au second objet des lois sur le travail, c'est-à-dire l'amélioration de l'hygiène et de la sécurité. Le rapport s'est très longuement étendu sur les compétences variées qu'il est nécessaire de demander au corps de l'inspection du travail, pour arriver à des résultats sérieux en ce qui concerne l'application des lois et surtout au point de vue de l'application technique. Eh bien ! précisément, dans la collaboration de l'initiative patronale, dans la collaboration des associations, vous trouvez un concours absolument efficace.

Vous avez dit quelque part : ces associations remplissent un rôle utile, mais elles ne peuvent exiger trop de leurs adhérents, sous peine de les voir quitter l'association et, par conséquent, leur importance diminuer. Votre critique a quelque valeur ; mais, s'il y a là pour les associations un point faible, vous en avez un peu plus loin indiqué le correctif ; dans une phrase se rapportant au rôle de l'inspection, vous avez dit que l'inspecteur devait surtout acquérir une autorité morale. Or, ce qui fait l'avantage des associations, c'est qu'elles agissent précisément par cette autorité morale. Elles ne peuvent pas commettre d'erreur ; elles doivent donc être prudentes, aller peut-être moins vite que l'inspection du travail, être moins exigeantes, parce qu'elles ne peuvent pas conseiller des mesures concernant la sécurité et l'hygiène, sans être sûres que les conseils qu'elles donnent sont pratiques et utiles. Mais l'inspecteur du travail a plus de peine à acquérir cette autorité morale, car il va quelquefois trop vite, étant obligé, sous peine d'encourir des critiques, d'assurer l'application de la loi et d'exiger les dispositions prescrites pour la sécurité et surtout pour l'hygiène. Or, il ne suffit pas d'inscrire dans un texte : on fera tel progrès, pour qu'il soit immédiatement réalisable. Il y a des questions de pratique souvent très difficiles à résoudre et qui demandent de longs essais. Il arrive qu'en exigeant trop rapidement l'application de mesures désirables, qu'on arrivera certainement à réaliser un jour, on fait une école, on oblige les industriels à des installations quelquefois très coûteuses qui ne donnent pas les résultats attendus. Je pourrais citer des exemples d'améliorations concernant l'hygiène, extrêmement désirables, que l'on arrive à réaliser aujourd'hui de façon à peu près parfaite, mais qui ont donné lieu à des essais successifs et à des transformations renouvelées trois ou quatre fois dans le même établissement avant d'arriver au bon résultat. Quel est l'inconvénient de tout ceci ? D'abord de surcharger une industrie de dépenses inutiles et d'enlever un peu de cette autorité que vous voudriez donner au corps de l'inspection. Quand l'inpecteur prescrit certaines mesures d'une efficacité douteuse, dont l'effet sera parfois nul, je ne prétends pas dire qu'il le fait sans croire à leur efficacité ; il le fait certainement avec l'espoir d'en obtenir de bons résultats, mais il le fait surtout parce qu'il est obligé d'exiger l'application de la loi. Or, en matière d'hygiène, il y a de très grosses difficultés à prévoir les résultats, et, souvent, une installation, même bien faite, ne donne pas ce que l'on en attendait. Il y a là une question de progrès qui se fait lentement. Il n'en résulte pas moins que l'inspecteur a prescrit ou conseillé à l'industriel telle installation, et, quand cette installation ne donne pas les résultats prévus, il a perdu un peu de son autorité morale. Je crois que, pour arriver à assurer l'application des lois, il faut donner confiance aux industriels dans le corps de l'inspection. Il faut que l'inspecteur n'hésite pas à demander aux associations qui représentent les industriels d'étudier en commun les questions difficiles. Pour cela, il ne faut pas se montrer trop exigeant, il ne faut pas aller trop vite. Les associations ont cet avantage qu'elles obtiennent facilement des concours que les industriels n'hésitent pas à leur donner, parce qu'ils savent que l'on n'exigera pas d'eux des mesures très coûteuses, avant de s'assurer que ces mesures auront des résultats efficaces. Je crois qu'il y a là un rôle très intéressant joué par ces associations patronales. En Allemagne, on les a utilisées d'une façon beaucoup plus considérable qu'en France. Tout ce qui concerne les mesures d'hygiène et de sécurité est, en grande partie, du domaine des corporations industrielles...

M. Fontaine. — Parce qu'elles payent les accidents !

M. ARQUEMBOURG. — ... et les inspecteurs s'en déchargent en grande partie. Je crois bien me rappeler que le Rapporteur a dit qu'en Allemagne ces associations avaient été agréées par l'Etat. Il me semble qu'à ce point de vue il serait plutôt utile d'émettre le vœu que les inspecteurs, sans se relâcher de la surveillance générale, acceptent dans la plus large mesure le concours que peuvent apporter les associations, pour améliorer la sécurité et l'hygiène des établissements industriels ; il y a là une collaboration utile qu'il ne faut pas avoir l'air de rejeter. D'autre part, les associations sont une œuvre d'initiative privée : on en fait l'éloge dans tous les congrès. Seulement, chez nous, on fait également l'éloge de l'initiative privée ; mais, quand il s'agit de l'encourager ou d'en faciliter les résultats, on l'encourage en l'accaparant ou en la supprimant : cela est une mauvaise méthode, aussi j'insiste pour que le vœu soit modifié de façon à faire ressortir le rôle intéressant joué par les associations.

M. FONTAINE. — Je suis d'accord avec M. Arquembourg. Il n'est pas mauvais, il est bon que le vœu fasse ressortir le rôle utile des associations, tout en établissant bien où doit être et où reste la responsabilité. Je proposerai donc qu'on ajoute, à la place du mot « bénévole », les mots « utile » ou « très utile » et qu'on remplace le mot « relâcher » par le mot « négliger » Il ne faut pas que, collaborant avec une association, l'inspecteur s'en remette à elle ; et il ne peut pas s'en remettre à elle parce qu'il a une responsabilité qu'il ne peut passer à personne.

Ceci dit, je voudrais faire observer à M. Arquembourg que le rôle d'une association et le rôle d'un inspecteur ne sont pas les mêmes ; l'inspecteur, muni d'un texte dont il n'est pas responsable, qui a été établi par les autorités techniques compétentes, tel le Comité des arts et manufactures, a pour mission non pas seulement de faire établir des dispositifs fonctionnant déjà et connus, mais aussi quelquefois de provoquer les progrès indispensables que ledit Comité a reconnu possibles. Il n'est pas chargé d'indiquer les appareils à employer, — c'est le rôle de M. Arquembourg, — il est chargé seulement de rappeler le but à atteindre dans les termes mêmes du décret réglementaire. Si, par exemple, avant d'ordonner l'évacuation des poussières nocives des carderies, évacuation reconnue possible, l'administration avait attendu que des appareils très pratiques, sans aucun inconvénient, fonctionnassent dans un grand nombre de carderies, le problème ne serait pas encore résolu. Le principe de la nécessité de l'évacuation des poussières ayant été posé d'une façon impérative par les hygiénistes et inscrit dans un décret, l'inspecteur dut faire une mise en demeure, tout en accordant les délais nécessaires. Et ces mises en demeure ont surexcité l'initiative des industriels. Non pas que je veuille dire que les industriels se désintéressent de l'hygiène ; mais, absorbés par un grand nombre de préoccupations dont la première est forcément d'assurer un bas prix de revient, il est bon de remettre sous leurs yeux l'urgence de certaines mesures que l'âpreté de la concurrence leur ferait parfois différer. Il n'y a pas d'exemple, dans aucune branche d'industrie, surtout dans la construction des appareils protecteurs, que l'on ait trouvé d'emblée les appareils parfaits. Tous ont passé par une série d'étapes, ont été essayés à chacune et perfectionnés à l'usage.

Ainsi donc, le rôle de l'inspecteur n'est pas d'indiquer à l'industriel le meilleur appareil, mais le but à atteindre, et votre rôle, à vous association, est d'utiliser toutes les ressources de votre imagination et de votre technique pour mettre l'industrie à même de satisfaire aux règles les plus importantes de l'hygiène.

M. ARQUEMBOURG. — C'est précisément en raison de ce rôle différent des inspecteurs et de groupements professionnels, de cette collaboration dont M. Fontaine vient de dire d'une façon très nette qu'elle est extrêmement utile, qu'il me paraît nécessaire de protéger, dans une certaine mesure, ces groupements et d'indiquer aux inspecteurs du travail qu'ils peuvent trouver dans leur existence une collaboration précieuse.

M. PETIT. — Quant au fond, je suis d'accord avec M. le Directeur du travail, et j'admets l'exactitude de certaines des observations de M. Arquembourg. Je n'ai jamais eu l'intention, en rédigeant ce vœu n° 4, d'émettre une opinion défavorable aux associations patronales en question. Ce que j'ai voulu, c'est réagir contre une tendance qui s'est exprimée d'une façon formelle, notamment au Conseil supérieur du travail, tendance de certains patrons, qui n'allait à rien moins qu'à proposer que l'on abandonnât à certaines associations patronales — qui paraîtraient, d'ailleurs, offrir au ministère du Travail une surface, un caractère sérieux suffisants — la totalité des fonctions de l'inspection, en ce qui concerne certains établissements : ces associations se chargeraient de les surveiller elles-mêmes. Je trouve que c'est impossible. Pour ce qui est de la collaboration à laquelle M. Arquembourg paraît attacher une grande importance, il me paraît inutile d'émettre un vœu dans le sens de cette collaboration, car elle existe en fait. Quand des associations telles que celles dont parlait M. Arquembourg s'occupent de surveiller activement certains établissements, par la force même des choses l'inspecteur du travail a une tendance à s'occuper plutôt d'autres établissements que ceux-là. Il est donc inutile d'insister sur ce point. Je crois qu'on pourrait donner satisfaction à M. Arquembourg en insérant dans le texte du vœu n° 4 les mots que propose M. le Directeur du travail, c'est-à-dire en ajoutant après le mot « bénévole » les mots « et très utile », et en remplaçant le mot « se relâcher », qui est peut-être un peu vif, par le mot « négliger ».

M. Georges ALFASSA. — On pourrait mettre « s'abstenir ».

M. FONTAINE. — Ce n'est pas la même chose. Négliger veut dire : ne pas faire le nécessaire.

M. LORIN. — On pourrait mettre « tout en utilisant la collaboration de certaines associations ». Ce qu'il y a dans votre vœu, c'est un certain accent qui fait que, si j'étais inspecteur du travail, je ne désirerais pas entrer en relation avec ces associations.

M. LE PRÉSIDENT. — M. Lorin propose donc : « tout en utilisant la collaboration bénévole de certaines associations patronales, etc. »

UN AUDITEUR. — On pourrait peut-être supprimer le mot « irresponsables ».

M. FONTAINE. — Je proposerai de mettre des associations « de patrons », parce que le mot « patronal » a peut-être un autre sens.

M. le Président. — Non, il y a les associations ouvrières et les associations patronales.

M. Lorin. — Comme nous n'avons pas mis le mot « hygiène », on pourrait mettre « associations fondées pour la sécurité et l'hygiène ».

M. Arquembourg. — Il serait peut-être intéressant d'indiquer que ces associations s'occupent spécialement de l'hygiène et de la sécurité.

M. le Président. — Tout le monde le sait.

M. Arquembourg. — Non.

M. le Président. — La rédaction serait donc : « tout en utilisant la collaboration bénévole de cer- « taines associations patronales, ne négligent en au- « cune mesure... »

M. Lorin. — J'ajouterais « fondées pour la sécurité « et l'hygiène. »

M. le Président. — Et si c'est pour les accidents du travail ?

M. Lorin. — Cela fait partie de la sécurité.

M. le Président. — Je ne vois pas quel autre but ces associations pourraient poursuivre !

M. Arquembourg. — On pourrait comprendre les syndicats patronaux.

M. Lorin. — Nous pourrions mettre « s'occupant spécialement de l'hygiène et de la sécurité. »

M. le Président. — Voici la rédaction proposée : « ... des associations de patrons s'occupant de l'hygiène et de la sécurité du travail, ne négligent pas la surveillance, etc. »

M. Boissard. — Je trouve que c'est limiter beaucoup le droit de collaboration, parce que nous verrons, d'après le rapport de M. Lorin, dans quelle mesure l'inspection du travail pourrait bénéficier de la collaboration d'autres associations, d'associations ouvrières, par exemple. Je crois qu'il y a là évidemment une collaboration extrêmement intéressante et nécessaire, mais je crois que cette collaboration d'associations patronales est moins indiquée pour des motifs que tout le monde comprend. D'autre part, la collaboration sincère de certaines associations peut être utile dans certains cas.

M. Fontaine. — On n'a pas l'intention d'indiquer tous les concours.

M. le Président. — Vous les limitez, tandis qu'avec le texte « certaines associations patronales » vous ne les limitez pas. A l'heure actuelle, il n'y en a pas d'autres, qui s'occupent de la réglementation du travail, que celles qui s'occupent de la sécurité et de l'hygiène ; mais M. Boissard dit que, demain, il peut y avoir des syndicats de patrons qui désirent s'occuper des questions de réglementation à ce point de vue. On peut dire que c'est invraisemblable, il n'en est pas moins vrai que c'est possible.

M. Boissard. — Il peut y avoir des syndicats patronaux qui, dans le but de limiter la concurrence, veuillent tenir la main très strictement à l'application de certaines lois. Cela se peut. Pourquoi exclure cette collaboration ?

M. Lorin. — C'est parce que j'ai été chargé du

rapport sur la collaboration des associations qu'il faut ici, où M. Petit ne s'est occupé que de l'inspection, n'a visé que les questions d'hygiène et de sécurité, qu'il faut, en somme, que vous visiez certaines des associations, que vous limitiez la manière dont vous parlez de ce concours, parce que, plus tard, nous verrons qu'on peut faire appel parfois à la collaboration des syndicats patronaux et des syndicats ouvriers. Mais ce n'est pas la même chose.

M. le Président. — Alors, pourquoi ne pas viser toutes les associations ?

M. Arquembourg. — Parce que cela ne répondrait pas au but précis du rapport. Nous verrons cela plus tard.

M. Boissard. — L'observation de M. Lorin me confirme dans la pensée qu'on pourrait réserver le vœu après la discussion du rapport de M. Lorin, parce que, après le rapport de M. Lorin, nous aurons un vœu à émettre sur la collaboration des associations en général.

M. Petit. — Je ne pense pas que l'on puisse jamais admettre cette collaboration, même dans la pensée de M. Boissard, au point de décharger complètement à leur profit l'inspection du travail de la surveillance dont elle est seule responsable.

M. Boissard. — Non.

M. Petit. — C'est que telle est bien la pensée de certains patrons ; ils l'ont nettement exprimée au Conseil supérieur du travail.

M. Boissard. — Je crois qu'on pourrait s'en tenir à votre vœu, modifié d'après les termes primitifs, sans dire s'il s'agit de telle ou telle association, mais que dans tous les cas, quelle que soit la collaboration employée, les inspecteurs ne doivent pas négliger la surveillance dont ils sont chargés.

M. LORIN. — Je ne vois pas pourquoi on se limiterait aux associations patronales.

M. LE PRÉSIDENT. — Quel inconvénient y aurait-il à rédiger ainsi le vœu : « ... que les inspecteurs, tout en utilisant la collaboration bénévole de certaines associations privées, ne négligent en aucune mesure, etc. » ?

M. Georges ALFASSA. — Je crois qu'il y aurait un grand intérêt, ainsi que le disait M. Arquembourg, à ce que le vœu fût maintenu dans ses termes primitifs, parce que le rapport de M. Petit a été établi sur l'hygiène et la sécurite et que, d'autre part, à la suite du rapport de M. Lorin, on pourra introduire la formule générale que vous venez de lire, comprenant le concours des syndicats patronaux et des syndicats ouvriers et, d'une façon générale, les associations privées pour l'ensemble des questions du travail. Mais, en ce qui concerne l'hygiène et la sécurité du travail dont s'occupe le rapport de M. Petit, il ne serait pas mauvais que ce vœu soit voté.

M. ARQUEMBOURG. — Ces associations peuvent apporter un concours sérieux pour les questions d'hygiène et de sécurité. C'est pourquoi je demande qu'on vise d'une façon précise ces questions. Si, ensuite, on peut trouver dans la collaboration d'autres associations un concours également utile, nous ferons un vœu dans ce sens. J'ai donné des arguments qui indiquent que les associations dont s'occupe le rapport peuvent donner, au point de vue de l'hygiène et de la sécurité, un concours très important.

M. le Président. — Voici la rédaction proposée par M. Fontaine :

Que les inspecteurs du travail, tout en utilisant, le cas échéant, la collaboration bénévole des associations d'industriels fondées en vue de l'hygiène et de la sécurité des ateliers, ne négligent pas une surveillance dont ils ont, aux termes de la loi, et dont ils doivent garder l'entière responsabilité.

M. Fontaine. — Je crois que nous n'excluons ainsi aucun concours. Nous disons, à propos de certaines associations dont il a été question de faire des agents responsables : « non ! » Elles doivent seulement prêter leur concours.

M. l'abbé Meny. — On pourrait dire : « et autres associations ».

M. le Président. — Je mets aux voix l'amendement de M. Fontaine.

Adopté à l'unanimité.

M. le Président. — Nous passons au n° 5. Nous ajoutons au texte que vous avez sous les yeux : *... et qu'il ne soit fait appel que dans la moindre mesure possible au concours de la police ordinaire pour assurer l'application des lois.*

M. Lorin. — Je trouve que le vœu 5° rentre, en somme, dans l'idée des vœux 1° et 2°, tandis que le 4° est indépendant. Je trouve qu'il faudrait modifier l'ordre des vœux.

M. Raoul Jay. — J'ai déjà eu l'occasion d'affirmer combien j'étais d'accord avec M. Petit sur la nécessité d'augmenter le nombre des inspecteurs. J'éprouve, au contraire, quelque hésitation à accepter le programme précis et limité qu'il nous propose. Il déclare que l'augmentation serait suffisante le jour où les établissements occupant plus de cinq ouvriers seraient visités une fois par an.

M. Petit. — Je n'ai pas dit que ce serait suffisant.

M. Raoul Jay. — Alors, je demande à M. Petit de s'expliquer un peu plus ; il semble, d'après les termes du vœu qui nous est soumis, que, ce jour-là, nous serons arrivés, non pas à un idéal, mais à un état satisfaisant.

M. Petit. — Je vais répondre aux préoccupations de M. Jay. Au fond, nous sommes d'accord. Je ne considère nullement ma formule, qui est plutôt empirique, comme représentant l'idéal de l'inspection en France. C'est une formule d'attente ; elle marque une étape. Je ne pense pas que l'on puisse déduire de la rédaction de mon vœu, — sans cela je la modifierais très volontiers, — qu'il faille aller jusque-là et non plus loin. J'ai pris cette formule parce qu'en fait elle a déjà été donnée, notamment dans le rapport, au Sénat, de M. Lourties sur le budget de 1907. C'est une formule provisoire et c'est dans cette pensée que je demande qu'on la vote. Si nous demandons trop, il y a des chances pour que nous n'obtenions rien. Tandis que, si nous marquons une étape vers laquelle nous proposons qu'on s'achemine, il y a des chances pour qu'on nous suive.

M. Fontaine. — Je crois qu'il y a une part d'illusions dans les désirs de notre ami Jay. Il n'a pas dit ce qu'il voudrait, mais je crois sentir qu'il voudrait que chaque établissement fût visité plusieurs fois par an. Cela ne me paraît ni pratique, ni indispensable. Dans un village où il y a de tout petits ateliers, il n'est pas nécessaire et il est très coûteux de les visiter souvent. Au point de vue de l'hygiène, quand un petit établissement a été visité et mis en état, une nouvelle visite à bref délai ne s'impose pas. Au point de vue des heures de travail, on pourra obtenir de bons résultats si les visites sont faites à l'improviste ; et c'est surtout dans les grands établissements qu'elles doivent être fréquentes, parce qu'il y a beaucoup de personnes à protéger. Ne rêvons pas d'avoir un contrôle tel qu'aucune infraction ne puisse se produire. Ce n'est possible en aucune matière. Je crois que le vœu demande quelque chose de pratiquement possible et qu'il faut nous borner à demander cela.

M. Raoul Jay. — J'avoue que notre Directeur du travail me semble un peu pessimiste. Son idéal est que les établissements qui comptent moins de cinq ouvriers soient visités tous les trois ans. Cet idéal me paraît un peu court. Remarquez que ces établissements sont parfois ceux où les fraudes sont le plus nombreuses.

M. Fontaine. — Si un établissement de deux ouvriers viole dix fois la loi sur la durée du travail, cela a, en thèse générale et sauf cas particuliers, moins d'importance qu'un établissement de mille ouvriers qui la viole une fois.

M. Raoul Jay. — Je n'en suis pas sûr, parce que

ces questions ne se tranchent pas mathématiquement. Elles ont un côté moral. Toute violation de la loi a une importance morale. Je conçois que l'on ne puisse pas arriver, dans un bref délai, à ce que je désirerais, à savoir l'inspection complètement efficace. Mais n'y a-t-il pas quelque inconvénient à limiter, à déterminer de cette façon rigide le but, même le but prochain à atteindre ? N'y a-t-il pas quelque inconvénient — j'appelle sur ce point l'attention de l'assemblée et, particulièrement, celle de MM. Fontaine et Petit — à établir en termes aussi rigides une distinction entre les établissements ayant moins de cinq ouvriers et les autres, quelque inconvénient à indiquer que ces petits établissements pourraient n'être vus que tous les trois ans ? Ne semblons-nous pas dire que, pour ces petits établissements, on fera ce qu'on pourra ?

M. ARQUEMBOURG. — Je ne vois pas bien l'utilité de cette formule ; je ne vois pas bien ce qu'elle ajoute. Nous demandons qu'on augmente le nombre des inspecteurs ; je ne vois pas la nécessité de surcharger ce vœu. Cela peut avoir l'inconvénient de limiter l'idéal de l'Association, tout en souhaitant qu'il soit beaucoup moins étendu que celui de M. Jay en matière d'application des lois sur le travail. Un autre désavantage de cette formule, c'est que l'on donne une indication qui me paraît fausse. Il semble que nous disions que les petits établissements n'ont pas besoin d'être visités, ou qu'il suffit de les visiter une fois par hasard ; les inspecteurs ne sont que trop portés à ne pas les visiter du tout, car ils sont souvent d'un accès difficile.

Il est regrettable de ne pas visiter ces petits établissements, parce que les violations de la loi y sont plus fréquentes. Ce qui doit nous préoccuper, c'est que la loi ne soit pas régulièrement violée, car cela serait d'un effet moral déplorable. Ce ne sera pas une chose grave si, une fois par hasard, dans un grand établissement, quelques ouvriers ont dépassé la durée de la journée pour une circonstance exceptionnelle ou si l'industriel s'est mis en contravention parce qu'il aura prolongé le travail sans demander à l'inspecteur l'autorisation qu'il aurait pu obtenir. C'est souvent de cette façon que se produisent les contraventions à la loi dans les grands établissements. Ce sont plutôt des contraventions à la procédure d'application de la loi que des contraventions à la durée réelle du travail. Tandis que, dans les petits ateliers où se trouvent deux ou trois ouvriers et souvent des enfants, c'est la violation qui paraîtrait systématique, si elle n'était souvent due à l'ignorance même de la loi. C'est là surtout ce qu'il faut viser, et, en donnant une indication inexacte, on pousse la surveillance à se relâcher.

M. le Président. — Je demande à répondre d'un mot à MM. Jay et Arquembourg. Je considère que le grand avantage du vœu proposé, c'est d'indiquer un progrès immédiat et certain. J'estime qu'il faut, à l'égard de l'industrie, adopter la même méthode que, par exemple, à l'égard du travail à domicile. Il est certain que le travail à domicile offre toutes sortes d'inconvénients et de vices que nous avons bien l'espoir, un jour plus ou moins prochain, de faire disparaître ; mais il est certain aussi que nous n'avons qu'un moyen d'atteindre le travail à domicile un jour, c'est d'atteindre d'abord le travail à l'usine et dans l'atelier. De même, je suis convaincu que, si nous voulons faire respecter la réglementation du travail dans les petits établissements, le moyen le plus sûr et le plus rapide est encore de la faire respecter d'abord dans les grands. Par conséquent, demander que tous les établissements occupant plus de cinq ouvriers puissent être visités au moins une fois par an, sauf à ce que l'on ne visite les autres, quant à présent, que tous les trois ans, c'est faire quelque chose de rationnel et de méthodique. Tandis que, si on proposait de visiter tous les établissements au moins une fois par an, évidemment ce serait très bien sur le papier ; mais je suis sûr qu'on ne pourrait pas le faire. Ainsi, quels que soient les inconvénients de la proposition qui vous est faite, je crois qu'elle doit être acceptée. Evidemment, elle n'est pas parfaite, parce que, dans l'état des choses, il n'est pas possible de faire une proposition parfaite. Cependant, le vœu qui vous est soumis constitue non seulement un progrès sur ce qui existe actuellement, mais, surtout, ce qui me paraît plus important, un acte de bonne méthode et un pas dans l'orientation pratique.

M. Boissard. — Je ne suis pas tout à fait de l'avis de notre Président. Sa méthode pose une règle générale, mais qui n'est pas en rapport avec les nécessités de la situation. Il n'est pas indispensable, peut-être, que tous les établissements, ayant plus de cinq ouvriers soient visités une fois par an ; il est plus utile que tel établissement soit visité cinq ou six fois et tel autre à de longs intervalles seulement. Evidemment, on a pris cela comme une moyenne ; on a voulu demander que les inspecteurs soient assez nombreux pour que tous les établissements qui ont plus de cinq ouvriers soient visités au moins une fois par an ; mais cette formule a l'inconvénient de donner des précisions sur lesquelles les inspecteurs pourront ensuite calquer leur activité.

M. LE PRÉSIDENT. — Ce n'est pas un texte de loi.

M. BOISSARD. — Je crois qu'il serait préférable d'indiquer d'une façon moins précise : « que le nombre des inspecteurs soit suffisant pour assurer le service régulier ».

M. LORIN. — Je demande la suppression de « et les autres une fois tous les trois ans ». Ce que je demande, c'est que vous ne donniez pas une indication à l'inspection. Vous donnez une indication, comme le disait M. Arquembourg, en disant que les autres n'ont pas besoin d'être visités. Si, au contraire, vous dites simplement « le nombre d'inspecteurs suffisant pour visiter les établissements qui occupent plus de cinq ouvriers », sans parler des autres, vous ne donnez pas une indication à l'inspection. D'un autre côté, je crois que ce sont les petits établissements qui en ont le plus besoin.

M. FONTAINE. — La proposition de M. Boissard est à ce point générale qu'elle est dépourvue d'indication utilisable. Si vous dites qu'il faudra visiter les établissements industriels le plus souvent possible, on pourra vous répondre que le nombre des inspecteurs est suffisant.

M. BOISSARD. — Je n'ai pas donné cela comme une formule parfaite.

M. FONTAINE. — Non seulement elle n'est pas parfaite, mais elle ne formule pas nos conclusions. Que signifie la formule proposée par le Rapporteur ? Elle permet de calculer le nombre des inspecteurs actuellement indispensable. Elle ne prétend pas dire que l'inspecteur devra passer une fois par an seulement dans les grands établissements et une fois tous les trois ans dans les petits établissements. Elle dit, considérant en gros l'industrie : si vous avez, en dehors des plaintes qui motivent des visites spéciales, un personnel qui suffise à voir une fois par an tous les établissements contenant plus de cinq ouvriers, pour l'instant, ce n'est pas mal. Je tiens à faire ressortir également comme une forte exagération l'appréciation d'un des précédents orateurs qui estime importants les établissements de cinq ouvriers. Ce sont de tout petits établissements.

M. Lorin. — Je suis tout à fait d'accord avec M. Fontaine au point de vue de l'indication que c'est pour un calcul que nous fixons cela. C'est pour cela que je demanderai que cette rédaction soit un peu remaniée pour indiquer que c'est pour un calcul à faire que nous donnons ce chiffre.

M. Raoul Jay. — On parle de l'industrie, mais il ne faut pas oublier que l'inspection a actuellement à s'occuper du commerce. Je crois que cette indication précise de limitation... .

M. Fontaine. — Pour l'industrie et le commerce.

M. Raoul Jay. — Non, jusqu'à présent, je crois que toutes les suppositions, toutes les observations, tous les arguments ont été présentés dans la pensée de l'industrie. En tout cas, il me paraît intéressant d'indiquer qu'il ne s'agit pas seulement de l'industrie et qu'en ce qui concerne le commerce, si on ne visite que tous les trois ans les établissements de commerce ayant moins de trois employés, on finira par en visiter un très petit nombre. Je crois qu'entre autres l'application de la loi sur le repos hebdomadaire sera difficile à obtenir, si on ne visite les établissements qui ont moins de cinq ouvriers que tous les trois ans.

M. le Président. — Si on visitait les établissements qui ont cinq ou six ouvriers tous les ans, je vous assure que ce serait un progrès considérable.

M. Raoul Jay. — Le progrès serait considérable, je le reconnais. Ce que je regrette, c'est que le vœu présente cet état de choses, que je considérerais encore comme très défectueux, comme le but à viser et le seul but à viser.

M. le Président. — Pas le seul !

M. Raoul Jay. — J'ai peur que le vœu soit ainsi compris. J'ajouterai : poser en principe que l'on ne visitera les petits établissements que tous les trois ans me paraît particulièrement dangereux pour l'inspection des établissements commerciaux.

M. Fontaine. — Vous trouvez que c'est possible pour l'industrie et impossible pour le commerce : je dirais presque le contraire. L'inspecteur n'a rien à voir dans les établissements commerciaux, ou presque rien : les mesures d'hygiène sont élémentaires, les mesures de sécurité sont nulles ; pour la durée du travail, c'est la même chose. On peut dire que, dans un établissement, une fois qu'on a assuré le couchage, l'inspecteur n'a guère autre chose à faire qu'assurer le repos hebdomadaire, c'est-à-dire s'assurer que l'établissement est fermé le jour du repos hebdomadaire. Eh bien ! je crois que l'on n'appelle pas cela une visite : l'inspecteur se promène dans les rues de la ville et note dans chacune d'elles les établissements qui sont fermés. Supposez un inspecteur qui, dans sa ville de résidence, veuille faire appliquer le repos hebdomadaire : il se promène dans la rue, il voit que cet établissement est fermé. Est-ce que vous croyez qu'il y a utilité à le faire entrer deux fois dans ce magasin ?

M. Capitant. — C'est le roulement qui est difficile à assurer et qui exige des visites dans les établissements. Il est évident que le repos collectif du dimanche n'offre aucune difficulté, mais le repos par roulement exige la surveillance.

M. l'abbé Meny. — Pour les petits établissements, il est difficile d'appliquer la loi de 1903. Il n'y a qu'à voir le peu de résultats que l'on a obtenus, malgré des démarches colossales. Chaque fois qu'un fait est signalé, on fait des démarches, mais les résultats obtenus, même pour le lit individuel, sont infiniment restreints. Avec ce délai de trois ans, ce sera pire. Quand on sera passé une fois, si le patron ne fait pas les changements, il en aura pour trois ans à être tranquille.

M. Fontaine. — Mettez « le plus souvent possible ».

Une inspectrice. — Il y a la visite légale une fois par an et, en plus, celles qui se produisent à la suite de dénonciations.

M. Lorin. — Nous avons l'air de tracer leur devoir aux inspecteurs. Selon l'idée qu'avait M. Fontaine, qui est de donner une base de calcul, nous ne tracions pas son devoir à l'inspecteur, et, ici, par la rédaction du vœu, nous avons l'air de le faire. Il faudrait indiquer que nous réclamons une augmentation du nombre des inspecteurs, que ce nombre doit être augmenté, parce que nous calculons sur cette base.

M. le Président. — Je crois qu'une chose ne peut pas être mise en doute, après les observations échangées au cours du débat actuel : c'est que le vœu 5° n'a qu'un caractère essentiellement transitoire. Ceci dit, si on insiste sur les critiques, il est évident qu'on a le choix entre deux formules. On peut dire : ou bien qu'on demande l'augmentation du nombre des inspecteurs du travail, purement et simplement, ou bien qu'on demande l'augmentation du nombre des inspecteurs en disant pourquoi et où on veut arriver actuellement.

M. Lorin. — On peut concilier les deux en disant que nous demandons cette augmentation et que, pour aujourd'hui, ne pouvant faire plus, nous demandons telle augmentation, basée sur tel calcul.

M. Fontaine. — Nous pouvons demander que le nombre des inspecteurs soit augmenté et que, pour un prochain délai, l'augmentation soit calculée sur telle base.

M. le Président. — M. Petit me fait remarquer que sa formule entraînerait une augmentation de 74 inspecteurs. C'est considérable pour le Parlement.

M. Boissard. — Une augmentation de 74 ? Combien y en a-t-il actuellement ?

M. le Président. — Il y en a 134.

M. Boissard. — Demandons qu'on augmente le nombre des inspecteurs d'un tiers à titre provisoire.

M. le Président. — Ou bien il ne faut pas émettre de vœu, ou bien il faut en émettre un essentiellement pratique. Ou bien nous ne dirons rien du tout, ou bien nous dirons quelque chose qui puisse aboutir à un résultat prochain et concret. Car dire simplement que nous voulons qu'on augmente le nombre des inspecteurs...

M. Boissard. — Qu'on indique « dans la proportion de...! »

M. Lesueur. — On pourrait mettre : « que le nombre des inspecteurs soit augmenté ». C'est une première affirmation ; puis mettre un point et virgule et continuer : « et que, dès à présent (ou dans le plus bref délai possible), il soit calculé de telle manière que... »

M. le Président. — C'est ce que dit le vœu.

M. Lesueur. — Oui, mais j'ajoute quelque chose. Je mets un point et virgule après « augmenté », je modifie la phrase.

M. Lorin. — Que ce soit une base de calcul.

M. Raoul Jay. — M. Lesueur propose « dès à présent ».

M. Lesueur. — Ou dans le plus bref délai possible. Mon amendement est surtout le point et virgule, et « et que dans le plus bref délai, etc. »

M. le Président. — Je ne vois pas bien ce que cela ajoute au vœu.

M. Lesueur. — Je fais une première affirmation : « que le nombre soit augmenté ».

M. le Président. — Elle est dans le vœu.

M. Lesueur. — Je fais maintenant une phrase incidente : « et que dans le plus bref délai possible ».

M. Capitant. — On pourrait ajouter « en attendant mieux ».

M. le Président. — Je mets aux voix la première partie du vœu : *Que le nombre des inspecteurs soit augmenté ;*

Adopté à l'unanimité.

M. le Président. — Deuxième partie :

... *et que, dans le plus bref délai possible, il soit calculé de telle manière que, en attendant mieux, les établissements occupant plus de cinq ouvriers soient visités au moins une fois par an, les autres au moins une fois tous les trois ans.*

Adopté à l'unanimité.

M. le Président. — Nous ajoutons à la suite le vœu 3°. Puis nous passons au sixième vœu :

Que des conférences plus fréquentes des inspecteurs divisionnaires, réunis sous la présidence du ministre du Travail, assurent une plus grande uniformité dans l'application des lois réglementant le travail et, notamment, dans l'octroi des dérogations qu'elles prévoient.

M. le Président. — Du moment que l'on met « des

lois réglementant le travail », le reste me paraît inutile. Nous le supprimons à partir de : « et notamment ».

Adopté à l'unanimité.

M. LE PRÉSIDENT. — Septième vœu :

Que le projet de loi sur le contrôle de la durée du travail, déposé le 14 juin 1904 sur le bureau de la Chambre, soit voté par cette assemblée dans le plus bref délai.

M. ARQUEMBOURG. — Nous avons discuté très longuement tout à l'heure parce que, dans le premier vœu, on visait un projet de loi. Je trouve qu'il serait beaucoup plus grave de voter le 7e, qui n'a pour but que de viser un projet de loi que nous n'avons pas discuté.

M. Georges ALFASSA. — Je vous demande pardon !

M. ARQUEMBOURG. — Nous avons discuté une fois un projet émanant du gouvernement.

M. Georges ALFASSA. — C'est celui-là.

M. ARQUEMBOURG. — Pas tout à fait, parce que ce projet a été soumis à l'examen d'une commission de la Chambre qui l'a très notablement modifié. Si on a discuté sur le projet primitif, il y a des critiques beaucoup plus grandes à soulever contre celui de la Chambre. Or, si nous demandons le vote du projet, on pourra faire une confusion et croire que nous approuvons le projet tel qu'il est, tandis que nous nous référons à celui qu'on avait discuté ici et auquel les adversaires du projet primitif avaient fini par se rallier en grande partie, alors qu'ils ne se seraient pas ralliés au texte actuel, moi le premier qui avais pris la parole contre ce projet et qui m'étais rallié en partie parce que M. Fontaine, avec qui j'avais discuté certains points, avait apporté des modifications qui me donnaient satisfaction, au moins en grande partie. Or, ces modifications ont disparu du projet soumis aux délibérations de la Chambre. Ce projet a considérablement aggravé, non seulement le texte que nous avions élaboré, mais le texte même du projet primitif. Je crois qu'il serait dangereux d'émettre un vœu sur un projet qui, comme je le disais, n'a pas été discuté ici. Je suis opposé à ce vœu.

M. Georges ALFASSA. — Je n'ai pas suffisamment présent à l'esprit le rapport de M. Chambon ; mais je sais que j'en ai parlé avec M. Jay et que j'ai eu l'impression que le projet de M. Chambon atténuait singulièrement celui que nous avions élaboré.

M. Raoul JAY. — Il désemparait absolument la proposition.

M. Georges ALFASSA. — Je disais seulement qu'il atténuait.

M. ARQUEMBOURG. — Il modifie, mais pas dans le sens que dit M. Jay.

M. Raoul JAY. — Si nous avions le texte, vous verriez !

M. Georges ALFASSA. — Mon impression a été que le projet était très atténué.

M. ARQUEMBOURG. — Alors, si nous sommes d'accord pour trouver que le projet sorti des délibérations de la Chambre est dangereux, laissons-le de côté.

M. Raoul JAY. — Il a supprimé certaines règles qui paraissaient nécessaires et je ne le voterais pas. La seule façon de procéder ici, c'est de rappeler notre propre vœu.

M. LE PRÉSIDENT. — Disons simplement : « l'Association renouvelle le vœu déjà émis par elle au sujet du projet de loi sur le contrôle de la durée du travail ».

Adopté à l'unanimité.

Le vœu 8° est adopté sans observation, puis la séance est levée.

Séance du Samedi 23 Mai 1908

PRÉSIDENCE DE M. MILLERAND

M. LE PRÉSIDENT. — Nous en étions restés, à la dernière réunion, au vote du 9e vœu présenté à la suite du rapport de M. Eugène Petit. Il est ainsi conçu :

Que l'accès de professionnels d'élite aux fonctions d'inspecteur du travail soit assuré par l'institution d'un second concours où ils puissent donner la mesure de leur connaissance pratique approfondie des industries ou métiers qu'ils auront exercés, en même temps que des connaissances juridiques, techniques et d'hygiène indispensables à tout inspecteur du travail.

Quelqu'un demande-t-il la parole au sujet de ce vœu ?

M. Raoul JAY. — C'est, je crois, à propos du vœu qui vient de nous être lu que se pose la question du double concours pour le recrutement des inspecteurs ?

M. LE RAPPORTEUR. — Oui.

M. Raoul JAY. — Notre rapporteur conclut à l'institution de deux concours, dont l'un pourrait s'appeler le concours scientifique et l'autre le concours pratique : le second étant particulièrement destiné à faire entrer dans les corps de l'inspection les gens qui ont manié l'outil et possèdent des connaissances professionnelles beaucoup plus que des connaissances théoriques.

Cette proposition a certains côtés séduisants ; elle me paraît cependant devoir soulever plus d'une objection. Ces objections ont été déjà parfois formulées ; je n'aurais pas pris la parole, si certains de ceux avec qui j'ai eu l'occasion de m'en entretenir se trouvaient là pour exprimer leur opinion.

N'y a-t-il pas quelque danger à ce que, dans l'avenir, le corps des inspecteurs se recrute de deux façons, sorte, en quelque manière, de deux écoles ? Cette dualité d'origine n'a-t-elle pas eu, dans d'autres corps, certains inconvénients ? N'est-il pas à craindre qu'avec les deux concours, il s'établisse comme une hiérarchie entre les deux catégories d'inspecteurs, que les inspecteurs pratiques, les inspecteurs ouvriers, ne se trouvent, vis-à-vis des inspecteurs scientifiques, un peu comme des sous-officiers vis-à-vis des officiers ?

Je voudrais amener M. Petit à s'expliquer plus complètement sur ces questions qui me paraissent graves.

Ne pourrait-on arriver au même résultat par un système un peu différent qui n'aurait pas le même inconvénient ? Au lieu d'avoir deux concours que je pourrais appeler parallèles, ne pourrait-on pas avoir deux concours superposés ? Ne pourrait-on pas, au lieu d'une hiérarchie d'inspecteurs, avoir une hiérarchie de concours ? Il me semble qu'il pourrait y avoir des avantages à un système dans lequel les inspecteurs admis à la suite d'un même concours, ayant tous une origine commune, pourraient être appelés à subir, lorsqu'ils s'en jugeraient capables, les épreuves d'un concours supérieur, auquel ils seraient tous appelés. Ce second concours supérieur serait, à certains égards, ce qu'est l'École de guerre pour les officiers. Il me paraît qu'il aurait pour effet d'entretenir entre les inspecteurs une heureuse émulation, d'amener au moins certains d'entre eux à donner un effort nouveau, pour acquérir un grade supérieur.

Des hommes dont la compétence en ces matières est grande m'ont paru penser qu'un pareil système serait préférable à celui qui nous est proposé. Je tenais à le signaler à l'assemblée.

Une inspectrice. — Est-ce qu'au lieu de « aux fonctions d'inspecteur du travail » on ne pourrait pas dire « à l'inspection du travail » ? Parce qu'on a l'air de parler des inspecteurs du travail, en supprimant les inspectrices.

M. le Président. — Cette expression comprend les inspectrices du travail, mais on peut mettre, en effet, « inspection du travail ».

M. Lorin. — Cela vaut mieux.

M. le Président. — La question primordiale à trancher est celle des deux concours. Sur ce point, M. le Rapporteur veut-il nous donner quelques explications ?

M. le Rapporteur. — L'objection que M. Jay vient de m'adresser m'avait déjà été faite avant cette séance notamment par M. le Directeur du travail, à l'opinion duquel, je crois, M. Jay faisait allusion.

M. Raoul Jay. — Parfaitement.

M. le Rapporteur. — M. le Directeur du travail

m'a dit qu'à son avis, il y avait lieu de craindre que, si on recrutait ainsi au moyen de deux concours distincts, dont le programme serait sensiblement différent, deux catégories d'inspecteurs, par la suite, ces deux catégories ne se confondent pas, comme je supposais qu'elles le feraient, mais qu'au contraire il s'établisse entre elles, peut-être, quelque jalousie, quelque rivalité qui nuirait au bon fonctionnement et à l'unité de l'inspection du travail. L'objection avait déjà été faite antérieurement et je m'y étais arrêté moi-même en étudiant cette question. Vous en trouverez la trace en lisant mon rapport. Je n'avais pas cru que cette objection dût être un obstacle insurmontable à l'adoption d'un système tel que celui que je proposais pour le concours de recrutement de l'inspection. J'estime, en effet, que ce système est commandé par des nécessités pratiques. Il y a deux catégories d'inspecteurs à recruter pour les services de l'inspection. Une première catégorie qui, je crois, en fait, doit être la plus nombreuse, est celle des inspecteurs à compétence générale. Ces inspecteurs seront affectés aux sections d'inspection dans lesquelles il n'existe pas une industrie prépondérante, une industrie ayant, par rapport aux autres qui s'exercent dans la même section, une importance relative considérable. Puis une seconde catégorie, plus restreinte en nombre, d'inspecteurs spécialistes qui, eux, seront affectés à telle section de l'inspection dans laquelle une industrie particulière, l'industrie métallurgique, textile, par exemple, aura une importance dominante. On affecterait alors ces inspecteurs spécialistes à la surveillance de l'industrie dans laquelle ils ont, eux, une compétence particulière.

Il me paraissait et il me paraît encore, à l'heure

actuelle, très difficile de recruter, au moyen d'un seul concours, deux catégories d'inspecteurs de compétences aussi différentes. D'une part, en effet, il est désirable que les inspecteurs à compétence générale, qui forment la première catégorie dont je viens de parler, aient une compétence sensiblement supérieure à celle que suppose aujourd'hui le concours en vigueur. Donc, il y aurait lieu, pour obtenir des inspecteurs de cette catégorie plus compétents qu'ils ne le sont actuellement, de renforcer la difficulté de ce concours. D'autre part, pour recruter des inspecteurs spécialistes formant la seconde catégorie dont je parlais tout à l'heure, il est indispensable d'introduire dans le programme du concours des épreuves, elles aussi spéciales, afin de permettre aux concurrents de montrer leur compétence technique particulière dans telle ou telle industrie et de pouvoir admettre aux fonctions d'inspecteurs des techniciens qui, peut-être, très probablement même, n'auront pas la culture générale des inspecteurs se présentant à l'autre concours. Il sera nécessaire de diminuer à leur intention certaines des difficultés qu'on rencontre actuellement dans le concours. Il y avait là deux exigences qui me semblaient absolument distinctes, presque contradictoires, deux réformes qui me paraissaient et me paraissent encore difficiles à réaliser dans le même concours simultanément. A moins d'en arriver à la solution à laquelle le ministère du Travail a abouti, c'est-à-dire à diversifier le concours, uniquement en y introduisant des épreuves facultatives ou des épreuves techniques très variées.

Cette solution, qui était évidemment la plus simple, si on ne voulait pas recourir à un projet de loi, me paraît avoir un inconvénient assez grave dans la pratique ; car, en poursuivant à l'excès, comme on se trouve entraîné à le faire, la diversité des épreuves du concours, on a beaucoup de peine à maintenir, il me semble, l'égalité des conditions de la lutte entre les concurrents. Il est à craindre — et je crois savoir qu'en fait cela s'est produit — que certains d'entre eux ne s'imaginent que tel ou tel de leurs camarades de concours a été, en fait, avantagé, parce que l'épreuve technique à laquelle on l'a soumis présentait une difficulté moindre que celle qu'eux-mêmes ont été obligés de subir.

J'ajouterai qu'outre cette difficulté de réaliser la double réforme que j'avais en vue sans dédoubler le concours, il me semble que cette rivalité que l'on redoute entre les deux catégories d'inspecteurs ne pourrait manquer d'aller s'atténuant si, comme je le proposais, on ne faisait, une fois les deux concours passés, aucune espèce de différence entre les deux catégories d'inspecteurs. J'entends que ces deux catégories auraient des situations identiques quant aux droits des inspecteurs et, notamment, quant aux droits à l'avancement et quant au chiffre des appointements.

Néanmoins, je ne méconnais pas la gravité de l'objection que m'avait signalée M. le Directeur du travail ; mais, alors, peut-être y aurait-il une solution que M. Fontaine m'indiquait lui-même d'un mot. On ne maintiendrait pas complètement le système actuel de l'unité du concours ; mais, au lieu de placer deux concours à l'origine du recrutement des inspecteurs, on instituerait, après un concours unique assurant le recrutement, et au cours de la carrière des inspecteurs, un autre concours qui, lui, aurait pour objet de recruter parmi les inspecteurs une catégorie spéciale d'inspecteurs techniques à compétences particulières, que l'on affecterait à l'inspection de telle ou telle industrie déterminée. On pourrait, en concevant ainsi le second concours, tenir compte de l'objection que m'adressait tout à l'heure M. Jay, puisque l'unité de recrutement serait assurée à la base.

Néanmoins, je crois que cette solution, à laquelle il faudra peut-être aboutir, faute de mieux, n'ira pas sans quelque difficulté. Elle suppose, notamment, que l'on trouvera, en fait, dans le corps des inspecteurs, précisément les candidats à compétences techniques spéciales dont on aura besoin à un moment donné. Si, en effet, on n'ouvre le concours qu'entre les inspecteurs, il est à craindre qu'en fait, au moment où on aura besoin de recruter des inspecteurs ayant des connaissances techniques spéciales dans telle ou telle industrie, il ne s'en trouve pas parmi les inspecteurs en fonctions. De plus, pour encourager les inspecteurs à se présenter à ce concours, il me semble qu'il sera nécessaire de leur assurer quelques avantages spéciaux et, notamment, un traitement plus élevé. Je me demande si ces deux objections — ce sont celles qui me viennent immédiatement à l'esprit, mais il peut y en avoir d'autres — ne devront pas être prises en considération lorsque nous aurons, tout à l'heure, à examiner la question de savoir si, par voie d'amendement, on ne pourrait pas modifier le texte que j'ai proposé, le remplacer par un texte plus précis, qui aurait pour objet l'institution d'un second concours entre inspecteurs.

Telles sont les réponses que je crois pouvoir faire aux objections qui m'ont été adressées, mais je suis à la disposition de l'assemblée pour répondre sur les autres points que l'on voudra bien me signaler.

M. Lorin. — La difficulté provient de ce qu'il y a deux catégories d'inspecteurs que vous voulez différencier. On est parti de l'idée qu'il fallait faire entrer des praticiens dans l'inspection du travail, c'est-à-dire, en somme, des ouvriers. C'est pour cela que l'on veut un concours moins difficile. Puis vous voulez un second concours pour le recrutement d'une seconde catégorie d'inspecteurs qui serait comme l'Ecole de guerre pour les officiers, pour reprendre la comparaison de M. Jay. Ce concours serait plus difficile, plus intellectuel. Je comprendrais ce concours si c'est pour déterminer, par exemple, parmi les inspecteurs du travail, un choix d'inspecteurs connaissant plus particulièrement l'électricité ou la médecine. Mais cela ne remplirait pas le but que vous vous proposez : l'introduction des praticiens dans l'inspection du travail. C'est la solution que semblent proposer M. Jay et le Directeur du travail, c'est-à-dire unité d'origine avec, quand le besoin s'en produira, un second concours. Quand il s'agit de faire cela pour trouver des gens plus intelligents, ayant fait des études, je comprends cette solution, elle vient naturellement à l'esprit. Mais ce n'est pas le cas : vous voulez introduire des praticiens dans l'inspection du travail ! Alors, vous ferez un premier concours extrêmement facile et votre second concours sera pour déterminer quoi ? La culture générale ? Ou les connaissances spéciales ? Je ne comprends pas très bien.

M. Arquembourg. — J'avais précisément demandé la parole pour combattre ces deux concours. Après ce que l'on a dit, ma tâche me paraît singulièrement simplifiée. Je suis heureux de me trouver aujourd'hui d'accord sur un point avec M. Raoul Jay : cela ne nous arrive pas toujours... (*Rires.*) Je le constate avec d'autant plus de plaisir. Je cesse d'être d'accord avec lui lorsqu'il propose un concours au second degré. Je ne vois pas très bien à quoi répond ce second concours. Les deux concours d'origine ne se comprennent pas, si vous donnez aux inspecteurs les mêmes pouvoirs. Si vous leur donnez les mêmes pouvoirs, les mêmes attributions, il me paraît nécessaire qu'ils aient la même compétence assurée par le concours. Il ne me paraît pas qu'il soit plus intéressant d'instituer un second concours ayant pour but de spécialiser les inspecteurs dans telle ou telle industrie, comme le disait le Rapporteur. Je ne crois pas que ce soit possible. Dans une région, il peut y avoir une industrie prédominante ; mais, dans cette même région, il y a d'autres industries, et il faudra que l'inspecteur les visite également. J'estime, du reste, qu'il n'y a aucune utilité à ce qu'un inspecteur soit un praticien absolument compétent dans une industrie déterminée. Les inspecteurs n'ont pas à s'occuper des questions industrielles. Ils ont à s'occuper de l'application des textes législatifs faciles à appliquer sans la connaissance spéciale technique de telle ou telle industrie. Ils ont à appliquer les règlements sur l'hygiène ou la sécurité : ces règlements ne nécessitent pas une compétence technique spéciale. Or, d'après ce qui a été dit, le second concours aurait pour but de recruter des inspecteurs ayant des connaissances techniques dans une industrie déterminée. Vous seriez alors appelés à créer des inspecteurs attribués non pas à telle circonscription territoriale, mais affectés à l'inspection de telle industrie, des inspecteurs qui devraient rayonner, par exemple, sur toute la France. Cela ne me paraît pas pratique. Je crois que, s'il y a besoin dans le corps d'inspection de quelques techniciens ayant des compétences spéciales, cela ne peut être qu'une exception ; la question de l'hygiène est peut-être la seule où il y ait intérêt à avoir des inspecteurs ayant des connaissances spéciales. Or, il me semble qu'il est très facile de distinguer parmi les inspecteurs en fonctions ceux qui, par la nature de leurs études, de leurs travaux, par les services qu'ils ont rendus, possèdent ces connaissances spéciales, sans avoir recours à un concours dont les résultats, à mon avis, seront incomplets en général. En résumé, j'estime que la sélection peut se faire tout naturellement, au choix, parmi les inspecteurs et que l'on obtiendra ainsi des résultats plus sérieux, étant donné surtout que les inspecteurs spéciaux resteront toujours une exception et que la nécessité de leur création restera elle-même une exception.

M. Boissard. — Il me semble cependant que cette spécialisation de l'inspection existe en partie en Angleterre.

M. le Rapporteur. — Oui, pour l'industrie textile.

M. Boissard. — En étudiant les textes législatifs se référant au mesurage du travail dans le textile, j'ai constaté qu'il y avait, en Angleterre, une inspection spéciale pour l'application de ces textes. J'ai même constaté que l'application de ces textes n'était devenue sérieuse que depuis la création d'une inspection spéciale. Les résultats de cette inspection spéciale ont été merveilleux, à telle enseigne que, lorsqu'on a commencé, il y avait un inspecteur et maintenant il y en a 8 ou 9, pour cette question spéciale. On a reconnu que, pour l'application de textes présentant des difficultés techniques très grandes, il fallait un technicien. Le premier inspecteur désigné a été un ancien secrétaire de trade-union de l'industrie textile qui avait souvent signalé, au nom de son union, des défectuosités qui existaient dans le mesurage. On a pensé qu'il connaissait la question à fond et on l'a chargé de cette tâche. Ce système fonctionne au mieux des intérêts de tous. Les patrons eux-mêmes ont reconnu qu'il était extrêmement compétent, qu'il ne dressait de contravention que quand il était besoin d'en dresser.

M. le Rapporteur. — Je me proposais justement de citer le fait que vient de rappeler M. Boissard.

M. Arquembourg. — Cela vient à l'appui de ce que je disais. Il faudra un inspecteur spécial pour chaque industrie spéciale.

M. Boissard. — Je ferai remarquer que, pour l'inspection spécialisée, il sera difficile d'instituer un concours spécial, parce qu'alors il faudra autant de concours que de matières. On pourra recruter par un choix judicieux, parfois, des techniciens qui se seront signalés au concours par une spécialité. Si on instituait pour la question du mesurage dans l'industrie textile, par exemple, ou pour l'électricité, un concours pour trouver des techniciens, on arriverait à ce résultat que des gens se prépareraient avec beaucoup d'attention à ce concours. Vous auriez peut-être trois ou quatre cents candidats, alors que vous auriez une place ou deux, et vous auriez alors des gens qui se seraient préparés peut-être pendant de longues années, sans résultats possibles, alors qu'on pourrait trouver de suite des praticiens sans avoir recours au concours, en choisissant des personnes indiquées par leurs études antérieures.

M. Stroihl. — Au point de vue pratique, il y a une différence entre l'Angleterre et la France. En Angleterre, vous avez une loi spéciale pour l'industrie textile. En France, vous avez une loi générale. En Angleterre, l'industrie textile est, en quelque sorte, concentrée sur le même point du territoire, tandis que vous avez de l'industrie textile sur tout le territoire français. Par conséquent, ce qui se fait en Angleterre pourrait difficilement se faire en France. D'un autre côté, si vous donnez à des inspecteurs des choses trop techniques à inspecter, ces inspecteurs seront alors des inspecteurs généraux, obligés de circuler un peu dans toutes les régions où l'industrie spéciale qu'ils connaissent se trouve. Je crois que l'on s'expose à avoir des frais généraux considérables. Ce qu'il faut, c'est avoir, pour toutes les régions, des inspecteurs qui se spécialisent dans les questions d'hygiène.

M. Georges Alfassa. — Je voudrais dire un mot en faveur de la spécialisation des inspecteurs, non pas aussi étend[illegible] mais dans les termes où M. Petit l'a propo[illegible] notamment pour l'électricité et pour certaines spécialités de métiers. Ce que l'on vise, en somme, dans le projet de modification, c'est à faciliter l'accession de l'inspection aux ouvriers, non pas aux ouvriers appartenant à une profession déterminée, mais à l'ensemble des professions. Or, qu'est-ce qui arrive en ce moment ? On sent la nécessité de renforcer les connaissances des inspecteurs en électricité ou en matière d'industrie textile, par exemple, de manière à rendre le concours plus difficile sur ces branches, comme le montrent les dernières modifications apportées au programme. En fait, on rétablit un monopole en faveur des ingénieurs. M. Razous, ici présent, qui fait un cours de préparation des ouvriers à l'inspection, vous dira qu'il a eu des succès : au dernier concours, il a fait recevoir le premier. Mais c'était un ouvrier mécanicien spécialiste et je défie un ouvrier de l'industrie textile ou de toute autre industrie de passer le concours que celui-ci a passé pour l'électricité. La seule solution serait d'avoir des inspecteurs spécialisés, recrutés d'une manière à déterminer, et un concours essentiellement pratique, portant sur la législation du travail spécialement dans l'industrie dont serait chargé l'inspecteur général.

M. le Président. — Je crois que les observations très intéressantes et très précises que vient de présenter M. Alfassa vont directement à l'encontre de l'institution d'un concours d'origine spécialisé. J'ajoute que, quant à moi, je suis assez peu enclin à admettre deux concours d'origine. Je puis d'autant mieux le dire que, lorsque je suis arrivé au ministère du Commerce, où je me suis naturellement inquiété de la question de l'inspection, j'étais plutôt disposé à accepter l'idée de deux concours, mû par des idées qui, en général, conduisent beaucoup de personnes à préconiser l'idée de deux concours. Ces idées ne sont pas celles dont on a parlé, sauf M. Alfassa qui vient d'y faire allusion. En effet, en général, quand on a préconisé l'idée de deux concours, cela n'a pas été, du tout, au point de vue de la capacité technique spéciale de tel ou tel inspecteur, mais au point de vue de l'esprit même qui doit régner dans le corps de l'inspection. On a jugé qu'il convenait de faire entrer dans les cadres de l'inspection des ouvriers qui apporteraient à l'inspection du travail une tournure d'esprit et des dispositions qui, croyait-on, n'y pourraient être introduites que de cette façon. Je suis tout à fait d'avis que cette tournure d'esprit et ces idées doivent, en effet, pénétrer dans le corps des inspecteurs du travail. Je me hâte de dire qu'elles y ont pénétré et qu'à l'heure actuelle la grande majorité des inspecteurs y est acquise ; en tout cas, si elle ne l'est pas complètement, c'est le devoir du ministère du Travail et de son Directeur — et tout le monde ici connaît trop le Directeur du travail pour admettre une minute qu'il y manque — de faire pénétrer cet esprit dans le cadre des fonctionnaires. Mais ce serait, à mon avis, un procédé déplorable que de croire qu'on parviendra à changer l'esprit des inspecteurs en établissant deux concours d'origine différents, en permettant à un homme qui n'aura pas cet esprit de devenir inspecteur et en rangeant dans un second concours, qui serait à la fois inférieur quant aux capacités et supérieur pour la tournure d'esprit, une autre catégorie de candidats.

Je crois que, si on veut faire un cadre de candidats inspecteurs qui répondent aux besoins de la législation du travail, c'est-à-dire qui veuillent appliquer et faire respecter la législation du travail comme elle doit être respectée, il n'y a qu'une manière de procéder. C'est, d'une part, dans le concours d'origine, de demander des connaissances suffisantes à tous les candidats sans distinction ; c'est, ensuite, dans la direction du service, dans la direction que le ministère du Travail et le Directeur du travail, à Paris, exercent sur les inspecteurs du travail, de faire prédominer les idées qui doivent nécessairement guider ce corps de fonctionnaires. Mais c'est d'idées bien différentes que s'est inspiré notre Rapporteur en parlant de deux concours d'inspecteurs, et ce sont ses idées que l'on vient de discuter. Il ne s'agit pas de savoir s'il y a intérêt à faire prédominer dans le corps des inspecteurs telle ou telle manière de voir, si, pour les faire prédominer, il faut s'adresser, par des concours spéciaux, à des candidats spéciaux. La question est celle-ci : les inspecteurs ne seraient pas assez compétents pour telle ou telle industrie particulière, que ce soit l'industrie textile, les industries électriques ou telles autres. Et alors, pour le recrutement de ces inspecteurs compétents, on créerait un concours spécial destiné à amener dans le cadre de l'inspection du travail les techniciens, les professionnels qui y manquent.

Je me permets une première observation : je crois que ce qui est particulièrement important dans l'inspection du travail, si l'on veut de bons inspecteurs du travail, c'est beaucoup moins la technicité pratique que les idées générales. Je n'émets pas cette idée tout à fait absurde, que n'importe qui puisse être inspecteur du travail et accomplir ses fonctions sans connaître les outillages qu'il a à inspecter et la technique de l'usine où il pénètre. Je ne dis pas cela, mais je dis que la question de technicité est beaucoup moins importante que la question de connaissance, d'une part, des textes législatifs et, surtout, que l'esprit dans lequel il convient d'appliquer la législation et les textes. Il se peut — je suis même tout disposé à l'admettre — que, pour le bon fonctionnement du service, il soit désirable que la direction du travail ait à sa disposition tel ou tel technicien. Mais, alors, je pense qu'on doit et qu'on peut trouver dans l'inspection du travail ces techniciens, surtout si les inspecteurs du travail sont avertis qu'à un moment donné on peut faire appel à tel ou tel technicien particulier, parce qu'alors, ils feront ce qu'ils font d'ailleurs déjà : ils se livreront, chacun suivant son origine, suivant ses travaux particuliers, à l'étude toute spéciale de telle ou telle catégorie d'industrie. Je ne mets pas en doute qu'étant donné le cadre déjà existant, étant donné surtout que ce cadre doit être encore étendu, on ne trouve chez les inspecteurs du travail les connaissances nécessaires. Mais je ne saurais trop insister sur l'idée que M. Jay indiquait tout à l'heure : décider le double concours originaire, ce serait, à mon avis, prendre une mesure détestable, très dangereuse au point de vue même de l'inspection du travail, non seulement pour les inspecteurs eux-mêmes, qui seraient ainsi discrédités, diminués, suivant leur origine, mais pour les industriels et pour les ouvriers qui, suivant qu'ils seraient inspectés par un inspecteur de telle ou telle origine — et pour l'origine, ce serait comme dans tous les corps, comme dans l'armée : elle suivrait toujours l'inspecteur — se croiraient plus ou moins bien inspectés. Il me semble que ce qu'il faudrait, sauf, bien entendu, les observations du Rapporteur, ce serait fondre en un les deux vœux 9 et 10 ; le premier, qui parle de deux concours d'origine et le second, qui demande qu'au-dessus des inspecteurs divisionnaires soient créés quelques inspecteurs spécialistes.

Je voudrais surtout retenir l'idée de ce second vœu : l'idée qu'il peut être utile de créer des inspecteurs spécialistes, sans d'ailleurs préciser autant, que ces inspecteurs spécialistes seront tout à fait supérieurs, au-dessus même des inspecteurs divisionnaires. Ce que l'Association pourrait indiquer et retenir, ce qu'il y a d'utile et de vrai dans les observations du Rapporteur, c'est ceci : c'est que la Direction du travail doit pouvoir, dans les cadres des inspecteurs du travail, prendre, désigner certains inspecteurs spécialistes et les appeler à telle ou telle besogne particulière, mais en laissant à la Direction du travail le soin et la responsabilité de faire ce choix et surtout, c'est sur ce point que je me permets d'insister, sans créer à l'origine deux concours distincts.

M. Gavelle. — La discussion a porté sur deux ordres d'idées différents. Premièrement sur la capacité technique spéciale de certains inspecteurs. Ce n'est pas à ce sujet que j'ai des observations à présenter, c'est sur la question soulevée par M. Lorin, de savoir si, à côté des inspecteurs recrutés par le concours à raison de leurs connaissances théoriques, il ne serait pas utile d'avoir des inspecteurs recrutés parmi les praticiens. Dans cet ordre d'idées, il y a peut-être un mode de recrutement qui pourrait présenter l'avantage de procurer des inspecteurs capables, quoique moins exigeants, comme appointement, que ceux recrutés au concours; en faisant une place, dans le corps des inspecteurs, aux anciens prud'hommes qui justifieraient d'un certain nombre d'années de prud'homie, 25 ans, par exemple, qui n'arriveraient, par conséquent, à l'inspection du travail qu'assez tard dans la vie, et pour lesquels l'expérience acquise pourrait suppléer aux examens. Ce seraient des gens ayant été dans l'industrie, en connaissant la pratique, connaissant aussi les difficultés qui s'y trouvent continuellement soulevées.

On peut objecter que les difficultés dont ils ont eu à connaître étaient d'ordre privé et non d'ordre public; mais on ne passe pas 20 ou 25 ans de sa vie à exercer les fonctions de prud'homme sans s'intéresser aussi aux questions générales relatives au droit du travail, sans être fort au courant du droit public en ce qui touche le travail. J'estime que ces anciens prud'hommes pourraient être d'excellents inspecteurs, apportant une expérience pratique et un certain sens rassis qui sont les plusieurs essentielles qualités que comporte la fonction d'inspecteur du travail. Un jeune homme peut être très bien documenté, très instruit, connaître très bien le programme du concours et n'avoir pas ce sens pratique qui est nécessaire chez l'inspecteur du travail.

Je vous soumets l'idée de faire une place dans l'inspection aux anciens prud'hommes. Je ne sais pas si elle vient à propos en ce moment; il m'a paru que, parmi les vœux qui nous sont soumis, il y en a un seul qui a trait au recrutement des inspecteurs et que c'était à l'occasion de ce vœu que je devais soulever la question que je ne vous demande pas de résoudre immédiatement.

M. Georges Alfassa. — Dans mon désir d'être bref, je me suis peut-être mal expliqué. Je suis au moins aussi adversaire des deux concours que M. le Président lui-même. C'est pour cela que j'estime qu'il y a lieu de bien faire attention à la nécessité qui s'impose, si on veut faciliter l'accès de l'inspection aux ouvriers, de ne pas hérisser de difficultés absolument hors de leur portée le concours qui donne accès à l'inspection et j'envisage, à la manière du second vœu de M. Petit, l'organisation d'un système d'inspecteurs spécialistes. Je ne demande pas à l'Association de se prononcer ici sur la manière dont ce corps doit être recruté ; j'estime qu'elle doit se prononcer simplement sur le principe général qui consiste à confier une portion de ce qui actuellement est l'apanage de l'inspection à des inspecteurs spéciaux, de façon à décharger l'inspection ordinaire de cette partie du travail : par exemple, l'inspection des usines électriques ou de l'industrie textile ; que ce soit l'affaire de cinq ou six inspecteurs spécialistes répartis dans toute la France, en plus de l'inspecteur spécial adjoint à l'inspecteur divisionnaire, recrutés soit au choix, soit par concours, mais de façon à ce que les inspecteurs dont la fonction est d'assurer l'application des lois ouvrières puissent émaner d'un seul concours accessible à tous les ouvriers de toutes les catégories.

M. Boissard. — M. le Président indiquait que cette spécialisation, à laquelle, je crois, vont tous nos vœux, pourrait s'obtenir par un recrutement dans le corps même des inspecteurs actuellement existants. Il me semble qu'un moyen d'obtenir cette spécialisation dans le corps des inspecteurs existants consisterait peut-être en ceci qu'il serait utile qu'on s'attachât moins à donner aux inspecteurs une circonscription rigide territoriale et que, dans un cercle divisionnaire, par exemple, au lieu d'avoir un inspecteur attaché à une circonscription purement territoriale, il fût attaché spécialement à un groupe d'industries qu'il inspecterait. Par exemple, dans le Nord, il y a, je crois, six inspecteurs...

M. ARQUEMBOURG. — Il y en a treize, plus une inspectrice.

M. BOISSARD. — C'est encore mieux. Chacun a sa circonscription territoriale. S'il y en avait un ou deux pour l'industrie métallurgique, six pour l'industrie textile et un autre pour la verrerie, etc., on arriverait ainsi à former ces spécialistes que l'on pourrait ensuite transporter dans une autre région. Il me semble qu'il y a quelque chose de contradictoire à ce qu'un inspecteur qui fait un pays où sont groupées les industries textiles inspecte aussi les métallurgies et les verreries, alors que cette inspection pourrait être donnée à un collègue.

M. LORIN. — Je demanderai que l'on fasse des vœux séparés pour la question des praticiens et pour la question des spécialistes. Ce sont des questions différentes. Nous demandons qu'il soit bien établi, puisque tout le monde est d'accord sur ce point, que nous demandons un concours unique, facile, accessible aux ouvriers. Nous pourrions peut-être préciser le vœu sur ce point. Ensuite, nous avons la question de l'institution d'inspecteurs spécialisés, comme le propose M. Boissard. Cela fait deux vœux différents. Je demande que l'on discute une question avant l'autre et que l'on ne passe pas de l'une à l'autre.

M. Raoul JAY. — M. Lorin a raison. Il y a deux questions. Première question : doit-il y avoir, à l'entrée de la carrière, deux concours, un concours pratique et un concours théorique ? Seconde question, tout à fait distincte : avons-nous besoin d'inspecteurs spécialisés et comment nous les procurer, si nous en avons besoin ?

M. PETIT. — Je répondrai, dans l'ordre d'idées où s'est placé M. Boissard, en indiquant une objection que, peut-être, M. Boissard n'a pas prévue, qu'en tout cas il n'a pas exprimée. Dans ces observations antérieures, il m'avait fait le reproche de n'avoir pas été jusqu'au bout de ma pensée, et il m'avait dit : « Si vous vous mettez à spécialiser, il faudra spécialiser *ad infinitum*, c'est-à-dire créer autant de concours qu'il y aura d'industries distinctes dans un pays donné ». En effet, si on pousse cette idée jusqu'à ce point, elle devient pour ainsi dire absurde ; elle devient irréalisable.

M. BOISSARD. — Par voie de concours.

M. PETIT. — Aussi bien ai-je indiqué, en prévoyant cette objection, qu'il faut se résigner à n'aller dans la voie de la spécialisation que jusqu'à la spécialisation par grandes catégories industrielles. Par exemple, il y aurait des spécialistes pour la métallurgie. Il y a, en France, des régions où l'industrie métallurgique est de beaucoup, on ne saurait le nier, l'industrie prépondérante. Il pourrait y avoir aussi, malgré la dispersion relative de l'industrie textile, dans certaines régions où cette industrie se trouve concentrée, un inspecteur spécialiste.

M. le Président nous disait tout à l'heure qu'il attachait beaucoup plus d'importance, d'une façon générale, à l'esprit dans lequel l'inspection serait faite, aux idées générales des inspecteurs, qu'à la compétence technique de ces inspecteurs. Je suis le premier à reconnaître la grande importance de l'esprit dans lequel l'inspection sera exercée ; mais je suis obligé de reconnaître aussi que les pays les plus avancés dans l'organisation de l'inspection — et pour prendre un exemple qui, en cette matière, se présente de lui-même, je citerai l'Angleterre, — ont reconnu, avec le temps et depuis bien des années déjà, la nécessité de faire une part plus large à l'inspection technique. L'Angleterre a non seulement un inspecteur en chef de l'industrie textile auquel elle subordonne un nombre assez grand d'inspecteurs spéciaux, elle a encore un inspecteur, dont parlait M. Alfassa, l'inspecteur chef électricien, pour inspecter, d'une façon générale, l'industrie électrique en Angleterre. Probablement, par la force des choses, on sera amené à continuer dans cette voie de la spécialisation. C'est précisément cette idée qui m'avait amené à proposer l'institution d'un concours spécial à l'origine, pour le recrutement de spécialistes. Mais tout à l'heure je me suis pour ainsi dire rallié d'avance à une solution mixte qui, ce me semble, tiendrait un compte suffisant des objections essentielles que l'on m'a opposées. Il me semble que, si on acceptait certaines propositions, celle notamment qui m'a été suggérée par M. le Directeur du travail, d'instituer un second concours dans l'intérieur même de la carrière d'inspecteur, on arriverait au recrutement désiré de spécialistes. Toutefois, il me semble que cette solution soulève une objection que j'avais prévue et à laquelle on n'a pas encore répondu : c'est qu'il peut très bien arriver que, dans le corps des inspecteurs, il n'y ait pas, en fait, ces spécialistes dont on aurait besoin. Pour prendre, par exemple, l'industrie électrique, quand je me suis entretenu avec M. Fontaine, il m'a dit : « Nous avons dans les services de l'inspection, un inspecteur, — il n'est pas besoin de le nommer : tout le monde le connaît, — qui est un spécialiste remarquable de l'industrie électrique, et dont nous pourrions, au besoin, faire un inspecteur spécialement affecté à cette industrie. » Mais, de ce fait que, actuellement, il y a cet inspecteur dans le corps de l'inspection, il ne résulte pas que, pour l'industrie électrique ou pour toute autre industrie, on trouvera toujours ce ou ces spécialistes. C'est là une objection sérieuse, il me semble, au système mixte auquel, cependant, faute de mieux, je me rallierais. Mais que ceux qui ont fait des objections à mon système veuillent bien, à leur tour, formuler un vœu répondant à mes objections : nous nous mettrons peut-être d'accord.

M. le Président. — Voulez-vous me permettre de répondre à l'appel qui vient d'être fait par M. Petit ? La grande objection de ceux qui ont présenté des observations sur le concours originaire d'abord proposé, c'est la dualité du concours d'origine. Par conséquent, je ne suis pas, quant à moi, partisan du vœu 9 qui porte exclusivement sur l'institution d'un second concours à l'origine. Au contraire, je suis d'accord avec le Rapporteur pour considérer qu'il peut y avoir intérêt pour l'inspection du travail à affecter spécialement certains inspecteurs à certaines industries. Reste cette autre question : Comment le ministre du Travail désignera-t-il ces inspecteurs ? Je dois avouer immédiatement que je ne suis pas un fanatique des concours. Je reconnais cependant que, pour l'entrée, le concours vaut mieux qu'autre chose, parce que, si nous n'avions pas le concours, nous aurions la faveur, et ce serait de beaucoup pire. Par conséquent, sur ce point, il ne peut y avoir de discussion. Mais, une fois le recrutement assuré par le concours, comme je suppose que l'affectation de tel ou tel inspecteur à telle ou telle industrie, étant donné qu'il n'y aura pas de différence honorifique ou pécuniaire, n'entraînera pas une grande émulation, ni, surtout, au point de vue du favoritisme, de bien grands inconvénients, il me semble qu'on pourrait laisser à la Direction du travail le soin et la responsabilité de décider, d'après les capacités particulières de tel inspecteur, son affectation à telle industrie. Et alors, répondant à l'appel très légitime que fait M. le Rapporteur, voici par quoi je proposerais de remplacer les vœux 9 et 10. Je ne réponds pas à la question du double concours, parce que je suis personnellement hostile au double concours originaire, comme vous-même. J'indique simplement l'utilité et la possibilité d'affecter des inspecteurs spécialistes à certaines industries. Je remplace les vœux 9 et 10 par un vœu à peu près ainsi conçu :

Que le ministère du Travail affecte spécialement, selon les besoins des diverses régions, certains inspecteurs à certaines industries.

M. Lorin. — Ne pourrait-on pas ajouter que, dans telles régions, au lieu de répartir les inspecteurs par subdivisions régionales, on pourrait les répartir par subdivisions industrielles ?

M. Boissard. — On pourrait exprimer le vœu que la compétence des inspecteurs ne soit pas exclusivement territoriale, mais technique.

M. Georges ALFASSA. — J'ai le regret de ne pas être tout à fait d'accord avec le vœu de M. le Président. M. Lorin disait, et M. Jay a appuyé cette opinion, que la question de l'origine des inspecteurs et la question de la spécialisation sont deux questions différentes. Je trouve qu'elles seront connexes et qu'il sera absolument impossible de se mettre d'accord sur le programme du concours d'origine permettant l'accès de l'inspection à tous les candidats, quelle que soit leur origine, si on n'a pas décidé que l'on doit éliminer beaucoup de connaissances indispensables pour permettre d'assurer ce qui est actuellement une des branches de l'inspection. Il faut donc poser en fait que certaines branches de l'inspection seront assurées par des spécialistes ; ceci posé, vous pourrez ensuite ouvrir largement le concours à tout le monde et instituer un concours unique.

M. LE PRÉSIDENT. — Je voudrais poser un simple point d'interrogation. Si je vous comprends bien, quand vous aurez institué un concours général pour les inspecteurs, vous instituerez, par exemple, un concours particulier pour les inspecteurs de l'industrie textile ? C'est un point d'interrogation que je pose.

M. Georges ALFASSA. — Je considère qu'il n'y aura pas lieu de créer une infinité de spécialités, mais il y a au moins quelques industries dont la spécialisation sera nécessaire. J'estime qu'il faudrait, soit par voie de concours, soit par le choix direct, — je ne me prononce pas, — déterminer la création d'un corps d'inspecteurs techniques. M. Petit nous disait : « Avec le second concours, vous risquez de ne pas trouver dans le corps des inspecteurs alors existants les connaissances nécessaires. » Je suis un peu de son avis ; d'autant plus que, si vous faites un concours général facile, vous risquez d'être amenés à recevoir des gens qui auront satisfait à ce concours, peut-être mieux que tel ingénieur ou tel électricien, qui sera très compétent dans son industrie, mais qui aura moins bien satisfait à l'examen d'hygiène ou à l'examen sur la législation que tel ancien ouvrier ou que tel médecin. Et cependant voilà un homme qui aurait bien été à sa place et qui est éliminé. Ceci me paraît d'autant plus important que nous sommes obligés, pour faciliter l'accession des ouvriers à l'inspection, d'avoir un concours relativement facile au point de vue de la technique industrielle Vous savez qu'il y a une tendance de plus en plus marquée chez les ouvriers à s'occuper de l'inspection. Ils manifestent deux craintes. Tous d'une manière générale se méfient du concours et estiment que c'est une barrière infranchissable qu'on leur oppose. Les uns se contenteraient de délégués, comme les délégués mineurs. Nous avons eu à Paris un Congrès de l'Association ouvrière de l'hygiène des ateliers. La question à l'ordre du jour était celle de l'inspection du travail. Ce Congrès comprenait des délégués de toutes les Bourses du travail, de tous les syndicats. Il pouvait donner une idée moyenne de l'opinion ouvrière. J'ai vivement combattu la solution qu'ils proposaient, mais ils ont manifesté les mêmes sentiments au dernier Congrès qui vient d'avoir lieu. Ils sont pour la désignation directe des inspecteurs par les syndicats, comme les conseillers prud'hommes. J'ai indiqué que la question était différente. En réalité, soit par méfiance, soit par modestie, ils ne veulent pas du concours et viennent dire : nous n'avons pas la possibilité, avant 35 ou 40 ans, de passer un concours comme celui-là. J'estime que, si on veut avoir des inspecteurs capables d'assurer le train du service de l'inspection dans l'industrie un peu technique, on est amené à maintenir dans le programme des connaissances que la grande majorité des ouvriers ne pourront jamais acquérir et que, par suite, on écartera du concours la presque totalité des ouvriers, à quelques rares professions près.

M. Razous. — Je crois qu'un seul concours est absolument nécessaire. Pour être inspecteur il faut connaître la législation et surtout l'appliquer dans un certain but, pour obtenir certains résultats. Il faut connaître les principes de l'hygiène, de la prévention des accidents, les appliquer à un ensemble d'industries. Un inspecteur du travail doit être surtout intelligent, avoir des notions de mécanique et être capable de les appliquer suivant l'industrie dont s'agit. Un spécialiste connaîtra telle industrie. Vous savez que les industries sont tellement nombreuses que le spécialiste sera un spécialiste pour une fraction infiniment petite. Le fait pour un inspecteur d'avoir des connaissances spéciales le mettra à même de connaître les autres industries, mais il n'aura pas plus de compétence que l'autre. Par conséquent, je crois que la création d'inspecteurs spécialistes proprement dits ne donnera pas de grands avantages. Cela ne veut pas dire qu'une personne ayant des connaissances particulièrement étendues pour une question particulière, pour une industrie déterminée, ne peut pas être utile, mais vous avez plusieurs personnes qui ne demandent qu'à travailler ; vous avez les professeurs des facultés, les professeurs de médecine, les professeurs de mécanique des facultés, qui ne demandent qu'à se spécialiser. Je ne citerai, par exemple, que M. Humber, de la Faculté de Montpellier, qui, depuis quatre ou cinq ans, a travaillé l'hygiène des ateliers ; un autre envisage la question de la prévoyance des accidents. Il y a des sociétés, comme celle à la tête de laquelle se trouve M. Arquembourg, qui s'occupent des accidents du travail et qui font quelque chose dans cette idée. Dans ces conditions, je me demande s'il est absolument urgent de créer des spécialistes inspecteurs. On a surtout cité la question de l'électricité. Il y a une vingtaine d'années, on envisageait l'électricité comme une fée mystérieuse, on la disait une science extrêmement compliquée à laquelle nous ne connaissions rien : il faut être du métier. Aujourd'hui, il n'en est plus ainsi. Un inspecteur intelligent qui aura passé le concours connaîtra les dangers d'accidents des dynamos et des moteurs. S'il ne sait pas s'y prendre, il pourra consulter les spécialistes techniques ou les sociétés contre les accidents du travail. Je suis donc partisan d'un concours unique. Je ne crois pas que la création d'inspecteurs spécialistes soit urgente. On me dira qu'en Belgique il y a des inspecteurs spécialistes. Oui, il y a des inspecteurs spécialistes de l'hygiène ; il y a ainsi 42 inspecteurs, seulement ces inspecteurs sont en même temps attachés à des facultés et reçoivent un traitement relativement peu élevé sur le budget de l'inspection. Il me semble qu'en France on pourrait subventionner des professeurs de facultés qui voudraient s'occuper de ces questions.

M. Lorin. — Il ne s'agit pas ici d'admettre des représentants des ouvriers dans l'inspection, parce qu'il est évident que, s'ils ne sont pas désignés par les ouvriers, ils ne peuvent pas compter comme représentants des ouvriers. On cherche à faciliter l'accès de l'inspection aux ouvriers. Jamais de la vie les ouvriers n'accepteront des représentants qu'ils n'auront pas désignés. Il y a peut-être un peu de modestie chez eux, mais ce qu'ils craignent surtout, c'est l'esprit de fonctionnaire de ceux qui ont quitté tout contact direct avec les ouvriers. Ce dont il faut se préoccuper, c'est d'ouvrir l'inspection du travail aux anciens ouvriers et aux ouvriers pour assurer le recrutement, parce que la présence de praticiens comme des ouvriers ou des anciens ouvriers est très bonne à associer à celle des non-praticiens pour l'inspection du travail. Je suis de l'avis de M. Alfassa, peut-être pour un motif différent et non pas en voyant dans les inspecteurs praticiens des représentants des ouvriers.

M. Georges Alfassa. — Je n'ai jamais entendu dire que ces praticiens seraient des représentants des ouvriers. J'ai insisté sur ceci, parce que, aux congrès auxquels j'ai assisté, une fois le principe voté, par eux, d'avoir des représentants des ouvriers dans l'inspection du travail, ils ont énergiquement repoussé les conseils qui leur étaient donnés d'accepter que ces délégués aient passé un examen, justifiant de leurs connaissances.

M. le Président. — Naturellement, vous ne leur donnez pas satisfaction !

M. Georges Alfassa. — Comme membre de l'Association ouvrière de l'hygiène, il était de mon devoir de rappeler ces désirs ; mais, sur ce point, je les ai combattus dans ses Congrès et je ne cherche pas ici à y donner satisfaction.

M. LE PRÉSIDENT. — Je le sais ; mais je vous dis cela parce que vous invoquez cet argument.

M. Georges ALFASSA. — J'ai pu constater chez tous la crainte irraisonnée de tout ce qui est concours. Ils se déclarent parfaitement capables d'assurer l'inspection du travail, mais ils croient qu'ils ne seront jamais capables d'acquérir les connaissances nécessaires pour passer l'examen. Si on s'en tient au concours unique, il faudrait, au point de vue technique, un concours accessible à tous.

M. GAVELLE. — Il y a toujours deux questions : celle du recrutement des inspecteurs et celle de leur spécialisation. Sur la seconde, je voudrais dire un mot. Ne pourrait-on pas faire pour les inspecteurs du travail quelque chose d'analogue à ce que l'on fait pour les instituteurs primaires ? En plus des examens qui leur font acquérir certains grades, il y a les certificats d'aptitude à professer sur certaines matières, telles que les langues vivantes ou certaines sciences. Je me demande si, pour les inspecteurs du travail, en sus du concours unique qui me paraît avoir l'assentiment général, on ne pourrait pas instituer des examens permettant de constater l'aptitude spéciale à inspecter certaines industries. En réalité, ce serait donner à tous les inspecteurs la faculté de demander à acquérir un certificat d'aptitude à la connaissance d'une industrie particulière, ce qui pourrait leur valoir une petite augmentation de traitement, lorsqu'ils justifieraient d'une compétence particulière dans une industrie déterminée.

Voilà ce que j'avais à dire sur la question de l'aptitude spéciale à telle ou telle industrie déterminée.

Maintenant, je voudrais dire un mot au sujet des

observations de M. Alfassa sur l'aversion du monde ouvrier contre le mode de recrutement de l'inspection du travail. Les ouvriers disent, avec raison, que jamais un des leurs n'entrera dans l'inspection par la porte du concours.

M. le Président. — C'est une erreur !

M. Petit. — En fait, il en est entré beaucoup.

Une inspectrice. — A tous les concours !

M. Gavelle. — L'impression des ouvriers me paraît juste. Les fils d'ouvriers qui vont à l'école, qui font des études, pourront passer les concours ; mais les véritables ouvriers, qui travaillent comme ouvriers, n'entreront pas par cette porte dans l'inspection ; ils seront distancés par des écoliers ; vous ne recruterez jamais les praticiens par le concours. Vous aurez ceux qui font de la pratique. Je sens très bien qu'il y a dans l'assemblée une hostilité contre le double concours. Alors, je cherche un terrain de conciliation. Je suis très heureux de me rencontrer, moi qui appartiens au monde patronal, en communauté de sentiment avec le monde ouvrier, et j'indique comment on peut donner satisfaction au désir prédominant dans les syndicats ouvriers de faire une place à d'anciens ouvriers dans l'inspection du travail. Acceptant le concours unique, comme origine de l'inspection, je propose de dire que pourraient être dispensés de passer ce concours ceux qui justifieraient, comme je le disais tout à l'heure, de 20 à 25 ans de prud'homie. Ces deux modes de recrutement pourraient s'allier, se compléter l'un à l'autre. On aurait alors dans l'inspection toutes les qualités de tournure d'esprit que réclamait M. le Président. Un homme qui aurait été longtemps investi par ses collègues des fonctions de prud'homme aura certainement les capacités nécessaires pour faire un bon inspecteur, sans avoir besoin de justifier de sa compétence en se soumettant à un concours. Les ouvriers auront grande confiance dans les inspecteurs ainsi recrutés, parce qu'ils diront : celui-là a connu nos sentiments, il est imbu de toutes les idées qui nous préoccupent, il s'occupera d'obtenir en notre faveur tout ce qu'il sera réellement possible d'obtenir.

M. Arquembourg. — Puisque nous discutons en même temps les vœux 9 et 10, je demande à ajouter quelques observations à celles que j'ai présentées au sujet du vœu n° 9. En principe, il ne me paraît pas que, pour le recrutement de l'inspection du travail, il soit nécessaire d'instituer un concours très difficile ; celui-ci pourrait donc être accessible à des concurrents d'origine très variée. Mais, en pratique, le concours devant servir à distinguer ceux qui seront aptes à exercer les fonctions d'inspecteurs et ceux qui ne seront pas aptes à le faire, si on fait un concours trop simple, la distinction deviendra très difficile à faire, tout le monde répondant de façon à peu près parfaite. C'est pour cela qu'à l'entrée d'une carrière on est fatalement amené à rendre les concours de plus en plus difficiles et souvent à introduire dans les programmes des questions qui ne sont nullement indispensables pour les fonctions à exercer, ces questions n'étant posées que pour permettre une élimination. Voilà les inconvénients du concours. Mais, étant donné qu'on ne peut guère prendre un autre moyen et qu'un concours est encore préférable à la faveur, il faut accepter le concours avec ses inconvénients.

Quant à créer des inspecteurs spéciaux par une voie quelconque, je vous avoue que j'y vois un inconvénient très grave. Je ne me représente pas très bien des inspecteurs spéciaux pour telle ou telle industrie, parce que ces inspecteurs seront obligés de parcourir toute la France. On a donné un exemple de ces inspecteurs spéciaux, on nous a parlé, notamment, d'un inspecteur pour l'électricité, cet exemple me paraît assez mal choisi. C'est peut-être l'inspecteur spécial le moins utile ! Je ne vois pas quel sera son rôle. Quelle est la fonction de l'inspecteur du travail ? Ce n'est pas de faire des règlements ni des lois : c'est d'appliquer ces lois et ces règlements. Or, ceux-ci s'occupent de trois objets principaux : le contrôle de la durée du travail, les questions de sécurité et celles d'hygiène. En ce qui concerne la durée du travail, il n'est évidemment pas besoin d'inspecteur spécialiste. Pour les questions de sécurité, il ne me paraît pas que l'inspecteur ait besoin de connaissances spéciales. Il est évident que, quand un inspecteur est nommé après avoir passé un concours qui demande surtout des notions mécaniques théoriques qui n'ont rien à voir avec la sécurité, il manque un peu des connaissances nécessaires ; mais, au début, il est placé sous la direction d'un chef qui complète son instruction pratique pour l'application des lois. Cette partie de la tâche des inspecteurs est donc relativement facile et ne nécessite en aucune façon la création d'inspecteurs spéciaux. Vous avez dit : pour l'électricité, il faut un inspecteur spécial ; je réponds : non ! Les questions de sécurité pour l'électricité ne sont pas plus difficiles que pour toute la partie mécanique de n'importe quelle industrie.

M. Georges Alfassa. — Parce que vous êtes ingénieur et industriel depuis nombre d'années !

M. Arquembourg. — Non, car, lorsque j'ai obtenu le diplôme d'ingénieur, les questions de l'électricité étaient dans l'enfance et je vous assure que ce que j'ai pu apprendre à ce moment ne me servirait pas à grand'chose aujourd'hui. Je maintiens donc qu'à ce point de vue il n'y a aucune difficulté pour les inspecteurs. Du reste, la question me paraît résolue. En matière d'électricité, la question de sécurité se rattache très intimement à celle des conditions mêmes d'installation. Ce sont deux choses connexes. Or, ces questions d'installation sont l'objet de réglementations spéciales récemment édictées par le ministère des Travaux publics. Ce même ministère a institué un corps de contrôle qui exercera une surveillance beaucoup plus minutieuse que ne pourra l'être celle de l'inspection du travail, puisque, dans chaque département, il y a un inspecteur chargé de l'inspection technique, auquel sont adjoints plusieurs agents. Vous êtes donc certains qu'en ce qui concerne l'électricité, les installations seront parfaites au point de vue de la sécurité. Les inspecteurs auront simplement à vérifier si quelques dispositions spéciales à la sécurité ont été prises, dispositions qui auront été déjà vérifiées par le corps de contrôle, dispositions très simples à vérifier qui ne nécessitent pas des connaissances spéciales. Si vous avez besoin pour les règlements spéciaux que vous édicterez en ce qui concerne l'électricité, si vous croyez nécessaire de compléter ce qui a été fait, si vous avez à faire appel au concours de quelques compétences, vous trouverez ces compétences spéciales, comme le disait M. Razous, dans les professeurs de facultés, dans ces associations d'initiative privée qui ont fait, avant même la réglementation du ministère des Travaux publics, une réglementation peut-être encore plus complète. Vous disposerez donc de toutes les compétences qui vous seront nécessaires.

Les seules difficultés qui puissent se présenter, c'est peut-être pour les questions d'hygiène. Au point de vue de l'hygiène, on voit bien les difficultés, mais les solutions ne sont pas encore aussi certaines ; elles sont souvent difficiles. Lorsque les inspecteurs ont à faire appliquer les règlements concernant l'hygiène dans l'industrie, ils se trouvent toujours en présence de difficultés. Il est certain que là il faut des études spéciales, mais le rôle de l'inspecteur n'est pas de faire ces études. Tout ce que vous pouvez demander à l'inspecteur, c'est d'être guidé pour savoir dans quelle mesure il peut exiger l'application de telle ou telle mesure. C'est là qu'il peut être nécessaire d'avoir un inspecteur spécialisé un peu dans ces questions, qui les étudie en centralisant les renseignements recueillis de divers côtés afin de pouvoir guider l'inspecteur qui se trouve en présence d'une difficulté dans sa circonscription. C'est peut-être le seul objet pour lequel la création d'un inspecteur spécial pourrait être utile. Quant à créer des inspecteurs spéciaux pour des industries déterminées, je ne crois pas que ce soit pratique ; cela présente un autre inconvénient : si vous placez l'inspecteur spécialiste au-dessus de l'inspecteur divisionnaire, vous diminuez le prestige et l'autorité de cet inspecteur divisionnaire, vous portez atteinte au corps de l'inspection qui ne mérite pas cette sorte de blâme, car il a donné jusqu'à présent des preuves de capacités très diverses, très étendues, très variées, dans toutes les questions d'hygiène et de sécurité.

M. Mallemont. — La première question est de savoir si les inspecteurs qui ont pris part au concours sont à la hauteur de leur tâche. La seconde question est de savoir s'il est nécessaire d'avoir des inspecteurs spéciaux et praticiens. Ce que l'on cherche, c'est à avoir des ouvriers praticiens. Inutile de vous dire que les ouvriers qui arriveront par le concours ne seront pas des praticiens. L'ouvrier qui a travaillé vingt ans est incapable de passer un concours aussi élevé que celui que vous imposez. Mais, si on reconnaît qu'il y a intérêt pour l'inspection à avoir des praticiens, des ouvriers, le plus simple serait, dans les centres où il y a, par exemple, des industries métallurgiques électriques, de prendre des praticiens âgés. On vous parlait de professeurs : on n'atteindrait pas le but que l'on cherche et qui est, d'après ce que j'ai entendu dans diverses commissions, d'avoir des véritables praticiens, des ouvriers qui ont 15 ou 20 ans d'usine, qui la connaissent, cette usine, dans tous les coins. Je crois que le meilleur moyen serait de faire place à ces anciens ouvriers. Ils devraient être adjoints à l'inspecteur ; ils devraient être sous la direction de l'inspection qui devrait être seule responsable. Quand vous iriez dans une usine, ces hommes pourraient vous montrer des choses qui, autrement, vous échapperaient. Quant à faire passer à des hommes qui ont 40, 45 ans, un concours aussi élevé que celui que vous demandez, c'est impossible. Ces gens-là pourraient vous rendre de grands services. Ils seraient adjoints aux inspecteurs ; ils seraient placés au-dessous, sous la direction de l'inspecteur ; cela ne changerait rien au caractère de l'inspection. Je crois que ce serait le plus pratique.

M. Georges ALFASSA. — Quand M. Arquembourg a commencé ses observations, je me suis trouvé en désaccord si flagrant avec lui que je n'ai pu me retenir de l'interrompre ; mais j'ai eu ensuite la satisfaction de constater qu'au fond je suis d'accord avec lui, attendu que je ne tiens pas essentiellement à ce que l'on crée des inspecteurs spécialistes. Je demande qu'une certaine partie de la tâche incombant actuellement à l'inspection lui soit retirée. M. Arquembourg nous dit qu'il existe une commission composée par le ministère des Travaux publics...

M. ARQUEMBOURG. — Je n'ai pas dit une commission, j'ai dit un corps.

M. Georges ALFASSA. — Tout un corps, vous avez raison, pour l'industrie électrique, nommé par le ministère des Travaux publics. Je ne m'opposerais pas à attribuer à ce corps de contrôle cette partie qui est actuellement attribuée à l'inspection du travail ; mais il y a intérêt à ce que cela ne se passe pas entièrement en dehors de celle-ci. Je me rallierai au vœu de M. Petit disant que les inspecteurs, pour l'électricité, agiront d'accord avec la commission de contrôle. Je suis d'accord avec M. Arquembourg pour demander que ce service ne soit pas placé au-dessus de l'inspecteur divisionnaire, mais que ces inspecteurs soient, en quelque sorte, détachés dans un service spécial.

M. LE RAPPORTEUR. — Je crois que, maintenant, à peu près toutes les objections que soulevaient les vœux en discussion sont exprimées ; que l'on ne fait plus guère que revenir sur les objections déjà présentées. Je crois donc qu'on pourrait clore le débat et mettre aux voix le seul texte qui ait été jusqu'ici proposé, celui de notre Président. Ce texte est loin de me donner entière satisfaction ; mais, étant données les très vives oppositions que rencontrent les vœux tels que je les ai formulés, je me rallierais, faute de mieux, au texte ainsi rédigé :

Émet le vœu que le ministère du Travail affecte spécialement, selon les besoins de diverses régions, des inspecteurs à certaines industries.

M. BOISSARD. — Est-ce que cela changerait la pratique actuelle ?

M. LE PRÉSIDENT. — Cela n'existe pas actuellement : il n'y a pas de spécialistes.

M. BOISSARD. — Alors, ce serait peut-être un changement.

M. LE PRÉSIDENT. — Ce serait un progrès.

M. BOISSARD. — On pourrait peut-être accentuer en mettant : « dans chaque région ».

M. LE PRÉSIDENT. — Je serais assez disposé à supprimer les mots « des diverses régions », afin qu'il n'y ait pas de doute, et à dire :

... *Que le ministère du Travail affecte spécialement, suivant les besoins, certains inspecteurs à certaines industries.*

Y a-t-il un autre texte ?

M. ARQUEMBOURG. — Le vœu se borne à ?

M. LE PRÉSIDENT. — A donner au ministère du

Travail l'indication et la faculté d'affecter spécialement certains inspecteurs à certaines industries.

M. Raoul JAY. — Mais il est en même temps la condamnation des deux concours.

M. LE PRÉSIDENT. — Bien entendu.

M. Georges ALFASSA. — Je serais heureux de voir introduire une formule tendant à indiquer que le concours d'entrée serait allégé au point de vue technique et mathématique.

M. LE PRÉSIDENT. — Il n'est pas déjà si difficile ! Je trouve que l'idée de vouloir le concours de l'inspection du travail assez réduit pour que tout le monde puisse y entrer, est une idée tout à fait désastreuse au point de vue de l'inspection du travail elle-même.

M. BOISSARD. — Pourquoi ne pas ajouter qu'à l'inspection actuelle on pourrait adjoindre des praticiens ?

M. LE PRÉSIDENT. — Ce serait encore mauvais. Je vais vous dire pourquoi j'y suis opposé. C'est que j'ai vu moi-même les résultats que donne l'inspection du travail faite par des corps étrangers à l'inspection. Non seulement cela ne donne rien, mais cela entrave l'application de la législation du travail.

M. BOISSARD. — Je ne veux pas dire qu'on accepte le concours du contrôle électrique ; mais, comme le disait M. Mallemont, je voudrais que l'on puisse adjoindre à l'inspection certains ouvriers qui soient des inspecteurs adjoints techniques, pouvant même devenir des inspecteurs par la suite.

M. LE PRÉSIDENT. — Je demande que l'Association ne vote pas un texte semblable à la légère, pour deux raisons. Ou bien ces inspecteurs adjoints ne feront rien, ne rendront aucun service, ou bien, peut-être, ils rendront des services ; mais alors vous verrez ceux qui les proposent aujourd'hui s'élever contre eux avec une grande vivacité, pour une bonne raison : vous aurez des gens qui seront adjoints à l'inspection du travail, qui n'auront pas de responsabilités, qui n'offriront aucune garantie, ni pour les patrons, ni pour les ouvriers, et qui remplaceront en fait les inspecteurs.

M. MALLEMONT. — L'inspection serait faite par l'inspecteur, mais des praticiens pour l'industrie textile, par exemple, pour le mesurage, pourraient venir avec l'inspecteur et lui montrer ce qu'il y a à voir, car l'inspecteur, malgré tout, ne peut pas tout connaître.

M. Raoul JAY. — Je demande à ajouter un mot. Je crois qu'il ne faudrait pas considérer qu'on puisse faire des inspecteurs vraiment utiles, avec, pour dire ma pensée en un mot, des retraités.

M. MALLEMONT. — Parfaitement !

M. Raoul JAY. — Le rôle de l'inspecteur est un rôle actif, trop actif, peut-être, actuellement, en raison du nombre insuffisant des inspecteurs. Ce n'est pas avec des gens arrivés à la fin de leur vie que vous ferez des inspecteurs. On en a eu la preuve à propos du contrôle des conditions du travail dans les chemins de fer. Au début, on s'est dit : Nous allons prendre d'anciens ouvriers, d'anciens employés ; ils ont une petite retraite et n'auront besoin que d'un faible traitement complémentaire. Il a fallu renoncer au système. Associez à l'inspection des ouvriers jeunes, ardents : c'est une idée à laquelle je suis acquis d'avance. Je crois qu'il faut arriver à assurer à l'inspection le concours de ces ouvriers jeunes en organisant, par exemple, des délégations comme celles qui ont été organisées en la personne des délégués à la sécurité et à l'hygiène des mines.

M. MALLEMONT. — Ce ne sont plus des ouvriers alors !

M. Raoul JAY. — Nous reviendrons sur la question à propos du rapport de M. Lorin.

M. GAVELLE. — Je suis d'un avis opposé à celui de M. Jay. Si on choisit comme sous-inspecteurs des ouvriers d'un certain âge, recrutés parmi ceux ayant fait leurs preuves dans la prud'homie, ces sous-inspecteurs rendront de réels services. Il est dangereux, au contraire, de nommer des inspecteurs trop jeunes, trop ardents, qui ne viennent pas apporter le dévouement à leurs fonctions, mais qui cherchent souvent à se faire une plate-forme électorale par l'attitude qu'ils prennent dans leur service. J'estime qu'un homme trop jeune, trop ardent, n'est pas qualifié pour remplir le rôle d'inspecteur du travail.

M. LE PRÉSIDENT. — Je ne suis pas saisi d'une proposition sur ce sujet. Je n'ai que deux textes.

M. ARQUEMBOURG. — Je propose la rédaction suivante :

Que le ministère du Travail tienne compte des aptitudes spéciales des inspecteurs pour les affecter à telle ou telle circonscription industrielle.

M. GAVELLE. — Ne pourriez-vous pas nous faire

voter sur le texte que vous avez, visant la compétence technique, et réserver pour la séance prochaine un texte que l'on pourrait étudier, demandant la création de sous-inspecteurs ?

M. LE PRÉSIDENT. — Je ne demande pas mieux, mais cela recommencera. Il me semble que la question principale est de savoir si le corps des inspecteurs doit avoir deux origines. Ce que vous demandez, c'est de trancher la question dans un sens différent de celui indiqué par le vœu proposé. Ce que vous demandez ensuite, c'est la création d'un corps de sous-inspecteurs, idée qui nous est antipathique, je ne crois pas le mot trop fort. Cette idée que vous ressuscitez, nous la discutons depuis deux séances, et je crois qu'on peut se prononcer à la fin de celle-ci. Maintenant, on peut poser la question sous cette forme : L'assemblée est-elle d'avis qu'il y ait deux concours pour le recrutement de l'inspection ?

M. GAVELLE. — Je serai le premier à voter contre les deux concours. Nous reconnaissons que ce serait une chose détestable. Nous voudrions que vous nous laissiez le temps de formuler une proposition indiquant le moyen de recruter des sous-inspecteurs, mais nous ne sommes pas partisans des deux concours.

M. BOISSARD. — On pourrait demander si l'assemblée est contre le double recrutement.

M. LE PRÉSIDENT. — C'est cela.

M. MALLEMONT. — Cela équivaut à demander si elle est opposée à ce que les ouvriers rentrent dans l'inspection.

M. le Président. — Je vous assure que c'est une erreur.

M. Mallemont. — On ne peut pas passer le concours quand on est ouvrier.

M. le Président. — Mais je vous demande pardon ! Vous posez le principe que les ouvriers ne peuvent pas entrer dans l'inspection par le concours. Eh bien ! en fait, ils y entrent.

M. Mallemont. — Ils n'ont pas les capacités voulues.

M. Georges Alfassa. — Au dernier concours, le premier reçu était un ouvrier ; mais c'était un mécanicien.

M. le Président. — L'assemblée est-elle d'avis qu'il y ait un double concours pour l'entrée dans l'inspection du travail ?

Réponse : *Non.*

M. le Président. — Vous n'avez pas d'autre formule ?

M. Gavelle. — Non.

Une Inspectrice. — On pourrait poser la question suivante : l'assemblée est-elle pour la création de sous-inspecteurs n'ayant pas passé d'examen et n'ayant pas de responsabilité ?

M. Gavelle. — Ayant au contraire une responsabilité et présentant des garanties autres que celles données par un concours.

M. le Président. — L'assemblée est-elle pour la création d'un corps de sous-inspecteurs du travail ?

M. Gavelle. — Techniques.

M. le Président. — De sous-inspecteurs techniques ?

Réponse : *Non.*

M. le Président. — Je vais mettre aux voix la proposition de M. Arquembourg. Je ne suis pas partisan de cette proposition, voici pourquoi : le texte que je propose permet au ministère du Travail de créer, s'il le juge utile, sous sa responsabilité, certains inspecteurs spéciaux ; tandis que le texte que propose M. Arquembourg dit simplement ce que — je l'espère — la Direction du travail fait déjà : elle se préoccupe de la capacité de tel ou tel inspecteur pour l'envoyer soit dans le Nord, soit dans l'Ouest.

M. Boissard. — Je voterai contre, parce qu'il lie l'inspecteur à une circonscription régionale.

M. Arquembourg. — J'ai présenté ce vœu, parce que je ne suis pas partisan de la spécialisation.

M. le Président. — La nature et le caractère du vœu étant bien soulignés, je mets aux voix le vœu Millerand.

M. Georges Alfassa. — Je le voterai si, dans votre esprit, il est bien entendu que les inspecteurs dont s'agit sont des inspecteurs appartenant déjà au corps.

M. le Président. — Bien entendu !

Le vœu Millerand est adopté.

Séance du Mercredi 3 Juin 1908

Présidence de M. Millerand

M. le Président. — Nous allons reprendre la discussion sur les vœux proposés par notre rapporteur M. Eugène Petit.

Nous en étions au vœu 11 :

Qu'en cas de construction ou de reconstruction partielle ou totale d'un établissement soumis au contrôle de l'inspection du travail, les plans détaillés des aménagements projetés soient obligatoirement soumis à l'inspecteur divisionnaire compétent, afin qu'avant toute exécution des travaux il puisse prescrire les dispositions à prendre pour assurer l'hygiène et la sécurité des travailleurs en conformité de la loi des 12 juin 1893-11 juillet 1903.

M. Fagnot. — Je demande la permission de montrer les principales conséquences du vœu proposé.

Soumettre les plans à l'inspecteur du travail et attendre son autorisation pour exécuter les travaux est sans aucun doute un excellent moyen d'assurer l'hygiène et la sécurité des locaux de travail. Ce moyen nous paraît cependant présenter de réels inconvénients.

Il donne d'abord à l'inspection un pouvoir trop grand en lui conférant, en quelque sorte, le droit de faire, pour chaque établissement, un véritable règlement relatif à l'hygiène et à la sécurité.

D'après la proposition, l'autorisation préalable sera

délivrée par l'inspecteur divisionnaire. Comment l'inspecteur départemental pourra-t-il faire des observations, un an, deux ans, cinq ans plus tard, à un chef d'établissement qui sera muni d'une approbation préalable de l'inspecteur divisionnaire ? Sans doute l'inspecteur départemental fera remarquer à l'industriel que les observations, les injonctions, les mises en demeure qu'il fait aujourd'hui résultent, soit de la non-observation des prescriptions de l'inspecteur divisionnaire, soit des modifications qui seront survenues dans l'outillage ou dans la nature des travaux exécutés ; néanmoins, vous apercevez combien serait fâcheux le dualisme qui pourrait naître entre l'avis de l'inspecteur divisionnaire et la pratique de l'inspecteur départemental.

D'autre part, le texte n'accorde aucun droit d'appel à l'industriel contre la décision prise par l'inspecteur divisionnaire. Or, il n'est pas permis de donner à un fonctionnaire le pouvoir de prescrire des mesures aussi graves sans que l'industriel ait le droit d'en appeler à une autorité supérieure. Le droit d'appel existe dans la législation sur les établissements dangereux et insalubres qui est cependant faite dans un intérêt public.

Enfin, je crois qu'il serait téméraire, dans l'état actuel des choses, de dire aussi nettement que, dans un établissement, toute construction ou reconstruction doit donner lieu au dépôt préalable des plans et à l'approbation de ceux-ci.

Et remarquez, en outre, quel travail énorme vous allez donner au service de l'inspection.

Il me semble cependant que l'on peut faire quelque chose dans le sens indiqué par M. le Rapporteur.

On pourrait obliger tout industriel qui veut construire ou modifier un immeuble ou une partie d'immeuble à prévenir l'inspection du travail. L'inspecteur n'aurait pas à se prononcer sur le plan. Il adresserait simplement à l'industriel le texte des lois et règlements, surtout les règlements spéciaux qui visent certains travaux. Il pourrait en outre ajouter ses observations et ses conseils.

Dans ce régime, la responsabilité du service n'est pas engagée et l'inspecteur pourrait, aujourd'hui, demain, dans dix ans, faire des mises en demeure, poursuivre l'industriel, en un mot, assurer l'application de la loi. Devant le tribunal, ce régime fortifierait l'action du service, au lieu de l'énerver. Au contraire, si vous donnez à l'inspecteur le droit d'approuver les plans de la construction d'un établissement, je crois que, d'une part, vous lui donnez un pouvoir exorbitant et que, de l'autre, vous pouvez le mettre en contradiction devant l'industriel et en défaut devant la justice.

M. E. Petit. — Si j'ai bien compris les observations que vient de présenter notre collègue Fagnot, elles se résument à ceci : d'abord, nous imposons à l'inspection du travail, en votant le vœu n° 11 que je propose, un surcroît de travail considérable.

Je reconnais moi-même la valeur de cet argument : nous ne pouvons pas méconnaître que l'inspection du travail soit surchargée de besogne ; mais peut-être pourrait-on, dans une certaine mesure, retenir ce qu'il y a d'exact dans cette objection en limitant la portée du vœu que j'avais rédigé.

On pourrait, par exemple, au lieu de viser tous les établissements industriels quelconques, restreindre l'application du vœu que je propose aux industries dangereuses et insalubres ; de cette façon on tiendrait compte à la fois des nécessités de la pratique, qui me paraissent imposer un progrès dans le sens que j'indique, et de l'objection que M. Fagnot nous faisait à l'instant.

M. Fagnot nous a dit, en outre, qu'il lui paraissait très difficile, impossible même, de donner à l'inspecteur divisionnaire un droit aussi étendu que celui qui résulterait du vœu en discussion, sans que ce droit fût accompagné d'un corrollaire : la faculté, pour l'industriel dont l'établissement est visé, d'en appeler de la décision de l'inspecteur divisionnaire.

Je reconnais ici encore l'exactitude de l'observation faite ; mais il me semble aisé de modifier le vœu de telle manière qu'apparaisse la possibilité de cet appel à un conseil tel que ceux qui sont actuellement consultés en cas de recours contre une mise en demeure, — par exemple en matière d'hygiène et de sécurité. Le système en vigueur en ce qui concerne cet appel d'une mise en demeure pourrait être étendu à l'hypothèse que nous visons par le vœu dont il s'agit.

En troisième lieu, M. Fagnot a dit qu'il lui paraissait extrêmement dangereux de soumettre, préalablement à la construction ou reconstruction, totale ou partielle, d'un établissement industriel, les plans et le projet de ces travaux à l'inspecteur ; attendu que, si l'on commence, avant l'exécution des travaux, par provoquer une décision de l'inspecteur sur des plans, rien que sur des plans, cet inspecteur se trouvera par la suite fort embarrassé pour exiger, de l'industriel qui les lui aura soumis, une modification à l'état de choses en présence duquel il se trouvera après l'exécution de ces mêmes plans qu'il aura approuvés.

Il y a, évidemment, ici encore, une part de vérité dans l'objection de M. Fagnot ; toutefois, il me semble que cette objection n'est point convaincante. En effet, j'ai peut-être adopté une formule trop générale dans ma rédaction, mais je n'avais pas en vue des observations de l'inspecteur s'immisçant jusque dans les derniers détails de l'installation dont le projet lui sera soumis par l'industriel ; je visais plutôt, car il me semble que c'est l'hypothèse pratiquement la plus importante, je visais bien plutôt le plan du gros œuvre de l'usine à construire, à reconstruire ou à modifier. Car la situation de fait dont je me suis occupé quand j'ai étudié cette question est celle-ci : il arrive que l'inspecteur, se présentant dans un établissement industriel nouveau, constate que le gros œuvre même de cet établissement devrait être profondément modifié, quelquefois même complètement démoli, si l'on voulait satisfaire aux prescriptions de la loi de 1893 sur l'hygiène et la sécurité ; et lorsque l'inspecteur se décide, malgré tout, en présence d'un état de choses trop dangereux, à exiger des modifications au gros œuvre, il est bien certain que l'industriel, redoutant les conséquences, onéreuses pour lui, de ces modifications, use de tous les moyens de recours possibles pour éviter l'exécution de ces travaux. En d'autres termes, nous nous trouvons en présence de ce fait, que l'intervention de l'inspecteur est trop souvent tardive en ce qui concerne le gros œuvre de l'établissement ; il en résulte cette conséquence que, pour ne pas infliger à l'industriel des dépenses qui seraient quelquefois énormes, qui seraient peut-être sa ruine, on se résigne à accepter un état de choses qui est absolument défectueux au point de vue de l'hygiène et de la sécurité des travailleurs.

Par conséquent, tout en modifiant la rédaction du vœu que je propose, on pourrait, néanmoins, donner partiellement satisfaction à l'idée que je viens d'exprimer, si on limitait l'examen préalable de l'inspecteur du travail au plan du gros œuvre.

D'autre part, j'ai bien indiqué dans mon texte, et peut-être ai-je été encore trop loin, que l'inspecteur, après l'examen des plans qui lui auront été soumis, ordonnerait des modifications précises. On peut voir là le danger que signalait précisément, tout à l'heure, M. Fagnot, c'est-à-dire qu'une fois qu'il aura donné un ordre, il se trouvera fort embarrassé, s'il s'est trompé, pour donner un ordre différent, lorsqu'il sera en présence de l'édifice même qu'on aura élevé selon ses prescriptions. Mais alors, pour engager à un moindre degré la responsabilité de l'inspecteur et pour éviter qu'il ne se trouve ainsi paralysé lorsqu'il jugera nécessaires des modifications aux bâtiments construits, ne suffirait-il pas de réduire ce droit, que je conférais par mon vœu à l'inspecteur du travail, à un simple droit d'avis ?...

L'industriel soumettrait à l'inspecteur le plan du gros œuvre de l'usine à bâtir ou à reconstruire partiellement ; l'inspecteur du travail lui ferait, d'après ces plans, les réflexions qu'il jugerait utiles, l'industriel, d'ailleurs, tenant ou ne tenant pas compte, à son gré, à ses risques et périls, des observations qui lui seraient ainsi faites.

Mais ce serait aller beaucoup trop loin dans la voie des concessions, que de s'en tenir à ce qu'indique M. Fagnot, à savoir le simple droit pour l'inspecteur de rappeler à l'industriel intéressé les dispositions légales et les réglementations en vigueur au sujet de l'hygiène et de la sécurité des ouvriers. J'estime que rappeler simplement ces dispositions légales à l'industriel, ce sera faire une besogne vaine les trois quarts du temps ; il me semble qu'il faut demander davantage et qu'il est nécessaire que l'inspecteur précise ses indications en leur gardant toutefois le caractère d'un avis qui n'est pas obligatoire et qui, par conséquent, ne paralyserait pas, ultérieurement, l'intervention de l'inspecteur du travail ; avis qui vaudrait simple avertissement à l'industriel, lequel resterait libre, à ses risques et périls, de le suivre ou de ne pas s'y conformer.

M. Georges ALFASSA. — Je crois que la proposition de M. Fagnot, à laquelle M. Petit se rallie dans une certaine mesure, ne serait pas sans présenter quelques inconvénients. On ne pourait se contenter d'un simple avis donné ; il me semble que l'on pourrait se mettre d'accord sur une formule ainsi conçue :

Que l'inspecteur, constatant par l'examen des plans que certaines des dispositions de la loi de 1893 n'ont pas été prévues et que les dispositions du gros œuvre ne permettent pas de faire les travaux nécessaires, pourra s'opposer à l'exécution des travaux jusqu'à ce que ces dispositions aient été prises.

Ceci entraînant, naturellement, la nécessité de l'organisme d'appel que demandait M. Fagnot et qu'il me semble tout à fait indispensable de prévoir.

Pour le surplus, il ne me semble pas qu'on puisse aller à l'encontre des raisons que vous avez données pour le justifier. Il me semble que les dispositions générales de la loi de 1893 pourraient être appliquées en ce qui concerne le droit d'appel de l'industriel et que ce dernier pourrait demander l'avis du Comité des arts et manufactures, dans l'ordre d'idées qu'indiquait M. Fagnot ; au besoin il pourrait même s'adresser directement à celui-ci, car il en résulterait une grosse surcharge de travail pour l'inspection du travail. Il y a aussi une autre nécessité qui se présente à l'esprit si on maintient l'examen de l'inspection, c'est qu'il faudrait que celle-ci soit tenue de donner son avis dans un délai maximum indiqué.

M. le Président. — Je suis désolé d'être obligé, sur ce point, pour traduire mon opinion, de repousser formellement le vœu qui est proposé par notre Rapporteur, et je suis d'autant plus forcé de prendre cette attitude, que les atténuations que propose M. Fagnot et qui me paraissent, quant à moi, dériver d'une vue très exacte de la réalité, ne tendent, je le crois, à rien moins qu'à donner à l'inspection du travail un rôle un peu ridicule, puisqu'il serait complètement inutile ; car, si je l'ai bien compris, il n'aboutirait qu'à permettre de la consulter, ou plutôt qu'à lui permettre de donner aux industriels un avis que ceux-ci, d'ailleurs, n'auraient pas à suivre.

Je crois qu'il faut se poser très nettement en face de la réalité. Qu'est-ce que nous propose notre Rapporteur ?... C'est d'obliger tous les industriels, je dis tous les industriels, puisqu'il s'agit de tous les établissements où l'hygiène et la sécurité des travailleurs peuvent être en question. Donc tous les industriels ou à peu près vont être obligés...

M. Fagnot. — Et tous les commerçants.

M. le Président. — ... et tous les commerçants vont être obligés de s'assurer l'autorisation préalable de l'inspection du travail ; et l'idée à laquelle se sont successivement ralliés M. Petit et M. Alfassa, c'est qu'on ne pouvait tout de même pas investir un inspecteur divisionnaire du droit souverain d'empêcher la construction d'usines dans sa circonscription en mettant le *veto* à des constructions dont les plans ne lui plaisent pas.

Vous avez admis le droit d'appel, c'est-à-dire que tous les industriels et commerçants de France vont être placés sous ce régime, qu'ils ne pourront pas faire de constructions avant que l'inspecteur du travail, l'inspecteur divisionnaire, puis une juridiction spéciale, qui sera le comité consultatif ou tout autre conseil à créer, leur ait permis de faire leurs constructions.

Permettez-moi de vous dire que ceci me paraît une disposition d'une gravité inouïe.

Je n'ai pas besoin de répéter à l'Association que, sur le fond des choses, nous sommes complètement d'accord et que je suis désireux autant que personne que toutes les usines, que tous les magasins remplissent les conditions d'hygiène et de sécurité désirables, mais il faut choisir, entre deux systèmes, le système de prévention et le système de répression.

Je comprends très bien les raisons très fortes qu'on peut donner pour le système de prévention, seulement il faut voir où l'on va. Avec le système de prévention, je le répète, on met l'industrie et le commerce en charte privée et dans l'obligation de ne pouvoir rien construire, dès lors que des ouvriers ou des employés auront à y travailler, avant d'avoir l'approbation de l'inspecteur divisionnaire et, après lui, s'il y a conflit entre l'inspecteur et l'industriel ou le commerçant, du conseil ou du tribunal d'appel ; c'est-à-dire que tous les travaux de construction industrielle ou commerciale vont être, de ce fait, soumis à un régime de formalités qui les retardera, et cela dans des cas, je ne dis pas inconnus, car ils sont très connus pour les établissements incommodes et insalubres ; la proposition ne tend donc à rien moins qu'à placer tous les établissements industriels et commerciaux de France sous le régime des établissements incommodes et insalubres.

Je trouve que c'est gros, que c'est très gros, au point de vue surtout de la protection des travailleurs ; car, permettez-moi de vous rappeler un exemple que nous avons sous les yeux, dont nous éprouvons en ce moment même les conséquences pratiques, je veux parler du repos hebdomadaire. Il faut prendre grand'-garde, au point de vue même de l'utilité et de l'application des mesures que nous désirons, de ne pas dépasser le but, de ne pas introduire dans les mœurs des innovations trop violentes ou qui les choquent trop vivement : nous risquerions de provoquer contre nos idées une réaction dont nous ne pouvons pas mesurer l'étendue.

Je comprendrais très bien que vous demandiez, comme d'ailleurs M. Petit l'indique dans son rapport, qu'en ce qui concerne les établissements incommodes et insalubres, on ne se préoccupe pas seulement, comme on fait à l'heure actuelle, de ceux qui sont au dehors, mais de ceux qui sont au dedans ; et je comprendrais très bien que, modifiant la législation, on ajoutât des dispositions qui visent l'installation intérieure. Peut-être y a-t-il quelques établissements qui seraient à déterminer d'une façon très précise et très exacte, et que l'on pourrait, sous ce rapport, assimiler aux établissements incommodes et insalubres ; mais vous entendez bien que nous sommes tout à fait en dehors de la proposition qui est faite, puisqu'elle vise à instaurer un régime général, alors que la prudence et la sagesse demandent de le maintenir à l'état d'exception : le régime où l'industriel et le commerçant ne peuvent construire qu'après autorisation administrative ; car c'est en cela que se résume la proposition. Ce sont les constructions de l'industrie et du commerce placées sous le régime de l'administration et de son autorisation.

Eh bien, je crois que c'est une proposition très dangereuse, parce qu'elle est beaucoup trop large, parce qu'elle est beaucoup trop générale ; et qui, si elle était adoptée, risquerait d'aller directement contre son but.

Je me résume : je crois qu'autant il serait admissible de modifier dans les conditions que j'ai indiquées la législation spéciale aux établissements incommodes et insalubres, en y faisant peut-être une addition très précise et très limitée, autant il serait dangereux de substituer au régime du droit commun le régime des établissements incommodes et insalubres, ou plutôt de faire du régime des établissements incommodes et insalubres le seul règlement de l'industrie et du commerce en France. Cela me paraît extrêmement dangereux.

M. Petit. — Si je ne me trompe, j'avais répondu par avance à l'objection capitale que vient de m'adresser notre Président. Je lui avais fait d'avance la concession qu'il me demande actuellement de faire.

J'avais dit tout à l'heure, — reconnaissant moi-même que, au moins pour amorcer la réforme, il était grave d'adopter une proposition aussi large dans son application que celle que je formulais, — que j'acceptais, me contentant de peu pour commencer, que l'on restreignît le vœu que j'ai indiqué aux industries dangereuses et insalubres ; mais, même ainsi limitée, la réforme que je proposais me paraît avoir un intérêt capital, par cela même, comme l'indique notre Président, que la législation sur les établissements incommodes et insalubres actuellement en vigueur en France se caractérise par ce trait tout à fait insolite, qu'elle se préoccupe de la sécurité et de la commodité de ceux qui sont autour de l'usine et qu'elle ne se préoccupe nullement de la sécurité ni de l'hygiène de ceux qui sont dans l'usine.

Par conséquent, je crois qu'en limitant de la façon que je viens de dire la portée du vœu que je propose, nous réussirons à nous mettre d'accord.

Mais j'ai à cœur de répondre sur un autre point moins important.

Notre Président a opposé au système de la prévention celui de la répression. Il nous a dit : « Il faut choisir, il faut que ce soit l'un ou l'autre, il faut prévenir ou réprimer. » J'estime qu'on peut parfaitement concilier les deux systèmes, surtout en notre matière ; qu'on peut admettre le système de la répression, le seul actuellement en vigueur, mais aussi dans la mesure où les nécessités de la pratique le permettent et l'imposent en même temps, le combiner avec celui de la prévention ; et cela dans l'intérêt des patrons eux-mêmes. Car il me semble qu'à ne considérer même que son intérêt économique et personnel, il est d'importance capitale que le patron puisse savoir, avant d'élever un édifice industriel, si, sans s'en douter, il ne va pas aller au-devant de critiques que l'inspection pourra adresser à sa construction ; or il est grave de ne pas lui fournir un moyen, celui que l'on voudra, de prévenir les objections qui pourraient lui être faites et de tenir compte, dans une certaine mesure, de l'avis qui pourra lui être donné.

A propos de cet avis, auquel je me résignerais faute de pouvoir aller jusqu'aux indications impératives de l'inspecteur du travail, notre Président a dit que j'allais donner, par ma proposition, au service de l'inspection du travail, un rôle tant soit peu ridicule, puisqu'on irait demander à l'inspecteur un avis qu'on aurait d'ailleurs la liberté de ne pas suivre.

Sans doute ; mais je ne vois là rien de ridicule. Il semble que, sans encourir ce reproche, on puisse concevoir et pratiquer un système qui consiste à inviter un industriel, dans son intérêt, à consulter préalablement l'inspection sur ce qu'elle juge nécessaire de faire au point de vue de l'hygiène et de la sécurité du travailleur dans tel établissement à construire ; et, comme je l'indiquais, de la consulter en ce qui concerne le gros œuvre de l'établissement à élever. S'il plaît au patron de ne pas suivre les avis qui lui auront été donnés par l'inspecteur, c'est son affaire, il en subira les conséquences ; mais je ne pense pas que par là il ait placé l'inspecteur dans une situation ridicule.

Enfin, j'ajouterai, pour dernier argument, que ce système, même tel que je le propose, n'est pas aussi incompatible qu'on a bien voulu le prétendre avec les exigences de la pratique, puisqu'en fait, il fonctionne depuis de longues années, qu'il a été consacré par une très longue expérience en Allemagne, en Autriche, en Suisse et peut-être dans d'autres pays : cela suffit pour démontrer que le système n'est pas irréalisable.

Sous ces réserves, j'admets très volontiers un texte de conciliation qui pourrait être, sauf votre approbation, rédigé à peu près ainsi :

L'Association émet le vœu :

Que dans les industries dangereuses et insalubres, en cas de construction ou reconstruction partielle ou totale d'un établissement soumis à l'inspection, les plans du gros œuvre soient obligatoirement présentés à l'inspecteur du travail, afin qu'avant toute exécution des travaux, il puisse donner son avis sur les dispositions à prendre pour assurer l'hygiène et la sécurité des travailleurs, conformément à la loi des 12 juin 1893-11 juillet 1903.

M. le Président. — Je ferai une remarque presque contraire à celle que je faisais tout à l'heure, car, après vous avoir reproché d'aller trop loin, je vous reprocherai peut-être de ne pas aller assez loin, et voici pourquoi.

Demander qu'on soumette à l'inspection les plans du gros œuvre, ce n'est pas demander grand'chose au point de vue de l'hygiène et de la sécurité des travailleurs, car, si je comprends bien, le gros œuvre dans nos usines, ce sont les murs. Par conséquent, au point de vue de l'installation ouvrière, de l'installation des machines, vous aurez fait très peu de chose, pour ne pas dire rien ; et j'aimerais mieux, étant donné qu'il s'agit des établissements incommodes et insalubres, votre premier texte.

M. Petit. — Je suis tout disposé à accepter l'objection de notre Président.

M. Strohl. — Je voudrais ajouter ceci aux observations déjà présentées. Le gros œuvre n'est pas du tout intéressant, ce sont les détails qui sont intéressant, et je trouve que dans les établissements il ne faut pas se borner à l'inspection générale et extérieure, mais à l'intérieur ; par conséquent, cette loi-là, il faudrait l'étendre.

M. Petit. — Je ne vise que les industries insalubres telles qu'elles sont énumérées dans la loi, quand je dis industries insalubres et dangereuses.

M. Strohl. — Elles le sont toutes plus ou moins au point de vue des procédés ; mais je crois que c'est le plan intérieur qui devrait être soumis par ces industries et que pour les autres ce serait à l'administration d'indiquer non pas seulement la loi sur l'hygiène, mais de faire une sorte de plan général d'usine modèle.

M. Petit. — Il en faudra autant que d'industries.

M. Strohl. — Non, les plans des usines sont tous à peu près les mêmes. Ce plan idéal serait à la disposition de tout le monde et on se rapprocherait des indications de ce plan autant que les circonstances le permettraient. Alors l'inspection n'aurait pas à donner d'avis, l'industriel aurait lui-même intérêt à se rapprocher le plus possible du plan donné, l'inspection exigerait qu'on s'y tienne le plus possible et qu'on ne s'en écarte seulement que lorsqu'on ne pourrait pas faire autrement. Voilà le rôle de l'inspection.

M. Petit. — L'inspecteur se bornera à dire à l'industriel : Voilà ce que je vous conseille de faire.

M. Strohl. — Je trouve qu'il est excessivement grave de donner à l'inspection la responsabilité de cet avis.

M. Arquembourg. — Je ne voudrais pas revenir longuement sur cette question, les observations ont été présentées et je me rallie à celles qui ont été faites. Je voulais simplement demander ce que notre Président a voulu suggérer en se limitant simplement aux industries insalubres. Est-ce que la législation actuelle ne permet pas déjà une intervention au point de vue des mesures d'hygiène ?...

M. le Président. — Actuellement, non.

M. Arquembourg. — Mais, pour installer un établissement classé, on doit demander une autorisation et, avant d'accorder cette autorisation, les plans détaillés sont soumis à une commission qui est, je crois, la commission départementale d'hygiène ; il y a donc déjà une commission qui a communication des plans et cette commission fait des observations aux industriels relativement aux installations intérieures et relativement à l'hygiène des ouvriers qui sont occupés dans ces installations.

J'ai eu l'occasion de transmettre une demande de modification concernant un établissement classé dans la catégorie des établissements insalubres et la commission, par l'organe de son rapporteur, nous a fait différentes observations concernant l'hygiène des ateliers.

Les critiques dirigées contre ce vœu s'appliquent à un moins grand nombre d'établissements, si on limite le vœu aux établissements classés, mais elles conservent la même force, et je ne vois pas pourquoi, rejetant la question de principe pour les établissements en général, nous l'adopterions pour les établissements incommodes et insalubres, étant donné, précisément, qu'ils sont déjà soumis à un contrôle.

M. Petit. — Je répondrai simplement à M. Arquembourg que le fait qu'il cite n'offre aucune espèce de garantie aux ouvriers, car il n'a aucune base dans la loi ; par conséquent, ma proposition ne perd nullement de son intérêt. Voulez-vous, Monsieur Arquembourg, me citer le texte de loi en vertu duquel l'avis dont vous parlez a été donné ? Ce qu'il y a de certain, c'est qu'il n'est pas dit un mot, dans les règlements en vigueur concernant les établissements classés, de mesures à prendre dans l'intérêt de la sécurité ou de l'hygiène de leur personnel.

M. l'abbé Lemire. — La loi qui permet d'exproprier les maisons inhabitables donne l'obligation aux préfets de créer dans tous les départements un comité d'hygiène.

M. Georges Alfassa. — J'ai été extrêmement troublé par les objections que M. le Président nous a faites tout à l'heure d'une manière si précise ; mais il me semble que, comme il arrive si souvent en pareil cas, si nous adoptons cette manière de voir, nous évitons un inconvénient, mais nous laissons entièrement subsister l'autre.

Il est non moins certain qu'à ne pas assurer à des textes de lois pour la protection du travailleur les sanctions assurant leur pleine application, nous soulevons un autre danger sur lequel il a été assez souvent insisté pour que je ne le précise pas davantage. Eh bien ! pour les bâtiments existants, l'expérience est faite des inconvénients de la procédure actuelle, celle de la mise en demeure : j'ai déposé un vœu à ce sujet. C'est aujourd'hui une procédure longue et compliquée qui ne porte que difficilement ses fruits. Entrer d'une manière délibérée dans cette voie que, pour toutes les constructions nouvelles, on devra se borner à faire une mise en demeure, c'est, il me semble, entrer dans une voie absolument déplorable. Il ne faut pas qu'on puisse objecter que le gros œuvre ne permet pas de faire les travaux.

La règle n'est pas facile à trouver, c'est une affaire entendue ; mais il ne me semble pas suffisant de se borner à une sorte d'avis donné par un corps quelconque pour une catégorie d'industries déterminées, car, enfin, il y a toujours deux courants qui se dessinent : les uns n'entendent viser que les établissements classés, les autres, comme M. Petit, entendent les autres industries non classées. Où finissent les industries dangereuses ? Un accident récent a permis de dire que des poussières de sucre ont donné lieu à une explosion, parce que les ateliers n'étaient pas suffisamment ventilés : les raffineries devront-elles être classées ?

Eh bien, cette question de ventilation dans les établissements présente une importance considérable. Lorsqu'il s'agira d'entreprendre et d'établir un système de ventilation, cela intéressera le gros œuvre. Il me semble donc qu'il y a quelque chose à faire. Je ne veux pas compliquer la discussion, je ne veux pas insister sur tel ou tel système, mais il m'est impossible de me rallier à l'opinion de M. le Président, à savoir que pour une raison d'ordre administratif on ne recherche pas un terrain d'entente pour permettre de s'assurer à l'avance qu'un minimum de précautions d'hygiène seront prises.

M. le Président. — Je mérite si peu ce reproche d'intransigeance que je me suis rallié à la proposition.

M. Fagnot. — Je voudrais simplement rappeler à M. Arquembourg que la loi de 1902 sur la protection de la santé publique n'est pas applicable aux locaux de travail.

M. l'abbé Lemire. — Pourquoi pas !...

M. Petit. — Elle ne vise que les habitations. L'article 32 de la loi de 1902 exclut expressément de l'application de cette loi tous les ateliers où l'on travaille.

M. l'abbé Lemire. — Eh bien, vous pourriez demander que ce soit cette loi-là qui soit étendue.

M. Fagnot. — Au risque de compliquer encore la discussion, je vous demande s'il n'y aurait pas lieu, au moins pour les établissements d'une certaine importance, de prescrire des mesures relativement aux précautions à prendre, dans la construction ou la reconstruction, contre les dangers d'incendie. Au cours d'un incendie qui s'est produit dans la banlieue de Paris, les malheureux ouvriers n'ont pu s'échapper : il n'y avait pas un seul escalier de dégagement. Dans un autre établissement, un chef de service m'a lui-même demandé d'envoyer l'inspecteur du travail pour prescrire les mesures en vue de préserver les ouvriers contre l'incendie.

Revenant à la question des plans, je voudrais demander à notre collègue M. Alfassa, qui est ingénieur, si, sur un plan, il pourrait indiquer les ventilateurs propres à assurer une aération convenable dans une raffinerie de sucre, par exemple. Est-ce possible ?

M. Strohl. — Non, ce n'est pas possible.

M. Georges Alfassa. — M. Fagnot disait que l'on ne peut pas, sur un plan, déterminer un bon système de ventilateur. Il est certain qu'en pratique on ne peut jamais assurer à l'avance qu'un système de ventilation déterminé donnera les résultats qu'on en attend ; ce n'est pas une raison, cependant, pour ne pas s'assurer que les règlements sont observés et qu'un système normal et logique de ventilation a été prévu ; s'il se montre ensuite insuffisant, ce sera un cas de force majeure, vu l'état actuel de la technique.

M. Gavelle. — Je m'associe complètement aux observations de M. le Président quant à la restriction très considérable qu'il faudrait faire, semble-t-il, au vœu. Je dirais même que les observations qui ont été échangées ici et les inconvénients qui résultent de l'exécution et, d'un autre côté, de l'état même de la question, si vous voulez vous borner aux établissements classés, tout ce que vous avez discuté trouverait mieux sa place à propos du projet qui est en ce moment au Sénat sur la loi des établissements classés ; il y a des propositions de lois qui sont aujourd'hui à un point très avancé, et c'est précisément l'idée qui a été émise ici dans cette discussion, à savoir que, jusqu'ici, la loi sur les établissements classés ne visait que les incommodités pour les voisins. Eh bien, un nouveau projet de loi sur les établissements classés vise précisément ces questions et tout ce qui peut être fait doit être fait dans cette loi-là et non pas par le service de l'inspection du travail, mais bien par les diverses commissions d'hygiène, comme l'a indiqué M. Arquembourg.

C'est à propos des commissions d'hygiène qu'il y aurait un vœu à formuler, mais ce vœu ne doit pas viser le service d'inspection que vous vous êtes attaché à montrer trop surchargé et vous allez lui donner une puissance écrasante pour lui et terrible pour les industriels.

M. Briat. — Je suis venu avec l'intention de voter le vœu 11. Je dois dire que les arguments développés par les orateurs ne m'ont pas fait changer d'idée ; je suis partisan du vœu proposé par M. le Rapporteur, mais je ne voudrais pas l'appliquer au petit commerce et à la petite industrie ; il n'est pas possible de le limiter aux établissements classés et, malgré que je veuille attacher le fonctionnaire inspecteur d'une responsabilité, je voudrais que le service du ministère du Travail pût avoir connaissance des plans, qu'il établisse un service compétent de manière à pouvoir donner aux industriels et commerçants les renseignements nécessaires. Voilà pourquoi il serait intéressant de demander qu'on soumette les plans au ministère du Travail ; je ne crois pas qu'il soit possible de demander aux inspecteurs une compétence d'architecte ou d'ingénieur, mais le ministre qui est chargé de l'application des lois d'hygiène doit établir un service pouvant répondre aux industriels.

M. MOTTEAU. — Il est indispensable de préciser ; sans cela, c'est l'infini, la loi serait inapplicable.

M. LE PRÉSIDENT. — Nous sommes en présence de deux textes.

M. SERGENT. — Il y a un point qu'on n'a pas soulevé dans la discussion et qui a une haute importance : on n'a pas parlé des établissements classés incommodes, on n'a pas parlé des ateliers que nous voudrions voir disparaître. Nous demandons qu'on joigne au vœu qu'en cas de reconstruction d'un atelier, on soumette également les plans. Ainsi, nous pouvons signaler un cas : il a été absolument impossible aux inspecteurs d'apporter la moindre modification aux travaux qui se faisaient dans une cave, 123, rue Montmartre ; il y a là des ouvriers qui sont autour de machines et qui ont juste la place pour passer le long de la machine. On ne devrait plus autoriser les ateliers en sous-sol.

M. LE PRÉSIDENT. — L'assemblée se trouve en présence de deux textes : l'amendement de M. Alfassa, ainsi conçu :

Que l'on étudie les moyens pratiques d'éviter que les bâtiments industriels neufs soient construits sans avoir assuré les précautions d'hygiène ou sans avoir réservé les moyens de les réaliser.

Puis la nouvelle proposition du Rapporteur, ainsi conçue :

Que dans les industries classées comme dangereuses ou insalubres, en cas de construction ou de reconstruction totale ou partielle d'un établissement soumis à l'inspection, les plans soient obligatoirement présentés à l'inspection du travail, afin qu'avant toute exécution des travaux elle puisse donner son avis sur les dispositions à prendre pour assurer l'hygiène et la sécurité des travailleurs, conformément à la loi des 12 juin 1893-11 juillet 1903.

Je vais consulter l'assemblée d'abord sur l'amendement de M. Alfassa qui s'éloigne le plus de l'amendement de M. le Rapporteur.

M. BOCQUET. — Le vote de l'amendement de M. Alfassa n'empêche pas de voter sur l'amendement du Rapporteur.

M. LE PRÉSIDENT. — C'est ce que j'allais dire. Le vœu de M. Alfassa est d'une forme tout à fait générale, tandis que le projet de vœu de M. Petit est sans doute beaucoup moins général, mais, s'il était adopté, il ferait faire tout de suite un pas en avant, puisqu'il imposerait à tous les établissements classés l'obligation de l'approbation de l'inspection du travail pour les constructions et les installations relatives au travail.

M. GAVELLE. — Il me semble que le vœu de M. Petit tend à obliger et charge de ce service l'inspection du travail, tandis que le vœu de M. Alfassa me paraît permettre au législateur de choisir le mode approprié à cette application. Par conséquent, je voterai pour le vœu de M. Alfassa.

M. BRIAT. — J'adopterais en ce sens la formule de M. Petit, mais en demandant que ce ne soit pas le service d'inspection.

M. le Président. — Mais quel service ?...

M. Briat. — Il peut y avoir un service d'hygiène.

M. le Président. — Je fais simplement remarquer ceci à M. Alfassa : c'est que son vœu va être voté par tous ceux qui ne voulaient pas du vœu de M. Petit, tandis que moi, qui voulais le réduire aux établissements incommodes et insalubres, je ne voterais pas pour le sien, parce que je ne le trouve pas assez précis.

M. Georges Alfassa. — Il me semble que c'est là l'avantage de mon vœu (non pas que M. le Président ne le vote pas, j'en serais au regret), seulement il me paraît que ce vœu sera voté par tous ceux qui admettent le principe de dispositions législatives et réglementaires...

M. le Président. — Et même par ceux qui ne l'admettent pas.

M. Bocquet. — Non.

M. le Président. — Si, parce que éviter que les bâtiments industriels nouveaux soient construits sans avoir assuré les prescriptions d'hygiène peut, dans l'esprit de quelques-uns, se réduire au conseil donné aux industriels de s'entourer des renseignements utiles avant de construire.

M. Raoul Jay. — Il me semble qu'il n'y a aucune contradiction entre les deux vœux ; je compte les voter l'un et l'autre. Le vœu de M. Petit représente un progrès immédiat. Nous avons actuellement, on l'a constaté à plusieurs reprises, une législation sur les établissements dangereux et insalubres, nous nous en servons pour réaliser immédiatement un progrès. Mais nous devons bien reconnaître que ce progrès sera insuffisant, parce que le classement des établissements insalubres et dangereux a été établi à un point de vue très différent de celui qui nous préoccupe aujourd'hui.

Le vœu de M. Alfassa nous permet d'affirmer que le progrès proposé par M. Petit n'est, pour nous, qu'un premier pas.

M. le Président. — Par conséquent, nous sommes d'accord. Je vais mettre successivement les deux vœux aux voix, l'un n'empêche pas l'autre.

Le vœu de M. Alfassa est adopté.

M. l'abbé Lemire. — Je propose : Comité départemental d'hygiène.

M. le Président. — Je mets aux voix l'amendement de M. Petit.

Adopté.

Il y a un article nouveau de M. Alfassa :

Que la procédure de la mise en demeure soit reprise incessamment.....

M. Georges Alfassa. — Cette question de la mise en demeure est évidemment très grosse, on pourrait la mettre à l'ordre du jour d'une séance ultérieure de l'Association.

Mon vœu a pour but de nous mettre d'accord sur le principe que, telle que la mise en demeure fonctionne aujourd'hui, elle présente des inconvénients. Ces inconvénients se sont montrés surtout dans les chantiers du Métropolitain ; chaque puits nouveau creusé est considéré comme un chantier spécial et cela complique singulièrement la procédure. Il en est résulté nombre d'accidents mortels.

M. Raoul JAY. — J'appuie la proposition de M. Alfassa.

M. FAGNOT. — Je ne crois pas, pour ma part, que l'on puisse, au pied levé, proposer la suppression de la procédure de mise en demeure qui constitue tout un système d'application de la loi de 1893.

M. Georges ALFASSA. — Quelle objection voyez-vous à ma formule qui demande la mise à l'étude de cette question ?

M. BOCQUET. — La mise en demeure est visée par l'article 6 de la loi de 1893, il me semble que cette discussion spéciale devrait figurer à un ordre du jour à part. Il ne faut pas que la discussion sur la réforme de l'inspection du travail conduise notre Assemblée à discuter la réforme de l'une des lois que doit appliquer cette inspection.

M. PETIT. — Je partage jusqu'à un certain point la manière de voir qui vient d'être exprimée ; je trouve que la question est beaucoup trop grave. Par conséquent, je trouve qu'il serait plus sage, étant donné surtout notre désir d'achever la discussion des vœux proposés à la fin de mon rapport, que cette question fit l'objet d'un rapport spécial, si M. Alfassa et M. Raoul Jay n'y voient pas d'inconvénient.

M. LE PRÉSIDENT. — Si vous le voulez bien, comme cette réunion doit être la dernière de cette année et que nous avons à nous préoccuper de l'ordre du jour de nos prochains travaux, nous pourrions mettre à la suite de la discussion du rapport de M. Lorin sur l'inspection du travail, la discussion de la très intéressante question qui vient d'être indiquée.

M. BRIAT. — Je ne m'y oppose pas ; seulement remarquez que nous avons discuté tout à l'heure une question qui, pas plus que celle-ci, ne concernait exclusivement l'inspection. Elle est connexe parce qu'elle concerne les moyens d'action de l'inspection ; mais je me rallie à la proposition de notre Président. J'ai, d'ailleurs, indiqué tout à l'heure, en présentant mon amendement, que cela m'avait paru le moyen le plus rapide de donner une solution de principe à cette question.

Mme DE MAGUERIE. — M. Bocquet disait que la question des constructions ne devrait pas concerner l'inspection du travail ; mais, si on demande aux inspecteurs d'être des architectes, il faudra que vous leur fassiez passer un examen d'architecture.

M. LE PRÉSIDENT. — D'un commun accord, la question est renvoyée à notre prochaine séance.

Vœu n° 12.

Que la délivrance des certificats d'aptitude physique, prévue par les paragraphes 3 et 4 de l'article 2 de la loi du 2 novembre 1892, ait lieu désormais après que le médecin aura pris personnellement connaissance des locaux dans lesquels le jeune ouvrier est ou doit être employé et de la nature du travail auquel il est ou sera occupé.

Adopté.

M. BRIAT. — J'ai une proposition à faire au sujet du service de l'inspection du travail, je suis obligé de partir et je vous demande la permission de la présenter immédiatement.

J'ai été frappé de voir que dans certaines usines le service de l'inspection est fait par deux agents partout où il se trouve une machine à vapeur, vous pouvez constater qu'une soupape est collée, mais vous n'avez pas le droit de faire les observations nécessaires, il faut que ce soit le service des mines qui puisse le constater, d'où il s'ensuit que deux personnes visitent l'établissement. Je crois qu'il serait nécessaire de demander que le service des mines soit rattaché au ministère du Travail et que, partout où il se trouve une machine, ce soit l'inspection du travail qui puisse contrôler et vérifier les moteurs.

Je crois que tous nos inspecteurs du travail qui passent le concours au point de vue mécanique sont d'une compétence suffisante pour pouvoir, dans une usine, visiter une machine à vapeur.

C'est l'idée que je soumets à l'assemblée.

M. LE PRÉSIDENT. — C'est tout un contre-projet. On pourrait le mettre au procès-verbal et le reprendre ultérieurement ; il me paraît difficile, à l'heure actuelle, d'insister sur une question aussi complexe que celle-là, car c'est toute une réorganisation.

M. BRIAT. — Parfaitement, j'accepte, mais il y a le principe des deux agents allant dans une même usine.

M. Raoul JAY. — Nous mettrons votre projet en annexe.

M. LE PRÉSIDENT. — 13ᵉ vœu :

Que les règlements spéciaux à certaines industries dangereuses ou insalubres prescrivent, à titre obligatoire, la visite médicale des ouvriers avant leur embauchage, la visite médicale périodique à l'atelier des ouvriers employés dans ces industries et la tenue, dans chaque établissement, d'un registre sanitaire ; le tout aux frais du patron.

M. Sergent. — Nous croyons que ce n'est pas possible au point de vue ouvrier, parce que, dans notre corporation, beaucoup d'ouvriers sont atteints de la tuberculose. Il est bien évident que, s'ils passent un examen médical, on ne les prendra pas. Comment feront alors ces ouvriers ?...

M. Raoul Jay. — Il ne s'agit que des industries dangereuses et insalubres.

M. Sergent. — C'est toujours la même chose, à moins qu'on veuille les assimiler aux accidents du travail. Là, c'est autre chose.

M. Petit. — Pour répondre à l'objection qui vient d'être faite, je rappelle que dans le texte de mon rapport je réserve la question de la tuberculose : je l'ai indiqué à propos des maladies professionnelles et de la déclaration obligatoire ; étant donnée l'énorme difficulté qu'offre cette question spéciale, il vaudrait mieux, pour le moment, ne pas s'y arrêter et la réserver.

M. Sergent. — Parce que sans cela l'examen sera contraire à l'ouvrier.

M. le Président. — Nous allons, si vous le voulez bien, lire les autres vœux qui sont sous la même rubrique :

Que tout médecin appelé à soigner un ouvrier présentant les symptômes d'une maladie de caractère nettement professionnel soit obligé par la loi à en informer l'inspecteur du travail chargé de surveiller l'établissement où travaille cet ouvrier ;

Qu'un règlement d'administration publique énumère les maladies professionnelles qui devront faire l'objet de cette déclaration obligatoire ;

Que le service de l'inspection du travail désigne, dans chaque centre industriel, un nombre suffisant de médecins agréés, après enquête sur leur compétence ;

Et que ces médecins soient chargés de la délivrance des certificats d'aptitude physique, de l'inspection médicale des ouvriers employés dans les industries dangereuses ou insalubres ; comme aussi de concourir à l'inspection hygiénique des locaux, procédés ou modes de travail, lorsqu'ils en seront requis par les inspecteurs du travail ;

Que la direction supérieure de l'inspection hygiénique et médicale du travail et des travailleurs soit confiée à un inspecteur médecin en chef.

Il me paraît qu'il y a dans ces cinq vœux, qui sont d'une importance capitale, deux idées très différentes.

La première, qui consiste à renforcer et à compléter le service de l'inspection du travail actuel d'un service d'inspection médicale ; et puis alors, l'autre, qui est beaucoup plus difficile à examiner et à régler par voie de vœu accessoire et à l'importance de laquelle notre collègue Sergent faisait allusion à l'instant, qui ne tend à rien moins qu'à indiquer que, par autorité médicale, des ouvriers peuvent être empêchés de travailler, ce qui appelle immédiatement le corollaire qu'indiquait M. Sergent, c'est qu'on ne peut empêcher un ouvrier de travailler qu'en lui donnant une indemnité correspondante.

Il est évident qu'on soulève là le grand problème des maladies professionnelles ; et peut-être serait-il sage, j'appelle toute votre attention sur ce point, de réserver expressément la question des maladies professionnelles qui demande un examen à part et de se borner aujourd'hui à examiner s'il y a lieu d'adjoindre à l'inspection du travail proprement dite une inspection médicale.

M. Arquembourg. — Quel sera le rôle de cette inspection médicale ?...

M. Petit. — Il est bien exact que les deux questions se posent et se tiennent. Je ne vais pas jusqu'à dire qu'elles soient solidaires et qu'elles ne puissent être examinées l'une sans l'autre ; néanmoins il est bien évident qu'après avoir émis un vœu, comme nous proposons de le faire, sur l'organisation d'un service médical de l'inspection du travail, il faudra que nous abordions la question des maladies professionnelles, de l'inspection médicale obligatoire avant l'embauchage, etc... Toutefois, vu l'heure avancée et puisque cette séance doit être la dernière, je crois que, plutôt que d'escamoter une discussion d'une importance aussi capitale que celle-là, il serait préférable d'ajourner, quant à présent, cette discussion.

M. le Président. — Je demande, si l'assemblée se rallie à la proposition, de modifier le vœu 15, car il y a une question très délicate à trancher, à savoir comment les médecins seront nommés.

M. Sergent. — On devrait émettre ce vœu, par exemple, que le certificat d'aptitude physique devrait être exigé des apprentis et des jeunes ouvriers.

M. le Président. — C'est voté au vœu 12. Nous pourrions rédiger le vœu 15 de cette façon :

Que des médecins adjoints à l'inspection du travail soient chargés de la délivrance des certificats d'aptitude physique, comme aussi de concourir à l'inspection hygiénique des locaux, procédés ou modes de travail, lorsqu'ils en seront requis par les inspecteurs du travail.

Adopté.

Alors 16ᵉ vœu :

Que la direction supérieure de l'inspection hygiénique et médicale du travail et des travailleurs soit confiée à un inspecteur médecin en chef.

M. Arquembourg. — Est-ce que c'est bien nécessaire de voter cette dernière formule ? Du moment où il ne s'agit que de désigner certains médecins, c'est une chose très simple : le ministère du Travail désignera les médecins qui rempliront ces fonctions absolument restreintes. Je ne vois pas, du reste, la nécessité d'un médecin en chef.

M. Petit. — Du moment qu'on a limité le vœu dans les conditions qui viennent d'être dites, il me semble, en effet, que l'observation de M. Arquembourg est opportune et qu'on pourrait réserver aussi le n° 16.

M. Arquembourg. — Avant de clore la discussion sur le rapport de M. Petit, j'avais l'intention de présenter quelques observations d'ordre général ; mais, vu l'heure avancée et puisque la discussion doit reprendre à la rentrée à propos du rapport de M. Lorin, je me réserve de présenter mes observations à ce moment.

M. LE PRÉSIDENT. — Eh bien, Messieurs, nous avons discuté la plupart des vœux proposés par M. Petit ; et, avant de clore ce qu'il me sera permis d'appeler l'année scolaire, je tiens à vous remercier, vous tous qui avez suivi nos travaux depuis le commencement de l'année avec tant d'assiduité et de zèle, d'avoir ainsi aidé au progrès d'idées qui ont besoin, plus que jamais, d'être propagées et défendues.

VŒUX ADOPTÉS PAR L'ASSOCIATION

L'Association nationale française pour la protection légale des travailleurs émet les vœux suivants :

I. — L'Association, renouvelant le vœu déjà émis par elle dans la séance du 1er mars 1904, émet le vœu que la Chambre des députés substitue, pour l'octroi des dérogations à la durée légale du travail, le régime du préavis à celui de l'autorisation par l'inspecteur divisionnaire.

II. — Que les frais de tournée alloués aux inspecteurs du travail soient portés à un chiffre assez élevé pour que l'activité de ces fonctionnaires ne se trouve pas suspendue, avant la fin de chaque année, par l'insuffisance de ce chiffre.

III. — Que les inspecteurs du travail, tout en utilisant, le cas échéant, la collaboration bénévole des associations d'industriels fondées en vue de l'hygiène et de la sécurité des ateliers, ne négligent pas une surveillance dont ils ont, aux termes de la loi, et dont ils doivent garder l'entière responsabilité.

IV. — Que le nombre des inspecteurs soit aug

menté et que, dans le plus bref délai possible, il soit calculé de telle manière que, en attendant mieux, les établissements occupant plus de cinq ouvriers soient visités au moins une fois par an, les autres au moins une fois tous les trois ans et qu'il ne soit fait appel que dans la moindre mesure possible au concours de la police ordinaire pour assurer l'application des lois.

V. — Que des conférences plus fréquentes des inspecteurs divisionnaires, réunis sous la présidence du ministre du Travail, assurent une plus grande uniformité dans l'application des lois réglementant le travail.

VI. — L'Association renouvelle le vœu déjà émis par elle au sujet du projet de loi sur le contrôle de la durée du travail.

VII. — Que les efforts du service de l'inspection, pour faire respecter les lois réglementant le travail, ne soient pas en partie annulés par le vote périodique de lois d'amnistie.

VIII. — L'Assemblée est-elle d'avis qu'il y ait un double concours pour l'entrée dans l'inspection du travail ?

R. — *Non.*

IX. — L'Assemblée est-elle pour la création d'un corps de sous-inspecteurs techniques du travail ?

R. — *Non.*

X. — Que le Ministère du Travail affecte spécialement, suivant les besoins, certains inspecteurs à certaines régions.

XI. — Que l'on étudie les moyens pratiques d'éviter que les bâtiments industriels neufs soient construits sans avoir assuré les précautions d'hygiène ou sans avoir réservé les moyens de les réaliser.

Que dans les industries classées comme dangereuses ou insalubres, en cas de construction ou de reconstruction totale ou partielle d'un établissement soumis à l'inspection, les plans soient obligatoirement présentés à l'inspection du travail, afin qu'avant toute exécution des travaux elle puisse donner son avis sur les dispositions à prendre pour assurer l'hygiène et la sécurité des travailleurs, conformément à la loi des 12 juin 1893-11 juillet 1903.

XII. — Que la délivrance des certificats d'aptitude physique, prévue par les paragraphes 3 et 4 de l'article 2 de la loi du 2 novembre 1892, ait lieu désormais après que le médecin aura pris personnellement connaissance des locaux dans lesquels le jeune ouvrier est ou doit être employé et de la nature du travail auquel il est ou sera occupé.

XIII. — Que des médecins adjoints à l'inspection du travail soient chargés de la délivrance des certificats d'aptitude physique, comme aussi de concourir à l'inspection hygiénique des locaux, procédés ou modes de travail, lorsqu'ils en seront requis par les inspecteurs du travail.

ANNEXE

PROJET D'ORGANISATION DE L'INSPECTION DU TRAVAIL

Présenté par M. BRIAT.

Les conditions d'organisation et de fonctionnement de l'inspection du travail peuvent se ramener à deux :

1° Recrutement des inspecteurs ;

2° Organisation rationnelle du service pour en obtenir le plus grand rendement.

A) Recrutement des Inspecteurs

Les organisations ouvrières attribuent au recrutement actuel des inspecteurs du travail les mauvaises conditions dans lesquelles fonctionne ce service et demandent que la nomination des inspecteurs soit faite à l'élection, par les syndicats intéressés. Il est évident que les lois seront d'autant mieux surveillées que les surveillants seront ceux-là pour qui elles auront été faites...

Ce projet a été vivement critiqué dans le monde patronal, on a fait remarquer que les inspecteurs nommés dans ces conditions seraient loin d'être impartials et ne réuniraient pas toujours les connaissances techniques et hygiéniques nécessaires pour remplir leur tâche convenablement. De plus, la situation même de l'inspecteur ainsi créé n'est pas sans soulever des critiques. Ou bien cet inspecteur, élu, l'est pour la vie, et alors il devient un fonctionnaire comme tous les fonctionnaires, n'ayant plus avec ses mandants de relations suivies, et le but poursuivi n'est pas atteint.

Ou bien, il ne sera élu que pour quelques années ; mais alors le service changera de titulaire trop souvent, la mise au courant de chaque nouvel inspecteur sera du temps perdu ; et ces changements fréquents abaisseront la valeur technique et hygiénique du service pour le plus grand dommage des ouvriers qu'il s'agit de protéger.

Il me semble qu'entre le recrutement actuel et le recrutement basé sur l'élection, il y a place pour une organisation mixte qui garde tous les avantages des systèmes proposés, sans en avoir les inconvénients.

Aux inspecteurs actuels dont le nombre est maintenu, nous ajoutons un certain nombre, à déterminer, d'inspecteurs-adjoints que nous recruterons par un concours distinct du concours actuel.

A ce concours, *essentiellement pratique*, il ne sera demandé qu'une connaissance complète des lois sur le travail. Mais, au préalable, les candidats justifieront de dix ans de pratique industrielle, comme salariés.

Ce système n'a rien de nouveau, il est appliqué en Angleterre pour les inspecteurs du travail, il existe dans la marine française pour les mécaniciens, où même un corps possède deux branches distinctes : les mécaniciens théoriques, les mécaniciens pratiques ; les détails de l'avancement seront faciles à établir ; le sous-inspecteur pourra, après un certain temps de service, devenir inspecteur.

La seule objection qui peut être faite à ce projet est une objection d'ordre financier ; pour créer des sous-inspecteurs, il faut des crédits... Où allons-nous trouver cet argent ? Cette question va faire l'objet d'une étude tout à l'heure.

B) Conditions d'organisation actuelle du service d'inspection du travail.

L'organisation actuelle de l'inspection du travail laisse à désirer sur plusieurs points :

1° *Insuffisance de visites, ou visites non imprévues.* — La question des frais alloués aux inspecteurs pour leurs visites est une des plus importantes, c'est de cette question que découlent le nombre et la valeur des visites d'usines.

Les crédits alloués aux inspecteurs varient entre 1,500 et 1,700 francs par année ; ces agents, devant payer leurs voyages en chemin de fer, prendre leurs repas et séjourner à l'hôtel, dépensent en moyenne environ 10 ou 12 francs par voyage ; ils peuvent donc accomplir, chaque année, 150 voyages, soit environ 150 journées employées, auxquelles j'ajoute 30 jours de visites à la résidence de l'inspecteur ou dans sa banlieue immédiate. Soit au total : 180 journées bien employées par an. Si nous comptons 50 jours de repos hebdomadaire et un mois de congé, notre inspecteur aura été employé dans une année comme suit :

Journées employées aux visites.	180
Journées de repos hebdomadaire.	50
Congé	30
Reste pour travail au bureau...	100 ou 3 mois

Ces trois mois pendant lesquels l'inspecteur séjourne à son bureau seraient beaucoup mieux employés en visites d'usines ; mais deux motifs s'y opposent, d'une part :

1° Le peu de frais de tournées qui leur sont alloués ;

2° Un travail de bureau des plus fastidieux, véritable travail d'expéditionnaire, que, dans les circonstances actuelles, l'inspecteur accomplit lui-même, car son traitement et l'absence de frais de bureau ne lui permettent pas d'avoir un commis.

Pour augmenter la vitalité du service, il s'agit, ici encore, d'une augmentation de crédit :

b) pour les tournées ;

c) pour entretenir un expéditionnaire au bureau.

La question des frais de tournées aurait pu être réglée simplement, si les inspecteurs avaient obtenu le droit de circuler gratuitement sur les voies ferrées dans l'étendue de leur section ; mais, jusqu'à ce jour, les compagnies de chemin de fer, qui accordent cette libéralité à la plupart des fonctionnaires (commissaires de police, ingénieurs et conducteurs des ponts et chaussées et des mines, fonctionnaires de l'enregistrement, vérificateurs des poids et mesures), l'ont toujours refusée au service de l'inspection du travail, qui, de tous, en a le plus besoin.

Il n'est pas inutile de s'occuper aussi de la valeur technique et hygiénique des inspecteurs du travail.

Il est impossible de demander à chacun d'eux de posséder à fond toutes les connaissances que l'on rencontre dans une encyclopédie (chimie, médecine, hygiène, mathématiques, travaux publics, mécanique, électricité, droit, etc., etc.). Toutes ces sciences sont nécessaires, elles sont appliquées dans tous les ateliers, tous nos règlements sur le travail s'en occupent ; il serait donc désirable que, pour chacune d'elles, l'inspection du travail possède quelques spécialistes qui pourraient étudier à fond les multiples questions que soulève de nos jours la vie industrielle. Il est évident qu'à un inspecteur ancien docteur en médecine, vous serez bien mal venu pour demander une étude sur les dangers des moteurs à vapeur ; par contre, d'un inspecteur qui sort de l'Ecole centrale, vous ne saurez demander avec profit une étude sur une maladie professionnelle nouvelle ; il en est ainsi pour toutes les sciences.

Il est donc désirable, et ici je ne propose rien de bien nouveau, car depuis longtemps la chose existe en Angleterre, qu'un petit nombre d'inspecteurs soient spécialisés, chacun dans une catégorie restreinte, mais bien définie, de la vie industrielle.

Mais, ici encore, c'est une question d'argent. Voyons donc comment tout l'argent nécessaire pourrait être mis à la disposition du service de l'inspection du travail. Je pense qu'on peut obtenir ce résultat par une simple réforme, sans faire appel à de nouveaux crédits.

Lorsque le Ministère du Travail a été créé, on a oublié de lui restituer une des attributions qui lui revient de droit et qui est actuellement détenue par le Ministère des Travaux publics.

Il est intéressant de remarquer que tous les établissements industriels français, lorsqu'ils possèdent une machine à vapeur, sont soumis, à la fois, au contrôle de deux services et par conséquent de deux agents :

1° L'inspecteur du travail, qui s'assure que les lois de police et que toutes les prescriptions d'hygiène et de sécurité, sauf une, sont respectées ;

2° Le contrôleur des mines, qui vient contrôler l'exception, c'est-à-dire surveiller les chaudières. Ainsi, un inspecteur du travail constate dans une usine que les sou- alées ue les niveaux d'eaux sont supprimés, il ne peut rien dire, rien faire ; c'est le service du contrôleur des mines.

L'Etat, avide pourtant d'économies, n'a rien trouvé mieux que de payer deux agents pour contrôler un même établissement ; il paie deux déplacements, quand un seul pourrait suffire...

Il y a donc là une anomalie qui ne saurait vous échapper ; la seule explication que l'on peut donner à ce régime est que, lorsque le contrôle des appareils à vapeur a été institué, le Ministère des Travaux publics seul pouvait s'en occuper, l'inspection du travail n'existait pas, pas plus d'ailleurs que le Ministère du Travail.

Mais il semble que ce régime doit disparaître, le Ministère des Travaux publics est un ministère de gestion et non un organe de contrôle ; autant il est légitime que dans les mines, dont il a la surveillance, il contrôle les lois sur le travail, autant il est inexplicable qu'il conserve le contrôle des appareils à vapeur dans les établissements industriels surveillés par l'inspection du travail. Ce contrôle doit être donné à l'inspecteur du travail, au même titre que les autres prescriptions de sécurité insérées dans les lois sur le travail ; les inspecteurs ont qualité et une instruction technique suffisante pour effectuer ce contrôle : le concours qu'ils ont subi, dont le programme est au moins égal, sinon supérieur à celui des contrôleurs des mines, en est le sûr garant.

Si cette mutation de service était admise, les crédits affectés au service du contrôle des appareils à vapeur permettraient d'améliorer la situation de l'inspection du travail en France pour le plus grand profit des travailleurs.

Aucun motif ne saurait s'opposer à cette mesure, les agents qui seraient en excédent au Ministère des Travaux publics seraient, sans aucune difficulté, répartis dans les multiples services de ce département.

Le contrôle des installations électriques, qui va être créé cette année, en exécution de la loi de juin 1906, pourrait en absorber une grande partie.

En résumé, nous concevons l'organisation de l'inspection du travail, dans ses grandes lignes, comme suit :

Trois catégories d'inspecteurs du travail.

a) Inspecteurs : recrutés suivant les bases actuelles ;

b) Sous-inspecteurs : les candidats, devant justifier de 10 ans de pratique industrielle, seront admis après un concours essentiellement pratique ;

c) Inspecteurs spécialistes recrutés au choix parmi les inspecteurs et dans des conditions à déterminer.

Augmentation du nombre et de la valeur des tournées.

a) Par la libre circulation sur les voies ferrées et par tous les trains, y compris les express ;

b) Allégement des travaux de bureau par l'allocation de frais de bureau permettant à l'inspecteur de rétribuer un commis.

Attribution à l'inspection du travail du contrôle des appareils à vapeur, actuellement effectué par le service des mines, les crédits affectés à ce service permettraient d'effectuer sans dépenses nouvelles les améliorations précitées.

Sténographie par M. Ch. FLACHAT, 11, rue Bergère, PARIS

TABLE DES MATIÈRES

RAPPORT DE M. EUGÈNE PETIT

Introduction.

COMPTE RENDU DE LA DISCUSSION

ASSOCIATION INTERNATIONALE

POUR

LA PROTECTION LÉGALE DES TRAVAILLEURS

2, Rebgasse, Bâle (Suisse)

Liste des ouvrages publiés depuis sa constitution

Compte rendu de l'Assemblée constitutive tenue à Bâle les 27 et 28 septembre 1901. — 1 vol., 270 p., Paris, Le Soudier, éditeur.

Compte rendu de la 2e Assemblée générale du Comité de l'Association internationale tenue à Cologne les 26 et 27 septembre 1902. — 1 vol., 82 p., Paris, Le Soudier, éditeur.

Les industries insalubres. — 1 vol., 460 p., Paris, 1903, Le Soudier, éditeur.

Le travail de nuit des femmes dans l'industrie. — 1 vol., 384 p., Paris, 1903, Le Soudier, éditeur.

Bulletin de l'Office international du travail (tome I, année 1902; tome II, année 1903). — Paris, Le Soudier, éditeur.

(*Paraît à partir de 1904 chez* Berger-Levrault, *Nancy et Paris*)

Orléans. — Imp. Auguste GOUT & Cie.

TROISIÈME SÉRIE (*Suite*)

VI. *La Protection légale des enfants occupés hors de l'industrie en France.* — III. *La Situation en France.* — Communications de MM. l'abbé MENY, GENARLINO, Mlle BLONDELU, MM. Georges PIOT, Raoul JAY, Léon VIGNOLS.

VII. *De l'extension de la loi du 29 décembre 1900 aux femmes employées dans l'industrie.* — Rapport de Mme DE LA RUELLE, inspectrice du travail.

VIII. *La grève et l'organisation ouvrière.* — Communication de M. A. MILLERAND, président de l'Association.

Chaque brochure : **0 fr. 60.**

L'ensemble de ces brochures forme un volume de **3 fr. 50** sous le titre :

LA PROTECTION LÉGALE DES TRAVAILLEURS

Troisième série (1905-1906).

Rapports présentés à l'Assemblée de Genève (1906) par la Section française

Le travail de nuit des adolescents dans l'industrie française. — Rapport de M. MARTIN-SAINT-LÉON. — Brochure, **0 fr. 60.**

Les poisons industriels. — Rapport de M. Georges ALFASSA. — Brochure, **0 fr. 60.**

L'assurance ouvrière et les ouvriers étrangers. — Rapport de M. Henri BARRAULT. — Brochure, **0 fr. 10.**

La limitation légale de la journée de travail en France. — Rapport de M. Raoul JAY. — Brochure, **0 fr. 60.**

Le travail à domicile en France. — Rapport de MM. Paul PIC et A. AMIEUX. — Br., **0 fr. 30.**

QUATRIÈME SÉRIE

LE CONTRAT DE TRAVAIL (Examen du projet de loi du Gouvernement). — Rapports de M. PERREAU, professeur à la Faculté de Droit de Paris, et de M. FAGNOT, enquêteur au ministère du Travail. — 1 volume, **3 fr. 50.**

Rapports présentés au Congrès de Lucerne (1908) par la Section française

Le travail de nuit des enfants dans les usines à feu continu. — Rapport de M. F. FAGNOT.

Le travail industriel des enfants. — Rapport de M. Georges ALFASSA.

La réalisation de l'égalité entre nationaux et étrangers. — Rapport de M. A. BOISSARD.

Chaque brochure : **0 fr. 60.**

CINQUIÈME SÉRIE

I. *La Conciliation dans les conflits collectifs et les travaux de la section du Nord de l'Association.* — Rapport de M. AFTALION. — Brochure, **0 fr. 60.**

II. *La loi du 7 mars 1850 et le Mesurage du travail à la tâche.* — Rapport de M. Ad. BOISSARD. — Brochure, **0 fr. 60.**

III. *Le Contrat de travail et le Code civil.* — Rapports de MM. PERREAU et GROUSSIER. — 1 volume, **3 fr. 50.**

Ces publications sont servies aux membres de l'Association.

L'Association nationale française examine et discute dans ses réunions périodiques les questions de législation du travail à l'ordre du jour. Elle publie le compte rendu de ses discussions.

Sont membres de l'Association les personnes et les sociétés qui considèrent la législation protectrice des travailleurs comme nécessaire et adhèrent aux statuts de l'Association.

La cotisation annuelle est fixée à **10** francs. Elle est réduite à **3** francs pour les personnes ou les sociétés qui ne demandent pas à recevoir les publications de l'Office International.

Les adhésions sont reçues par le trésorier de l'Association : M. Léon DE SEILHAC, délégué permanent du Musée social, 5, rue Las-Cases.

ORLÉANS. — IMP. AUGUSTE GOUT & Cie

www.ingramcontent.com/pod-product-compliance
Ingram Content Group UK Ltd.
Pitfield, Milton Keynes, MK11 3LW, UK
UKHW020436200726
13857UKWH00002B/453